子どもと教師のための
カリキュラム論

金井香里
佐藤英二
岩田一正
高井良健一
〔共著〕

成文堂

はじめに

　本書は、カリキュラムを、教師によって組織され子どもたちによって体験される学びの経験の総体（履歴）として捉え、その営みにおける教師の役割と個々の子どもの学びの経験について考察しようとするテキストである。

　一般に日本において curriculum（カリキュラム）は、教育課程と翻訳され、教育内容の公的枠組み（学習指導要領）もしくは教育計画として認識されている。いわば、教室での授業と学習の過程に先立ち、制度として準備されるもの、計画されるものとして捉えられている。これに対して、本書ではカリキュラムを、その語源ならびに歴史的展開を踏まえ、教育内容や教育計画に加え、教師や子どもたちによって展開される教育実践の過程やその評価をも含む、より広がりをもったものとして捉え、それについての理解を深めることを主眼としている。教室で教師によって実践され子どもたちによって経験されるカリキュラムの側面にも光を当て、そこでの教師の役割、個々の子どもの学びの経験についても考察していこうとするのであり、その点で、本書は、これまでのカリキュラム（教育課程）論のテキストとは異なる趣旨をもつ。

　目下、グローバリゼーション、情報化等による社会（構造）の急激な変容、教育をめぐる諸々の制度改変等のもと、学校教育の場は平穏とは言い難い。そのようななかで教育実践に臨む教師の皆さん、また教師を志す学生の皆さんにとって、本書がカリキュラムを編成し、実践し、また、省察する上で手元に置いて参照し得るテキストとなれば、執筆者としてこの上ない喜びである。

　折しも新学習指導要領（小中学校2017、高校2018）が告示され、教師から子どもへの一方向的な知識伝達型の授業から、教師と子ども、子ども相互の対話を中心とした探究的な学習を組織する授業への転換が明確に謳われている。これによって、子どものカリキュラム（学びの経験の履歴）づくりの主たる担い手としての教師のあり方が改めて問われるようになっている。その意味も含め、本書が読者の皆さんにとってカリキュラムの実践に関わる一連

の流れのなかでの自身のあり方を自問する一助となることを願いたい。

　今回執筆に携わった4名は、大学院において佐藤学先生（日本教育学会元会長、東京大学名誉教授）より教えを受けた同研究室のメンバーである。佐藤先生の授業や『カリキュラムの批評』（世織書房、1997）をはじめとする研究業績を基盤としながら、各自がそれぞれの観点からカリキュラムを探究してきた。本書はその探究の成果であるといえる。佐藤先生の学恩に深く感謝したい。

　本書執筆の過程では、マイケル・アップル（Apple, M.）、ネル・ノディングズ（Noddings, N.）、ジーン・クランディニン（Clandinin, J.）の各氏より写真掲載のご承諾を頂くとともに、筑波大学附属図書館、国立公文書館アジア歴史資料センター、岩波映像株式会社、テレビマンユニオンならびに是枝裕和氏より、画像掲載のご快諾を頂いた。我々の願いをおきき入れ下さり、感謝する限りである。

　最後に、本書の出版をお引き受け下さった株式会社成文堂の阿部成一社長、出版にご助力下さった同社編集部の飯村晃弘氏、教育をめぐっては時に時間を忘れて議論を続ける我々執筆者4名に対して、伴走者としてつねに穏やかに的確なご助言とご支援を下さった同編集部の小林等氏に心より御礼を申し上げたい。

2019年1月

執筆者を代表して　金　井　香　里

目　次

はじめに　i
凡　例　xi

序　章　カリキュラム（教育課程）をなぜ学ぶか　……………… 1

- 1　学びの経験の総体としてのカリキュラム ………………………… 1
  - (1) カリキュラムの語源　2　　(2) 教育課程とカリキュラム　3
  - (3) カリキュラムを学びの経験の総体として捉えることの意義　4
- 2　カリキュラムを捉える視点――本書の構成――……………………… 8
- 3　カリキュラムをなぜ学ぶか――学校教育の公共性と教師の役割――……… 10

第1部　授業・学びの経験に先立って策定されるカリキュラム

第1章　カリキュラムを学ぶために――教育の思想　……………… 15

- 1　古代ギリシアと中世ヨーロッパの教育課程 ……………………… 15
  - (1) プラトンのアカデメイアの教育課程　15
  - (2) 中世ヨーロッパの教育課程　17
- 2　宗教改革・市民革命とすべての人々のための教育課程 ………… 18
  - (1) コメニウス――戦乱のなかで構想されたあらゆる人々を対象とした
    カリキュラム――　18
  - (2) ロック、ルソー、コンドルセ――啓蒙主義の時代の思想家たち――　20
  - (3) ペスタロッチ――子どもたちの活動と労働を組織したカリキュラム――　22
- 3　国民国家の基盤としての教育課程 ………………………………… 24
  - (1) ヘルバルト――教授学の確立――　24
  - (2) ツィラーとライン――国民国家を創出した教育課程――　26
- 4　20世紀における教育課程の再検討 ………………………………… 27

(1) デューイ——子ども中心主義のカリキュラム—— 27
　　　(2) ブルーナー——教科学習のカリキュラムの再定義—— 29
　5　教育課程の批評と編み直し ………………………………………… 31
　　　(1) フレイレ——民衆の自立と解放のカリキュラム—— 31
　　　(2) アップル——カリキュラムの政治学—— 32
　　　(3) ノディングズ——幸せのための教育課程—— 34
　　　(4) クランディニン——人生の物語としてのカリキュラム—— 36

第2章　教育課程の構成要素 ……………………………………… 39

　1　学校の教育目標 ……………………………………………………… 39
　2　教育内容 ……………………………………………………………… 40
　　　(1) 教育内容の定義と構成要素　40
　　　(2) 教育課程に影響を与える利害集団　41
　3　教育内容の組織原理 ………………………………………………… 44
　　　(1) 教科　44
　　　(2) 教科の必修と選択　46
　　　(3) 教科の構成要素の順次性　47
　4　履修原理 ……………………………………………………………… 47
　5　教　材 ………………………………………………………………… 49
　　　(1) 教科書の法的な性格　50
　　　(2) 教科書の三重の性格　50

第3章　日本における教育課程の歴史的展開 ………………… 53

　1　戦前・戦時期までのカリキュラム ………………………………… 53
　2　経験カリキュラムの重視——民主主義国家の形成—— ………… 56
　　　(1) 1947年の学習指導要領　58
　　　(2) 1951年の学習指導要領　61
　3　教科カリキュラムの重視——政治状況、経済状況の転換—— … 62
　　　(1) 1958年の学習指導要領　63
　　　(2) 1968年の学習指導要領　65

4　量から質への転換――豊かな社会における教育の模索――……………66
　　　（1）1977年の学習指導要領　66
　　　（2）1989年の学習指導要領　67
　　　（3）1998年の学習指導要領　69
　　5　コンテンツからコンピテンシーへの転換――21世紀型教育の探究――………72
　　　（1）2008年の学習指導要領　73
　　　（2）2017年の学習指導要領　75
　　6　おわりに………………………………………………………………76

第4章　カリキュラムの現代的動向……………………………………78

　　1　カリキュラムの自由化……………………………………………78
　　　（1）カリキュラムの自由化とは　79
　　　（2）カリキュラムの自由化の背景には何があったか　91
　　　（3）カリキュラムの自由化路線の修正　92
　　　（4）カリキュラムの自由化の課題　93
　　2　国際化・情報化・少子高齢化と低成長への対応……………………97
　　　（1）国際化への対応　97
　　　（2）情報化への対応　99
　　　（3）少子高齢化と低成長時代への対応　100

第2部　教師によって経験されるカリキュラム

第5章　教師によるカリキュラムづくり――授業の省察とデザイン……111

　　1　カリキュラムづくりの担い手としての教師………………………111
　　　（1）学習指導要領――教育の目的および目標、学習指導要領の役割――　112
　　　（2）2017年の学習指導要領　113
　　2　カリキュラムづくりを支える行為――省察とデザイン――…………114
　　　（1）教師の省察という行為　114
　　　（2）教師のデザインという行為　116

　　　　(3) カリキュラムづくりにおける省察とデザイン　117
　3　授業実践に先立って行われる省察とデザイン ……………………… 118
　　　　(1) 教材研究　118
　　　　(2) 授業計画　122
　　　　(3) 学習指導案づくり　128
　　　　(4) 授業における教師の行為　129

第6章　教師の学び、教師の省察と成長 …………………… 133

　1　教師の知識と省察 ………………………………………………………… 133
　　　　(1) ショーマンによる授業を想定した教科内容知識（pedagogical content knowledge）　133
　　　　(2) 教師の対話と省察　135
　2　新任教師の学びと成長 ………………………………………………… 138
　　　　(1) 新任教師の学びと成長　138
　　　　(2) 新任教師の葛藤と挑戦　138
　　　　(3) 新任教師の学びをもたらしたもの　141
　3　中堅教師の学びと成長 ………………………………………………… 141
　　　　(1) 中堅教師の学びと成長　141
　　　　(2) 中堅教師の変容と探究　142
　　　　(3) 中堅教師の学びをもたらしたもの　145
　4　ベテラン教師の学びと成長 …………………………………………… 145
　　　　(1) ベテラン教師の学びと成長　145
　　　　(2) ベテラン教師の変容とケア　146
　　　　(3) ベテラン教師の学びをもたらしたもの　148
　5　専門家としての教師を支える学びと研修 …………………………… 149

第7章　教育評価の課題と可能性 …………………………… 152

　1　さまざまな教育評価 …………………………………………………… 152
　　　　(1) 総括的評価と形成的評価　152
　　　　(2) 相対評価　154

(3) 絶対評価　156
　　　(4) 個人内評価　158
　[2] 評価に関する諸問題 …………………………………………………… 159
　　　(1) 選抜のための評価と指導の一貫として行われる評価の混同　159
　　　(2) 今日の絶対評価に関する問題　160
　[3] 教育評価の思想と歴史 …………………………………………………… 162
　　　(1) 教育評価の思想とタイラー原理　162
　　　(2) 指導要録の歴史　163
　[4] 指導要録 …………………………………………………………………… 166
　[5] 新しい評価法——パフォーマンス評価とルーブリック—— ………… 170
　　　(1) パフォーマンス評価とルーブリックの概要　170
　　　(2) パフォーマンス評価の具体例　174

第3部　子どもたちによって経験されるカリキュラム

第8章　教師と子どもたちによってつくられる単元学習 ………… 183

　[1] カリキュラム編成の類型 ……………………………………………… 183
　[2] 社会科における経験カリキュラムに基づく単元づくり …………… 185
　　　(1) 『はえのいない町』の内容　186
　　　(2) 『はえのいない町』に見られる単元学習　188
　[3] 総合学習における経験カリキュラムに基づく単元づくり ………… 192
　　　(1) 『もう一つの教育』の内容　192
　　　(2) 『もう一つの教育』に見られる単元学習　197
　[4] おわりに ………………………………………………………………… 201

第9章　子どもたちの多様性と学校での学びの経験 ……………… 203

　[1] 子どもたちの多様性と教師によるカリキュラムづくり・実践 …… 203
　[2] 家庭の階層的要素と学校での子どもの学びの経験 ………………… 204

(1) 文化的再生産論——家庭の階層的要素が子どもの学業達成に及ぼす
　　　　　影響—— 204
　　　(2) 日本の現状——PISA、全国学力・学習状況調査の結果から—— 205
　　　(3) 文化的再生産という学校の機能 210
　3　文化的背景と学校での子どもの学びの経験 ………………………………… 211
　　　(1) 子どもの多様な文化的背景——外国につながりのある子どもたち—— 211
　　　(2) 外国につながりのある子どもの学校での学びの経験
　　　　　——ニューカマーを中心に—— 215
　4　セクシュアリティと学校での子どもの学びの経験 ……………………… 219
　　　(1) 性的マイノリティの子どもたち 220
　　　(2) 性的マイノリティの子どもたちの学校での学びの経験 224
　5　カリキュラムの公共性のために
　　　——教師は子どもたちの多様性にどう対応していくか—— ……………… 227
　　　(1) 経済資本や文化資本が豊かでない家庭の子どもたちへの対応 228
　　　(2) 外国につながりのある子どもたちへの対応 229
　　　(3) 性的マイノリティの子どもたちへの対応 230

第10章　隠れたカリキュラム ………………………………………………… 233

　1　学校教育に潜在する人間形成の営み——隠れたカリキュラム—— ……… 233
　2　隠れたカリキュラムの研究——フィリップ・ジャクソン—— …………… 234
　　　(1) 隠れたカリキュラムを構成する三つのR——規則、規制、慣例—— 234
　　　(2) 隠れたカリキュラム——三つのテーマ—— 235
　　　(3) 隠れたカリキュラムと子どもたちの学業達成、社会化 238
　3　学校批判——イヴァン・イリッチ—— ……………………………………… 239
　　　(1) 制度依存と無能化を生み出す学校制度 239
　　　(2) 解決の方途——学校とインフォーマルな学習ネットワーク—— 240
　4　隠れたカリキュラム——日本の学校では—— ……………………………… 241
　　　(1) 集団生活における個人のあり方をめぐる隠れたカリキュラム 241
　　　(2) ジェンダーをめぐる隠れたカリキュラム 243
　　　(3) 評価（相互作用における教師の評価、学力評価）をめぐる隠れた
　　　　　カリキュラム 250

- 5 隠れたカリキュラムと教師 ……………………………………… 253
  - (1) 隠れたカリキュラムの機能 253
  - (2) 隠れたカリキュラムに対する自覚と教育実践の省察 254

終　章　本書の探究と今後の課題 ……………………………………… 257

- 1 各部各章における探究の概観 ……………………………………… 257
  - (1) 第1部：授業・学びの経験に先立って策定されるカリキュラム 257
  - (2) 第2部：教師によって経験されるカリキュラム 259
  - (3) 第3部：子どもたちによって経験されるカリキュラム 260
- 2 本書で扱うことができなかった問題 ……………………………… 262
  - (1) 他国のカリキュラムの検討 262
  - (2) 近未来の社会 264
- 3 おわりに ……………………………………………………………… 266

資料　さらに学びたい読者のためのウェブサイト集　268
事項索引　274
人名索引　278

コラム目次

コラム2-1	教科構成の変遷	45
コラム2-2	履修と修得	49
コラム3-1	花形教科としての戦後初期社会科	60
コラム3-2	道徳性についての観念と道徳観念	64
コラム3-3	最低基準とは	72
コラム4-1	カリキュラム・マネジメント	94
コラム8-1	我々の教育観	191
コラム9-1	学力調査の調査方法	206
コラム10-1	検定教科書をめぐる隠れたカリキュラム	249

凡　例

- 旧字体は、読みやすさを考慮して現代表記に改めた。
- 年表記は、原則として西暦を用いることとした。
- 各学習指導要領には、発行年を付記することとした。
- 教育課程に関する記述については、とくに断らない限り、新学習指導要領（小中学校2017年、高校2018年）によっている。
- 引用参考文献は各章末に一覧で掲載し、本文中では（著者、刊行年）または（著者、刊行年、引用頁）で表記した。
- 各章末の引用参考文献一覧では、読者にとくにお薦めしたい文献に＊を付記した。ぜひ一読されたい。
- 巻末に、資料として「さらに学びたい読者のためのウェブサイト集」を設けた。ご自身の興味関心に合わせて積極的に活用されたい。

序章

カリキュラム（教育課程）をなぜ学ぶか

―― 本章のねらい ――

一般に、日本において**カリキュラム**（**教育課程**）は、教育内容や授業計画として認識されている。しかしながらカリキュラムの語源ならびにその展開を踏まえれば、より広がりをもった概念として捉えることができる。本章では、本書においてカリキュラムを教師が組織し子どもたちが体験する学びの経験の総体もしくは履歴として、教育課程の語義をも含む広義において捉えていくことを確認する。その上で、田中（2005）による**カリキュラムの多層性（四層構造）**に関わる議論を踏まえ、カリキュラムを教育過程（授業と学習の過程）に重きを置きつつ扱っていくことを強調する。最後に、本書の構成を提示するとともに、教師（または、教師を志す学生）がなぜカリキュラムを学ぶ必要があるかについて、**学校教育の公共性**という観点から確認する。

1 学びの経験の総体としてのカリキュラム

本書では、教育課程の原語がカリキュラム（curriculum）であることを踏まえ、広くカリキュラムの意味する、（教師が組織し子どもが体験している）**学びの経験の総体（履歴）**について扱っていく。とはいえ、カリキュラム（もしくは教育課程）ときいて一般的に思い浮かぶのは、教育内容、もしくは授業計画や時間割ではないだろうか。実際、日本においてカリキュラムは、教育行政によって策定される教育内容の枠組み、各学校で構想される教育内容の全体計画を意味することが多い。また、教育課程は一般的に「学校教育の目的や目標を達成するために、教育の内容を児童の心身の発達に応じ、授

業時数との関連において総合的に組織した学校の教育計画」(文部省、1989、p.11) と認識されてきた。しかしながら、教育内容の枠組みもしくは教育計画としてのカリキュラムは、教師と子どもたちによって経験される授業と学習の過程に先立ち行政もしくは学校 (教師) によって明示的に規定されるものであり、カリキュラムの一面を意味しているにすぎない。学びの経験の総体としてのカリキュラムは、より広がりをもつものとして認識される。いわば、「授業や学習の活動を含み込み、授業と学習の計画・実行・評価のすべてを含む包括的な概念」(佐藤、1996、p.105) である。本書におけるカリキュラムの考え方を理解するために、ここでは最初にカリキュラムの語源を確認することにしよう。

(1) カリキュラムの語源

カリキュラムの語源は、ラテン語で走るを意味する currere (クレレ) に起源をもつ古代ローマの戦車競走のトラック (走路) である。これがやがて人生の来歴 (course of life) という意味を帯びるようになる。現代においても curriculum vitae (CV) が履歴書を意味するのは、これに由来する。その後16世紀には、制度的に定められた教科の課程という意味をもつ教育用語として定着したとされる。

教育用語としてのカリキュラムが意味の変換を遂げたのは、20世紀初頭の米国においてである。進歩主義の教育の成立と普及のなかで、教育行政の定める教育内容 (教授要目) と学校で教師が創造する教育内容が区別され、前者が学習指導要領 (course of study) と呼ばれる一方、後者、すなわち教師が創造し子どもが経験している教育内容の課程は、カリキュラムと呼ばれるようになった。ここには、カリキュラムの語源である人生の来歴としての意味合いが反映されている (佐藤、1996、pp.105-106)。

佐藤学によれば、日本においてカリキュラムがもっぱら教育内容の公的な枠組みもしくは教育計画として認識されてきたのは、以下二つの背景による。一つは、日本ではカリキュラムがこれまで中央集権的・官僚的教育制度のもと国家による統制を受けてきたこと、今一つは、カリキュラムという言葉を普及させた戦後新教育が、カリキュラムを教育計画と見なした米国の社

会（生活）適応主義の教育をモデルとして展開されたことである。これら「二重のゆがみ」を含んで普及しているために、カリキュラムは、「教師と子どもが体験している日常的な実践とは切断された概念」になっている（佐藤、1996、p.105）。

(2) 教育課程とカリキュラム

　ここで、**教育課程**、**カリキュラム**という二つの用語について確認しておこう。教育課程という用語が curriculum（カリキュラム）の訳語として最初に用いられたのは、戦後1951年に刊行された学習指導要領（各学校で教師が教育課程を編成する際の手引き。1958年以降の学習指導要領では法的拘束力が付与され、教育課程編成にあたっての「国家的基準」とされる）においてである（⇨第3章③(1)参照）。教育課程とカリキュラムという二つの用語は、もともと訳語と原語の関係にあり、同義語としてみなされた。しかしその後、1974年に文部省（現文部科学省）と経済協力開発機構教育研究革新センター（OECD-CERI）の共同開催による「カリキュラム開発に関する国際セミナー」でのアトキン（Atkin, J. M.）をはじめとする研究者たちによる提唱以降、カリキュラムは、次第に教育課程の意味する教育の目標（目的）や内容、その配置や計画に加え、授業の実践過程、そこでの学習者の多様な展開、その評価をも含むより広がりをもつ意味として捉えられるようになった。こうして、カリキュラムという用語は従来よりも広がりをもって捉えられるようになったのに加え、教育課程とカリキュラムという二つの用語は使い分けられるようにもなった。現在、これら二つの用語の扱いをめぐっては、さまざまな考え方が存在する。本書では、これまでの議論を踏まえつつ、カリキュラムを教育課程の語義をも含む広義において認識し、それぞれ次のように使い分けていく。

・**教育課程**
① 教育行政によって策定される教育内容の枠組み。とくに文部科学省によって告示される教育内容の国家基準としての学習指導要領。
② 各学校で構想される教育内容の全体計画。

・**カリキュラム**
　教師が組織し子どもが体験する学びの経験の総体（履歴）。教師は、教育に関わる各種法令等の規制のもと学習指導要領と検定教科書、学校で編成された年間計画などに沿いつつ、学校や地域の歴史と文化、保護者や地域住民の期待や要望、教師としての自身の願いや思い、子どもたちのこれまでの学びの経験、子どもたちの実態と将来の見通しなどを考慮しながら授業を組織し実践し、かつ評価する。カリキュラムは、教師のこうした一連の教育実践の営みとそこでの子どもの学びの経験を含む。

(3) カリキュラムを学びの経験の総体として捉えることの意義

　カリキュラムを教育内容の公的枠組みや教育計画としてだけでなく、授業の実践過程、その評価をも含むより広がりをもった意味として捉えそれについての理解を深めることは、カリキュラムを編成し実践する担い手としての教師（もしくは、教師を志す学生）にとって、どのような意義があるだろうか。ここでは、田中統治（2005）による**カリキュラムの多層性（四層構造）**に関する議論をもとにその意義について考えていくことにする。田中によれば、現実のカリキュラムは、Ⅰ．制度化されたカリキュラム、Ⅱ．計画されたカリキュラム、Ⅲ．実践されたカリキュラム、Ⅳ．経験されたカリキュラムの四層において認識することが可能である。Ⅰは、学習指導要領に示される制度化された水準、Ⅱは、地方カリキュラムや各学校の年間指導計画として計画されたもの、Ⅲは、教授者が授業で実践するもの、Ⅳは、学習者が実際に受容し経験したものをそれぞれ指す。このうち、Ⅰ、Ⅱ、Ⅲが、教育行政の関係者や教師の「特定の意図をもって展開」されるカリキュラムであるのに対し、Ⅳは「その意図通りには経験されない」カリキュラムである（表序－1参照）。

表序－1　カリキュラムの四層構造

	名称	行為の主体	具体的な内容	意図された／されない
Ⅰ	制度化されたカリキュラム	教育行政（国家）	学習指導要領に示される制度化された水準	意図された
Ⅱ	計画されたカリキュラム	教育行政（地方自治体、学校）	地方カリキュラムや各学校の年間指導計画として計画されたもの	意図された
Ⅲ	実践されたカリキュラム	教師	教授者が授業で実践するもの	意図された
Ⅳ	経験されたカリキュラム	学習者	学習者が実際に受容し経験したもの	意図されない

（田中〔2005〕をもとに筆者作成）

　田中によるカリキュラムの多層性の議論を踏まえれば、先に1(2)で挙げた教育課程の①（教育行政によって策定される教育内容の枠組み、とくに学習指導要領）はⅠ、教育課程の②（各学校で構想される教育内容の全体計画）はⅡにそれぞれあたり、カリキュラム（教師が組織し子どもが体験する学びの経験の総体〔履歴〕）は、Ⅰ～Ⅳのいずれをも内含した概念ということになる。本書ではカリキュラムを、これまで一般的に捉えられてきたⅠ、Ⅱに加え、Ⅲ、Ⅳをも含んで認識しようとしている。

　なお、田中の示すこれら四層は、それぞれが独立して存在するというよりも、むしろ複雑に入れ子状をなしている点に留意したい。例えば、Ⅲ．教授者が授業で実践するものにはⅠ．学習指導要領に示された制度化された水準やⅡ．地方カリキュラムや各学校の年間指導計画として計画されたものが組み込まれている。あるいは、Ⅳ．学習者が実際に受容し経験したものにはⅢ．教授者が授業で実践するものが組み込まれている。

　田中は、カリキュラムの多層性について議論するなかで「教育研究ならびにカリキュラム研究の間に横たわる方法的な問題点」として「教育意図と学習経験の乖離」を指摘している。「教育意図」とは、授業者としての教師によって意図されたカリキュラムの側面を指す。教師は、学校という制度的組織において自分なりに解釈した学習指導要領ならびに検定教科書（Ⅰ．制度

化されたカリキュラム）や地方カリキュラムや各学校の年間指導計画など（Ⅱ．計画されたカリキュラム）をもとに、子どもたちの実態に応じた単元計画や指導案を作成し授業を実践する（Ⅲ．実践されたカリキュラム）。一方、「学習経験」とは、学習者としての子どもが実際に受容し経験したもの（Ⅳ．経験されたカリキュラム）である。教師はこれら一連の教育実践の行為をある意図をもって行っている。しかしその一方で子どもは、教師の意図とは別に学びを経験している。「教育意図と学習経験の乖離」とは、教師の教育実践の営みによって子どもは学びを経験しているものの、教師の意図と子どもの経験は一致しえないということである。教師の「教育意図」と子どもの「学習経験」の間にはギャップが生じている。しかしながら、これまでの教育研究ならびにカリキュラム研究では、教師には意図されない学習者のⅣ．経験されたカリキュラムという側面は看過され、教育意図と教育効果の対応関係は自明のものとしてみなされてきたという。田中にとって問題点とは、まさにこの点である。学習者によって実際に学ばれている内容は、教師には、見落とされてしまうばかりでなく、時には歪曲されてしまう可能性があるというのである。そこには、授業者としての教師の側の伝達機能への「過信」がある（田中、2005、pp.22-26）。

「教育意図と学習経験の乖離」をめぐる田中の問題提起は、教師にとって、授業を組織し実践し評価するという自らの一連の行為に対して抱きがちな「過信」への自覚を促すことにつながるだろう。同時に、教師が授業を組織し実践するにあたって子どもの学びの経験についてある認識をもつことの重要性を示唆している。教師にとって必要な子どもの学びの経験についての認識には、以下の四つが含まれよう。

① 教師によって実践されるカリキュラムは、それぞれの子どもによって異なった形で経験されるということ。授業を通じて教師の実践するカリキュラムを経験するのは、子どもたちという一般化され抽象化された集団としての存在ではなく、固有名を冠しそれぞれの人生の履歴を有する具体的な子どもである。それぞれが異なる生育歴や教育歴、家庭環境、文化的背景、身体的特徴をもち、それゆえに異なった学びを経験している。例え

ば、中学校の社会科公民の平和主義の単元で戦争の惨禍や日本の国際的立場について考える場合、日頃から家庭で親戚の戦争体験の話を聴いたり映像や書籍を通して戦争の悲惨さに触れる機会の多かった子どもと、こうした経験をもつことなくこれまで過ごしてきた子どもでは、授業中、教師から話を聴くことも、映像を視聴することも、仲間と話し合うことも、異なった経験となるだろう。

② 教師がカリキュラムを実践し、子どもがカリキュラムを経験するのは、まさに教室における授業と学習の過程においてであり、教師、子ども(たち)、教育内容や教材が、相互に作用するなかで、カリキュラムは教師によって実践され子どもによって経験されるということ。教師によって意図されたカリキュラムは、教師と子ども(たち)、子ども同士の相互作用を通じて再構成され、個々の子どもによって経験されている。

③ 子どもによって経験されたカリキュラムは、授業の後も、教室もしくは学校という空間を超えて、個々の人生の履歴において再構成されていくということ。子どもは教室で経験したカリキュラムを時間的・空間的な広がりをもって経験している。例えば、中学校社会科で学んだ環境保護の取り組みから、子どもは、自分が日々の生活のなかでできることは何かと考えるようになり、その後の生活のあり方には変化が生じるかもしれない。また家族に話すことで、家族の生活にも変化が生まれるかもしれない。あるいは、英語の授業で学んだ仮定法過去形の表現をその後ラジオで聴いた洋曲の歌詞で確認し、生活のなかで英語で表現されたものの意味がわかることの楽しさ、文法を学ぶことの意味を実感しているかもしれない。

④ 授業を通じて子どもが学んでいるのは、教師が意図した教育内容だけにとどまらないということ。ここでいう教育内容には、各教科や各領域に関わる知識内容だけでなく、広く子どもの人間形成に関わるものも含まれる。子どもたちは、学校という場所で教師によって意図されたカリキュラムとは別に**隠れたカリキュラム**(hidden curriculum；潜在的カリキュラムと

もいう。⇨第10章参照）を経験している。そして、隠れたカリキュラムには、子どもの発達にとって有益な学びの経験のみならず、むしろ有害で反教育的といい得る経験も含まれる。例えば、子どもたちは算数の授業中、教師の指示のもと相似形の問題を解くなかで、授業中は教師の指示する内容に集中して取り組むことを学ぶだけでなく、作図には必ず定規などを用い正確かつ丁寧に仕上げること、解答には正確さと迅速さが求められることを学ぶ。一方、たとえ相似形の面白さや奥深さに気づき、教師の指示とは別にひとり相似形について深く考え続けたいという思いに駆られても、その思いは我慢し、教師の指示に従わなければならないことを学ぶ。

本書においてカリキュラムを広く（教師が組織し子どもが体験する）学びの経験の総体として捉えようとするのも、カリキュラムにおける教師の実践と子どもの経験の両側面を丁寧に見ていきたいからである。子どもが授業を通じて学んでいるのは、学習指導要領に基づいて編集された検定教科書の内容そのままではない。教科書に掲載された各単元の内容は、個々の教師によって異なった形でデザインされ授業として実践される。さらに教師によって意図された教育の実践は個々の子どもによって異なる学びとして経験され、教師の意図と一致するわけではない。これらの点を踏まえ、本書では、カリキュラムを広く学びの経験の総体として捉え、教師と子どもそれぞれの経験について扱っていく。

2 カリキュラムを捉える視点──本書の構成──

田中は、カリキュラムにおける四層のいずれをも見通し、「教育意図と学習経験の乖離」という問題に取り組むための方途を「教授者と学習者がカリキュラムを介して相互に作用し合う場面、つまり「教育過程」」（田中、2005、p.24）の観察に見出そうとしている。田中は、以下のように続けている。

> 教育過程を教える側からみれば、それは教育知識を選択し伝達し評価するための一連の組織過程である。また、学ぶ側からみれば、伝達される知識を何

らかの形で受け止めるための適応過程である。教育過程はカリキュラムの組織過程とカリキュラムへの適応過程から構成されており、この両者が交錯する場面において「教育意図と学習経験の乖離」が生じている。そう考えれば、カリキュラムの多層性から導き出せる研究視角は、第一に教育過程に関する相互作用論であることがわかる。(田中、2005、p.24)

田中を踏まえ本書では、教師が組織し子どもが体験する学びの経験の総体としてのカリキュラムを、教育過程（授業と学習の過程）に重きを置きつつ扱っていく。学校での授業と学習の過程における、教師のカリキュラムづくりと実践の経験、子どもの学びの経験をそれぞれ第二部、第三部で扱う。なお、第一部では、教師と子どもによる授業と学習の過程に先立ち策定されているカリキュラムの側面について扱う。本書の構成と概要は下記の通りである。

第1部　授業・学びの経験に先立って策定されるカリキュラム

古代ギリシアから現代に至る主要な哲学者ないし思想家の主張をもとに、教育課程の歴史的展開を概観する。その上で、個々の教室での授業と学習の過程に先立って国家ないし地方自治体、学校レベルで策定されるカリキュラムとして、教育内容や教材といった教育課程を構成する要素、学習指導要領の歴史的展開、昨今各地方自治体や各学校で実施されているトラッキングなど、カリキュラムの自由化の動きを含めたカリキュラムの現代的動向について扱う。

第2部　教師によって経験されるカリキュラム

教師によってつくられる・実践されるカリキュラムの側面を扱う。具体的には、授業の実践者としての教師が授業前もしくは授業中に行う省察、デザインという行為、教育の実践において行う多様な評価のあり方、子どもや教材、同僚教師との関わりのなかでの教師の成長について見ていく。

第3部　子どもたちによって経験されるカリキュラム

学習者としての子どもの経験を扱う。具体的には、授業において子どもが

教材や他者（教師、他の子ども）、自己との対話を通じて経験する知の再構成という営み、子どもの生育歴や教育歴、文化的背景、身体的特徴といった多様性が学校での学びの経験に及ぼす影響、学校や教師の意図とは別に子どもたちによって経験される人間形成の営み（隠れたカリキュラム）について見ていく。

3 カリキュラムをなぜ学ぶか──学校教育の公共性と教師の役割──

最後に、本書全体を通じて念頭に置きたいテーマである**学校教育の公共性**（publicness）について触れておきたい。公共性とは、一般的に「広く社会一般に利害や正義を有する性質」（『広辞苑』第六版）、「広く社会一般に利害・影響を持つ性質。特定の集団に限られることなく、社会全体に開かれていること」（『大辞林』）を意味している。

学校教育の公共性には、学校がすべての子どもたちにとって開かれた空間であるという意味が含まれる。すべての子どもは学校で学ぶ権利を等しくもち、学校では教師をはじめ仲間たち、地域の人々といった他者との関わりを通じて知的経験と倫理的経験をし、やがて学校の外の社会へと旅立っていく。この一方で教師は、制度化されたカリキュラムや計画されたカリキュラムに沿いつつ、地域や学校、子どもたちの実態と向き合いながら、子どもたちの将来のカリキュラム（人生の履歴）を見通しつつカリキュラムをつくり実践する。教師はいわば、学校でのカリキュラムづくりならびにカリキュラム実践を通じて個々の子どもを将来の社会を担う一個の人間として育てるという使命と重責を負っている。それゆえ、教育の一連の営みにおいては公共性についてつねに問うていく必要がある。教師が意識すべき問いには、以下のようなものが含まれよう。どのような将来の社会を想定しつつ授業を構想し実践するのか。授業では、具体的にどのようなコミュニケーションを組織し、子どもたちに経験させるか。子どもたちの知的な経験や倫理的な経験には、どのような知識内容や活動内容を盛り込むか。自らの実践しようとする（している、した）カリキュラム、あるいは子どもたちによって経験されようとしている（されている、された）カリキュラムは、人権、ウェルビーイン

グ（≒福祉；well-being）、地球環境といった公共善（public goods）の観点において正しいか。

　教師にとってこうした問いが欠かせないのは、公共性が学校教育に所与のものではないからである。公共性は、学校教育に内在する原則ではなく、「教育政策に正しさを保証する外部的な条件」（宮寺、2014、p.97）である。そのため、カリキュラムをつくり実践する担い手である教師にとって、公共性をめぐる検証は欠かせないのである。教師（もしくは、教師を志す学生）がカリキュラムについて学ぶ理由もまさにここにあるといってよいだろう。とくに社会の急速な変化や学校を取り巻く環境の変化によって学校教育をめぐる課題が多様化し複雑化する今日、学校教育の公共性についての検証はますます重要になっていくものと考えられる。

（金井香里）

―――引用参考文献―――
＊佐藤学（1996）『教育方法学』岩波書店
＊田中統治（2005）「教育研究とカリキュラム研究―教育意図と学習経験の乖離を中心に―」山口満編著『現代カリキュラム研究〔第二版〕』学文社、21-33頁
　文部省大臣官房調査統計課（1975）『カリキュラム開発の課題　カリキュラム開発に関する国際セミナー報告書』大蔵省印刷局
　文部省編（1989）『小学校指導書教育課程一般編』ぎょうせい
＊宮寺晃夫（2014）『教育の正義論　平等・公共性・統合』勁草書房
＊山脇直司（2004）『公共哲学とは何か』ちくま新書

第 1 部

授業・学びの経験に先立って策定されるカリキュラム

第1章

カリキュラムを学ぶために
―― 教育の思想

―― 本章のねらい ――

現在、日本を含む世界の公教育の教育課程は、主に国や州、地方自治体によって策定されている。しかしながら、教育課程の探究の歴史は、近代国家の歴史よりずっと古く、古代ギリシアまで遡る。その後、人類の学びと成長の可能性を信じ、各々の時代と社会の課題と格闘した思想家たちによって、その時代その社会において最善とされる教育課程が構想されてきた。**構想された教育課程**は、多様な人々の思惑が絡み合う現実という荒波にもまれながら、幾度も編み直されて、現在に至っている。教育課程、カリキュラムは、人類が歴史と社会のなかで創造してきたものであり、**人類の文化の一つの表現**だといえる。この章では、教師の仕事を深いところで支えている教育課程、カリキュラムの思想を学んでいきたい。

1 古代ギリシアと中世ヨーロッパの教育課程

(1) プラトンのアカデメイアの教育課程

理想の社会の構築をめざして、教育課程を考案した人類の歴史は、記録に残されている限りでは、古代ギリシアまで遡ることができる。古代ギリシアの哲学者である**プラトン**(Plato, BC427-BC347)は、現在まで続く**教養教育**(リベラル・アーツ)の教育課程を準備した人物であった。

プラトンが青年時代を過ごした紀元前5世紀末は、古代ギリシアの都市国家アテナイの民主政治が危機に瀕している時期であった。この世紀の前半、アテナイはペルシャ戦争に勝利し、古代ギリシアの盟主の座についた。だ

図1-1 アテナイの郊外に位置した
アカデメイア

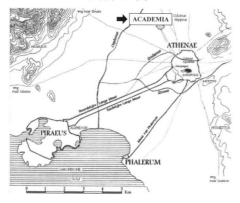

図1-2 プラトン

(ラファエロ画「アテナイの学堂」)

が、続くペロポネソス戦争では、領土拡張にはやる好戦的な市民らを統御できる指導者を欠いて、無謀な戦争へと突き進むことになった。そして、ついにアテナイは降伏に追い込まれた。この敗戦により、アテナイの共和制は崩壊し、スパルタ人指導の下に三十人政権の専制政治が行われた。その後、再び共和制勢力が政権を奪取したものの、その政権の下でプラトンの師ソクラテスが死刑判決を受けるなど、政情は混乱を極めた。

プラトンは、この現実に絶望しながら、民主的な社会の構築、継承のためには、体系的な教育課程による市民の教育が不可欠であると考えた。そして、アテナイの北東にあるアカデメイアの地に学園を設立したのである。こののち、学園そのものがアカデメイアと呼ばれるようになった。現在、学園や学術という意味で用いられているアカデミーは、このアカデメイアに由来している。プラトンの『国家』の叙述から、**アカデメイアの教育課程**は、数論、幾何、音楽理論、天文学、弁証法を中心として構成されていたものと類推される（⇨第2章 コラム2-1 も参照のこと）。

佐藤学の『教育方法学』に記されているように、教育課程を伴う学校の設立は、書字文化（リテラシー）の普及と民主政治（デモクラシー）の成立を契機としていた。これらに加えて、プラトンのアカデメイアの設立の背景に

は、民主政治に対する危機意識があった。民主主義は、その構成者となる一人ひとりの市民が社会の課題について真剣に熟議し、自らの幸福とともに全体の福祉のために行動することによって、はじめて機能する。プラトンは、教養教育（リベラル・アーツ）を通して、節制を身につけ自らの人格を高めるとともに、国家を支え正しく導く市民の育成をめざしたのである。

また、古代ギリシアにおいて、プラトンの師**ソクラテス**（Socrates, BC470頃-BC399）が、問答法を用いた教育を広く実践したことが、『メノン』をはじめとするプラトンの著書によって伝えられている。**問答法**とは、教師が直接知識を教えるのではなく、対話を通して学び手が自ら気づきを得るように導く教育方法である。これは**ソクラテス・メソッド**という名で、現代においても、法学教育をはじめとする分野において、効果的な教育方法として継承されている。『ハーバード白熱教室講義録』で知られる哲学者マイケル・サンデル（Sandel, M., 1953-）の対話形式の講義も、このソクラテス・メソッドを用いたものである。

(2) 中世ヨーロッパの教育課程

プラトンが構想した自由人のための教育課程は、ローマ時代の後期に自由7科として体系化されて、中世ヨーロッパの大学に継承された。**自由7科**とは、文法、修辞学、弁証法（論理学）と、数論、幾何、音楽理論、天文学から構成されたものであり、前3科が言語に関わる学問であり、後4科が数学に関わる学問であった。音楽が数学に含まれるのは、音階や和音の原理が数学的に解明されることによる。中世ヨーロッパの大学では、自由7科による**リベラル・アーツ**を土台とし、その上に哲学、法学、医学、さらには神学を置くという教育課程が準備された。

この教育課程は、民衆の日常語ではないラテン語によって教えられた。すなわち、この時代、学校教育は、一般民衆に開かれたものではなく、経済的、文化的に恵まれた一部の人々のみを対象としたものであった。

また、序章で言及したように、カリキュラムという用語は、もともとラテン語で「走る」の意味をもったクレレ（currere）を語源としている。ここから派生した**カリキュラム**（curriculum）が、教育課程の意味で用いられるよ

うになったのは、中世ヨーロッパの大学においてであった。16世紀後半のオランダのライデン大学やスコットランドのグラスゴー大学において、学生たちの学習すべき内容の一まとまりとして用いられるようになったのがその始まりとされる。また、**クラス**が、授業や学級の一まとまりを指すものとして用いられるようになったのも、16世紀前半のフランスのパリ大学においてであった。

2 宗教改革・市民革命とすべての人々のための教育課程

(1) コメニウス——戦乱のなかで構想されたあらゆる人々を対象としたカリキュラム——

　前節で見たように、中世までの教育課程が想定した教育対象は一部のエリートに限られていた。この常識を覆して、現在の私たちが経験しているような、すべての子どもたちを対象とした普通教育の教育課程を構想したのが、16世紀末にモラヴィア（現在のチェコ共和国東部）で生まれた教育思想家の**コメニウス**（Comenius, J.A., 1592-1670）であった。

　コメニウスの生涯の中心を占める17世紀の前半は、ヨーロッパでは**三十年戦争**（1618-1648）の嵐が猛り狂い、民衆の生活と生存が危機に瀕した時期であった。この三十年戦争は、プラハのプロテスタントの反乱に端を発したヨーロッパにおける最大の宗教戦争として知られている。三十年戦争の発端となった地域で生を営んでいたコメニウスは、プロテスタント弾圧に向かった神聖ローマ皇帝軍のモラヴィア制圧によって、その故郷を追われることとなった。コメニウス自身、15世紀初めに火刑に処せられた宗教改革の先駆者にしてプラハ大学学長でもあったフスの系譜に連なるチェコ兄弟団の指導者であり、聖職者でもあったからである。

　戦乱のなかで、故郷を追われ、妻子をも

図1-3　ヨハネス・アモス・コメニウス

失ったコメニウスは、戦争と貧困といった人類の悲劇を克服し得るのは、すべての人々を無知から救い出す教育をおいて他にないと考え、亡命先のポーランド・レシノにて、『**大教授学**』を執筆した。その後の亡命先となったオランダのアムステルダムにおいてラテン語で刊行された『大教授学』(1657)のなかで、コメニウスは、子どもの成長の段階を、幼児期、少年期、青年期、若者期の四つに分けて、各々、母親学校、初等学校、中等学校（ラテン語学校）、大学という四つの学校を割り当てる構想を示した。同書で、コメニウスは、キリスト教の深い信仰に立脚して、「あらゆる人に、あらゆる事柄を、教授する、普遍的な技法」（コメニウス、1962（1）、p.20）を示すことを試みた。これに続いて、コメニウスは、あらゆる知識を体系化して、あらゆる人に伝えるために、世界最初の挿し絵入り教科書といわれる『**世界図絵**』(1658)を世に送り出したのであった。

　ラテン語だけではなく、ドイツ語でも刊行された『世界図絵』は、すぐさま英語をはじめとするヨーロッパの諸言語に翻訳されて、その影響はヨーロッパ各地に広がった。『世界図絵』は、豊富な挿し絵を用いて、あらゆる人々が普遍的に学ぶべきであるとコメニウスが考えた事象や概念を表現した教科書であった。コメニウスは、適切な教材を準備するならば、「あらゆる人に、あらゆる事柄を」学ばせることができるという信念をもっていた。『世界図絵』には、アルファベットから動物、道具、制度、人間の心の性質、徳性、信仰に至るまで、学び手の興味、関心を惹起する多種多様な概念、知識が挿し絵とともに掲載されており、今なおその内容の豊かさは色褪せていない。

　コメニウスの教育方法は、感覚を通して知識が習得され

図1-4　『世界図絵』

（掲載の写真は筑波大学附属図書館所蔵の Joan. Amos. Comenii Orbis pictus Renovatus et emendates Reginae, Hradecii : J. Pospíšil, 1883による。）

るという認識論、事物の認識を通して知識が精神に刻印されるという学習論、学習者の視聴覚に働きかけることで効果的な学習が成立するという教授論によって、構成されていた。コメニウスは、『大教授学』において、人間の魂を白紙になぞらえて、「教授の技法をわきまえた人は、人間の精神にあらゆるものをやはり楽々と描くことができる」（コメニウス、1962（1）、p.72）と論じた。魂は白紙であるから、すべての子どもたちが学ぶ可能性をもっていることになる。その結果、子どもたちは、その出自や身分、もって生まれた資質によって選別されるのではなく、「すべての人に教育が必要」（コメニウス、1962（1）、p.85）として、すべての子どもたちが学ぶべき存在として位置づけられた。これは子ども観の大きな変化であった。すべての子どもたちに学びの機会を与えるために、コメニウスは、母国語での教育を準備することが不可欠であると考えた。そして、新しい教授の技法を印刷術になぞらえて、**教刷術**と呼び、教師の声がインク、学校の規律が圧印機となり、知識が生徒の精神に印刷されると記した（コメニウス、1962（2）、p.137）。

あらゆる子どもたちを対象として、あらゆる知識、すなわち人文科学から社会科学、自然科学におよぶ網羅的な知識を教育課程のなかに組み込んで成立した近代学校は、ヨーロッパの戦乱と危機の時代に、生涯にわたって人類の救済のために思索を重ねたコメニウスの構想が、その土台となっている。

(2) ロック、ルソー、コンドルセ——啓蒙主義の時代の思想家たち——

続く、17世紀後半から18世紀にかけての啓蒙主義の時代には、イギリスの**ロック**（Locke, J., 1632-1704）、フランスの**ルソー**（Rousseau, J.J., 1712-1778）、**コンドルセ**（Condorcet, N., 1743-1794）ら、いわゆる啓蒙思想家たちが、市民社会における教育思想を練り上げていった。ロックは『**教育に関する考察**』（1693）のなかで、子どもの心は白紙であり、幼児期からの習慣と経験を通して人格が形成されると述べ、子どもの自然な好奇心を伸ばすことの大切さを論じた。イギリス経験論は、学習の可能性に着目する教育思想の土台となっている。

また、ルソーは『**エミール**』（1762）において、理想的な一人の青年を育てるという形式で、その教育思想と教育方法を論じた。旧来のキリスト教の

原罪説に基づく矯正主義的な教育、そしてエリートの選抜に傾斜する競争主義的な教育を厳しく批判し、人間性善説に立脚し、子どもの自由と意思を尊重し、その良き性質を伸ばすことの大切さを強調した。『エミール』は、子ども中心主義の教育思想の出発点となっている。

また、数学者であるとともに、思想家であり、フランス革命期に活躍した政治家でもあったコンドルセは『**公教育の全般的組織についての報告と法案**』(1792) において、「国民の教育は公権力にとって当然の義務である」(コンドルセ、2002、p.11) と語り、公教育の父と称されている。コンドルセは、フランス革命を生み出した自由と平等の理念は、市民すべてに保障される公教育によってはじめて実現すると考えた。他方で、公権力は道徳、思想に介入すべきではないと論じ、公教育を知育のみに限定する考え方を示した。男女ともに教育を受ける権利が保障されるべきだと考えたコンドルセは、社会の「大多数を占める貧しい階級の子供に才能を伸ばす可能性を与えることが、公共の繁栄のために重要である」(コンドルセ、2002、p.58) とも述べ、初等教育のみならず中等、高等教育の無償化を提言した。コンドルセの思想は、教育における国家の義務ならびに不当な支配につながる介入の制限を明確に示したものであり、近代教育の理念と原則を準備している。

図 1-5 ジョン・ロック

図 1-6 ジャン・ジャック・ルソー

図 1-7 ニコラ・ド・カリタ・コンドルセ侯

(3) ペスタロッチ――子どもたちの活動と労働を組織したカリキュラム――

　これらの啓蒙思想家からの影響を受けて、18世紀後半からスイスを舞台として民衆教育において卓越した仕事を成し遂げたのが**ペスタロッチ**(Pestalozzi, J.H., 1746-1827)であった。ペスタロッチは、自ら一人の教師として教育実践に関わるとともに、執筆活動を通してその教育思想を深め、子どもたちの自立と解放につながる教育課程と教育方法を編み出した。ペスタロッチの墓碑には、「貧民の救済者」「民衆への説教者」「孤児の父」「新しい民衆学校の創設者」「人類の教育者」「人間」「キリスト者」「市民」と記されている。ペスタロッチの生涯は、まさしく民衆の教育にすべてを捧げた一生であった。

　ペスタロッチが生きた18世紀の後半から19世紀の前半は、**フランス革命**(1789)とその後の**ナポレオン戦争**(1803-15)により再びヨーロッパ全土が戦場となり、戦災孤児が大量に生まれた時期であった。虐げられた人々を救済するはずの革命が、さらなる悲劇を生み出すという現実を目の当たりにして、深く心を痛めながらも、ペスタロッチは、民衆教育のなかに、人間救済の希望を模索したのであった。

　さて、1762年にルソーの『エミール』が出版された時、ペスタロッチは十代半ばの青年であった。『エミール』にはカトリックの教義に反する内容が含まれていたため、フランスで直ちに発禁処分となり、ルソーの生誕地であったスイスのジュネーヴでも有罪判決とともに著者ルソーの逮捕が決定された。にもかかわらず、この書物は、市民の自由と政治参加を求める若い学徒らに受け入れられ、その思想形成に大いなる影響を与えた。ペスタロッチもまたルソーに心酔し、8歳年上の恋人でのちに配偶者となるアンナとともに『エミール』を耽読した。その後、ペスタロッチは、スイスの社会改革の運動に参加するが、この運動は挫折し、公職につく望みも断たれ

図1-8　ヨハン・ハインリッヒ・ペスタロッチ

た。しかし、そこから農村にあって民衆教育に生涯を捧げるペスタロッチの波瀾万丈の人生が幕を開けることとなった。

　アンナとともに農場経営に活路を求めたペスタロッチだが、まもなく農場経営にも行き詰まり、破綻する。だが、農場経営を通して、市民革命後の農村社会における民衆の貧困と苦しみを知ったペスタロッチは、わずかに残ったノイホーフの農場と家屋に貧民学校を創設し、貧困にあえぐ子どもたちが自立できるような教育活動を組織した。施しを与える慈善によってではなく、子どもたちの内面を育み自立に導く教育によって、民衆の真の解放を実現しようと考えたのである。

　ペスタロッチは、貧民学校のなかで、糸つむぎなどの手仕事や農業を通して子どもたちに技能を習得させながら、知的、道徳的な能力を培う試みを行った。そして、経営面から貧民学校が立ちゆかなくなると、それまでの教育経験を土台に、精力的な執筆活動に打ち込んだ。1801年に刊行された『**ゲルトルート児童教育法**』では、貧民学校での経験をもとに、合自然の原理を基礎とした、事物の直観から言語、概念に至る「直観教授」の方法が、「数」「形」「言語」の教育課程において、綴られている。

　ペスタロッチの教育課程は、「数」「形」「言語」を中心とする「基礎教授」と、「地理」「理科」「絵画」「音楽」の応用科目によって、成り立っていた（佐藤、1996、p.14参照）。ペスタロッチは、子どもを認識主体として位置づけて、事物の直観から言語による概念化に至る過程において、学習が成立すると考えた。また、子どもの人格形成には、自然や事物との対話である手仕事や労働が大きな価値をもつことを見出し、言語のみによる教育の限界を明らかにしている。

　ペスタロッチの教育課程は、このように基礎ならびに応用教科の習得を中心にしたものであるため、人格の形成を目的とする形式陶冶と対比して、実質陶冶と呼ばれることがある。しかしながら、ペスタロッチも、子ども一人ひとりの人格形成を教育の主要な課題として位置づけていた。子どもの人格形成を、道徳教育によって実現できると安易に考えるのではなく、具体的な教育内容を対象とした実質的な学びと探究を通して初めて実現し得るものだと洞察したところに、ペスタロッチの教育実践家としての現実感覚と卓越性

が宿っているといえるだろう。

　没してのち、ペスタロッチ主義の教育は、欧米各国に広まり、公教育の教育課程にも影響を与えた。日本においても、明治初期の自由教育令の時代に、ペスタロッチの開発主義の教育方法が導入されている。そして、現在もなお、貧しい子どもたちとともに生きたペスタロッチが紡ぎ出した教育課程と教育方法は、言語主義、暗記主義による教育に対峙するものとして、オールタナティブ・スクールの教師たちをはじめ、世界中の多くの教育者に支持され、その精神は継承されている。

3　国民国家の基盤としての教育課程

(1) ヘルバルト——教授学の確立——

　コメニウスが夢見たすべての子どもたちを対象とした教育課程がヨーロッパの国々で実現したのは、19世紀後半のことであった。しかしながら、この原型となったドイツで準備された教育課程は、学習者である子どもたちのためではなく、国家のための色彩が濃い教育課程であった。その後、19世紀末に国家間の競争が激化するなかで、強力な国民国家と産業社会を創出するための教育課程が求められ、ドイツの教育課程は日本も含む世界の国々に広がった。そして、その思想的基盤となったのが**ヘルバルト**（Herbart, J. F., 1776-1841）とヘルバルト主義の教育学であった。

　ケーニヒスベルク大学における哲学者カントの後任教授であったヘルバルトは、1806年に刊行された『**一般教育学**』において、教育の目的を倫理学、教育の過程を心理学で基礎づける近代的教育学を確立した。しかしながら、ヘルバルトの教育学が直ちに学校教育に適用されたわけではなかった。ヘルバルトの教育学を継承した**ツィラー**（Ziller, T., 1817-

図1-9　ヨハン・フリードリッヒ・ヘルバルト

1882)、ライン（Rein, W., 1847-1929）によって教授理論として定式化されたヘルバルト派の理論が、1872年の「一般諸規程」という教育令によってドイツが立ち上げた近代学校制度に導入されたのである。この年は奇しくも、日本で明治政府によって学制が公布された年でもあった。

　小国が分立していたドイツにおいて勢力を拡大していたプロイセンは、1866年の普墺戦争に勝利し、北ドイツ連邦の盟主となった。続いて、1871年に普仏戦争に勝利し、ドイツ帝国と称した。ドイツ帝国を立ち上げた宰相ビスマルクは、近代国家にふさわしい教育課程を準備する必要に迫られ、翌1872年、「一般諸規程」を制定した。この「一般諸規程」では、民衆学校の無償化とともに、宗教教育の時間数の削減、歴史、地理、博物といった実科の新設、暗記学習の排斥、直観的実験的教育方法の導入が図られた。宗教教育と読み書き算を重視した保守的な教育課程を定めた「三規程」(1854)は廃止され、ここに近代的な教育課程と教育方法が準備されたのである。

　こうしてドイツでは、教会からの学校の自立を実現させたが、このことはかつての教会の教育機能を国家がそのまま吸収するという意味をもっていた。かつてフランスのコンドルセが提唱していた公教育の知育への限定、国家による道徳教育の禁止とは、相反する方向に進んだのである。

　先述したように、ドイツで近代国家にふさわしい教育課程を準備するにあたって、その思想的基盤となったのがヘルバルト派の教育学であった。学問としての教育学を立ち上げることを試みたヘルバルトは、教育の究極的な目的を道徳的品性の育成に置いた。そして、そのために、「訓練」、「管理」、「教授」の三つの方法が必要であると考えた。さらに、人間の思索を、対象に没入する「専心」とその対象を省察する「致思」に分けた。この二つをさらに二分することで、人間の学習の過程を、（1）対象を明確にする「明瞭」、（2）複数の対象をつなぐ「連合」、（3）対象相互の関係を系統立てる「系統」、（4）系統に基づいてさらに応用する「方法」という四つの段階で捉えたのであった。

　ヘルバルトは、ドイツ近代教育の成立を待たず1841年にこの世を去っている。1872年から始動したドイツの近代教育は、ヘルバルト派と呼ばれる、ヘルバルトの弟子たちの教授理論によって、基礎づけられたのであった。

(2) ツィラーとライン──国民国家を創出した教育課程──

　ヘルバルトが教授行為において考慮すべきとした学習過程の四段階は、弟子のツィラーによって、「分析」「統合」「連合」「系統」「方法」という五段階に精緻化された。その後、これらの学習過程は、ラインによって、「予備」「提示」「比較」「総括」「応用」という五段階の教授過程に変換された。

　また、ツィラーは教育課程を段階的に編成するにあたって、個体発生は系統発生をくり返すという反復説に依拠し、**文化史的段階**という原理を打ち立てた。つまり、子どもの心の発達は文化史の発展を辿ると見なして、教育内容、教材の順序を決定したのである。具体的には、ツィラーは教育内容と教材の配列案として次のような例を示している。それは「幼稚園＝叙事的寓話」「第1学年＝叙事的童話」「第2学年＝ロビンソン・クルーソー」「第3学年＝族長時代」「第4学年＝士師の時代」「第5学年＝統一国家の時代」「第6学年＝イエスの生涯」「第7学年＝使徒の時代」「第8学年＝宗教改革の歴史」というものであった。

　当時のドイツでは、8年制の義務教育が普及しており、ツィラーが提示したのは、これに対応した教育課程であった。さらに、ツィラーは、中心となる教科（具体例のように文学と歴史、とりわけ子どもの心情に訴える教材を配置した）をコアとして教育課程を構成する**中心統合法**を唱え、さまざまな教科の配置と子どもの学習経験の二重の観点から、教育課程が統合されることをめざした。その上で、「第一系列に、歴史的教科、自然科学的教科、第二系列に、言語、数学、第三系列に、地理、体操、歌唱という三つのグループ編成による教育課程を編成し、全教科の中心に道徳的、宗教的陶冶を志向する心情教育を位置づけたのである」（熊井、2011、p.66）。

　ツィラーが構想した教育課程の編成原理を、文化史的段階ならびに中心統合法の概念によって明確に位置づけ、その広範な普及に貢献したのがラインであった。つまり、ラインによって、文化史的段階が教育内容の配列の順序を決定する原理となり、中心統合法が教科相互の関係性を示す原理となることが、明確に打ち出されたのである。

　ヘルバルトの教育学をもとにツィラーが展開しラインが確立したヘルバル

ト派の教育学は、一つの共通する目的に向けて、あらかじめ決められた段階的な教育内容と教育方法によって子どもたちを導くという定型化された教育課程のフォーマットを創出した。このフォーマットは、読み書き算を中心とする従来の民衆教育の教育課程を刷新して産業革命の後進国から強力な近代国家を立ち上げようとしたドイツや日本にとって、定式化しやすく、受け入れやすいものであった。

このような理由から、ヘルバルト派の教育学は、ドイツ、日本、アメリカなどで瞬く間に広まり、世界の教育課程、教育方法の主流をなす原理となった。また、ツィラーが編み出した、学習過程の五段階に対応させてカリキュラムの単元を構成する**方法的単元**も、文化史的段階や中心統合法と同様に、教育課程の編成原理として大きな影響力をもつこととなった（佐藤、1996、pp.16-17参照）。

4　20世紀における教育課程の再検討

(1) デューイ──子ども中心主義のカリキュラム──

19世紀末の帝国主義的な国際競争を背景として、ヘルバルト派の教育学に依拠した国民国家と産業社会を創出するための教育課程と教育方法が登場し、世界中に広がり、公教育のスタンダードとなった。ところが、20世紀に入る頃、画一的に定型化され、硬直化した教育課程と教育方法に対する批判が広がり、世界的な**新教育運動**が生まれた。その背景には、産業化と都市化による個人主義の進行と民主主義の広がりがあった。

図1-10
ジョン・デューイ

数多くの新教育運動のなかでも、現在に至るまで教育界にもっとも大きな影響を与えているのが、アメリカの教育哲学者**デューイ**（Dewey, J., 1859-1952）の教育思想であり、シカゴ大学に設立されたデューイ・スクールに

おける教育実践であった。教育課程に関するデューイの業績は、カリキュラム概念のコペルニクス的転換を行ったところにある。デューイは、カリキュラムを「教授に先立って確立されている材料ではな」く、「教授と探究の過程で収集され、利用され、構成される材料」（ノディングズ、2006、p.65）と捉え、カリキュラムを教師と子どもの相互作用のなかで生み出される学びの経験として再定義した。

　教育方法に関する革新としては、デューイ・スクールにおいて、教室空間に教卓や固定机に代わって、作業台や協働学習のテーブルが準備されたことが挙げられる。子どもたちは学習の課題に対して、教師から言葉で正答を受け取るのではなく、実験し、体験することによって探究し、学んだことを自らの経験として編み直した。また、民主主義を概念として学ぶのではなく、教室での学びを対話的で民主的な関係性のなかで経験することによって、民主主義とは何かを学ぶというように、学びの方法が学びの内容を実現するものとなっていた。

　デューイの著書『学校と社会』では、デューイ・スクールの具体的な教育課程が次のように示されている。4歳から8歳までの子どもたちには、その発達段階を考慮して、「遊戯、競技、実際的な仕事、或はまた小さな工芸、物語、絵画的想像および会話など」を教材として、「編物・料理・手工作業・模型製作・劇・談話・討論および物語など」の子ども自身の活動を通して、「知ることと為すこととの密接な結合が維持される」ように準備された（デューイ、1957、p.110）。一方、8歳から11歳ないし12歳の子どもたちには、例えば、アメリカの歴史を「たんなる歴史的知識としてではなく、人間の生活としてこれらの教材を再現することができるように、環境、生産の道具、衣服、家庭の器具、食料、日々の生活様式の縮図を、その委細な点にいたるまでじゅうぶんに提示」し、子どもたちが「遭遇せねばならぬ問題の見地に自己を置き、それらの問題を解決する方法をおよぶかぎり再発見する」ことがめざされた（デューイ、1957、p.113）。このような学び方は、自然科学の分野においても、さらには芸術、家庭科の分野においても通底するものであった。

　デューイは、国家の要請によってあらかじめ準備された読み書き算、実

学、道徳を中心とした伝統的な教育課程を乗り越えて、「社会的・自然的現実との接触・親近というゆたかな背景を、自分自身の個人的［体験的］な・いきいきとした経験をつうじて子どもに獲得させる」学びのカリキュラムを構想した（デューイ、1957、p.116）。子どもたちが能動的に関わる仕事（オキュペーション）を通して経験する生きた学びの大切さは、知識の量ではなく、知識の活用能力が問われている現代において、ますます重要なものとなっている。なお、デューイの道徳教育論については、第3章 コラム3-2 を参照されたい。

(2) ブルーナー──教科学習のカリキュラムの再定義──

子どもの経験を中心とするカリキュラムを提唱したデューイに対して、教科を中心とするカリキュラムの再定義を行ったのが**ブルーナー**（Bruner, J.S., 1915-2016）である。ブルーナーは、第二次世界大戦後の教育課程の系統主義的な再編に大きな影響を与えた人物であった。1959年に、全米科学アカデミーの呼びかけにより、ウッズ・ホール会議が開催された。ここで当世一流の科学者が一堂に会し、10日間にわたって教育方法の改善について議論を重ねた。会議において主導的な役割を果たしたブルーナーは、その成果をもとにした著書『**教育の過程**』において、各々の教科には構造というものがあり、これを正しく踏まえるならば、「どの教科でも、知的性格をそのままにたもって、発達のどの段階の子どもにも効果的に教えることができる」と述べた（ブルーナー、1986、p.42）。これを実現するために、ブルーナーが提唱したのが**ラセン形教育課程**であり、これは教科の本質的な構造を各発達段階で繰り返し学ぶというものであった。例えば、6歳児に微積分の解法を教えることは難しいだろう。しかしながら、微積分の本質的な構造である0や無限大に限りなく近い極限の観念ならば、6歳児にも教えることができる。ブルーナーはこう述べた（ブルーナー、1986、p.xii）。教科の本質的な構造ならびに主要な概念について、発達

図1-11 ジェローム・ブルーナー

（提供：アフロ）

段階に応じた課題を通して繰り返し学ぶことにより、子どもたちが高い知性と科学的能力を身につけることが可能であると、ブルーナーは考えたのである。

ブルーナーの教科中心の教育課程は、教師主導の教育を正当化し、伝統的な暗記主義、詰め込み主義の教育を肯定するものとして理解され、批判を受けたこともあった。しかしながら、佐藤学も指摘しているように、『教育の過程』を丁寧に読むならば、ブルーナーが提唱した学びが、暗記主義の対極にあることは明白である（佐藤、1996、pp.29-31）。

ブルーナーは「知的活動は、知識の最前線であろうと、第三学年の教室であろうと、どこにおいても同じものである」と述べて、「知的探究自体を中心にしているのではなく、むしろ知的探究の分野における結論」の習得に重きを置いている従来の暗記主義、詰め込み主義の教育課程を批判したのである（ブルーナー、1986、p.18）。その上で、これらは教科中心の教育課程の問題ではなく、教科中心の教育課程の理解と構成の問題であるとして、学習者の探究を中心に据える教科学習の教育課程の可能性について論じたのであった。

子どもたちに、学問の結論を丸暗記させるのではなく、学問的探究の過程を経験させること、そのために、学問の本質的な構造に則った探究型の教育課程、カリキュラムをデザインすること、これこそがブルーナーが提唱したことであった。ウッヅ・ホール会議にて「教師こそが教授において主な役目をはたすものである」ことが同意されたように、教科中心のカリキュラムのデザインにおいて、教師の役割は極めて大きいものであると、ブルーナーをはじめとする科学者たちは考えていたのである（ブルーナー、1986、p.19）。

「教育課程は生徒よりも教師に向けられたものである。それが教師を変え、動かし、不安にさせ、知らせることができなければ、教えられる側に何らの影響も与えないだろう」というブルーナーのメッセージは、学習者をカリキュラムの主体から外すということではなく、学習者を探究に向かわせるためには、まず教師自身が探究者になる必要があることを教育政策者や教師に示している（ブルーナー、1986、p.xix）。

第1章　カリキュラムを学ぶために——教育の思想　31

5　教育課程の批評と編み直し

(1) フレイレ——民衆の自立と解放のカリキュラム——

　ここまでに登場してきた思想家には、一つの共通点がある。それはすべて欧米の思想家だということである。これは近代学校の教育課程が欧米の思想を土台として創出されたことの反映といえる。ところが、第二次世界大戦ののち、欧米諸国や日本の植民地にされていた国や地域が独立すると、公教育はいよいよ世界中に浸透することになった。そして、第三世界の厳しい現実のなかで生きる民衆のための教育を模索する努力のなかから、従来の教育課程、教育方法を乗り越えようとする批判的教育学が生まれることとなった。ブラジルの教育思想家であり、成人の識字教育の実践者であった**フレイレ**(Freire, P., 1921-1997) は、この批判的教育学の担い手であった。

　フレイレは、『**被抑圧者の教育学**』(1968) において、従来の学校教育を**銀行預金型教育**と定義し、そこでは学習者の活動が与えられる知識をひたすら貯めこむことに限定されていると述べている。つまり、学習者は、学校教育での学習を通して、批判的に思考し状況を変える力を剥奪されているというのである。フレイレは、学習においてもっとも大切なことは意識化であると指摘する。第三世界の圧倒的多数を占める民衆、すなわち被抑圧者の多くは、自らが抑圧されていることを意識化できないまま、抑圧者の価値観を内面化するとともに、より弱い立場にある者たちを抑圧して、抑圧の構造に加担してしまっていると、フレイレは指摘している。

図1-12　パウロ・フレイレ

(By Slobodan Dimitrov [CC BY-SA 3.0 (https://creativecommons.org/licenses/by-sa/3.0)], from Wikimedia Commons)

　もし民衆が、学習を通した意識化によって、自分たちが置かれている状況を正しく認識し得るならば、問題解決に向けて行動を起こすことが可能になる。その時、被抑圧者であることは、学びのための

バネとなる。フレイレは、教師と学習者ならびに学習者同士の対話を通して、問題状況を意識化し、問題解決に向かう学びを、**課題解決型学習**と定義し、協働の学びのなかに教育の可能性を見出した。

　フレイレは、人間が人間を抑圧する社会は、被抑圧者だけでなく抑圧者をも損なうものであると述べる。なぜならば、抑圧者は物質と富とに囲まれた生活を送っているものの、被抑圧者に対する蔑みと恐れが絶えずつきまとい、警戒心をもって日々を過ごさざるを得ないからである。

　学びを通した意識化によって被抑圧者が問題解決に踏み出し、対話によって抑圧者も変えられることによって初めて、教育が真の人間の解放につながる。フレイレは、その生涯を通して学習による民衆の解放と自由の実現に尽力した。そして、民衆の解放と自由は、被抑圧者が抑圧者に取って代わることによってではなく、他者との対話を通した民衆自身の意識化と変容を伴って初めて実現するものであると考えた。

　現在、第三世界のみならず、先進国においても、格差の拡大、貧困の増大が深刻な社会問題となっている。フレイレが指摘したような抑圧の構造は、もはや第三世界だけの課題にとどまらない。また、情報化社会のなかで、情報の渦に巻き込まれることなく、自らの人生の舵取りを行う上でも、問題状況の意識化からはじまる課題解決型学習の意義は、高まっているといえる。

(2) アップル——カリキュラムの政治学——

　公教育の世界的な広がりが人々の解放や平等を実現するという前提が揺らぎ始めたのが1970年代のことであった。アメリカのカリキュラム研究者である**アップル**（Apple, M.W., 1942-）は、公教育の教育課程を批判的に検討し、社会における支配的な人々の文化に親和的であるように構成されている教育課程が、むしろ民衆や労働者階級の解放を妨げ、格差の再生産を生じさせていることを指摘している。

　アップルの思想は、カリキュラムによって学校が分配している文化が「〈誰の文化なのか〉、〈どの社会集団の知識なのか〉」、「特定の知識（事実・技能・性向・態度）は誰の利害にたっているのか」（アップル、1986、p.31）という視点から出発している。アップルは、学校教育の教育課程が、政治的に

中立であり、民衆の解放を実現し、社会の平等に寄与するというのは幻想でしかなく、その実は、その社会において権力（ヘゲモニー）をもつ集団にとって有利なように構成されており、その結果、階級の再生産を支えているというのである（澤田、2009、p.61）。

図1-13 マイケル・アップル

アップルは、1970年代までのカリキュラム学における支配的パラダイムであったタイラーの行動目標型アプローチを批判し、その価値中立性に疑義を突きつけた（澤田、2009、p.60）。行動目標型アプローチでは、学習目標の設定、教育内容の選定に言及することなく、手順、評価を精緻化することに精力が注がれる。アップルは、このアプローチが、教育課程から価値の対立を内包する課題、論争的な課題を引き離し、社会において権力をもつ集団の文化の再生産に加担している、と批判している（➪タイラーの思想の教育学的意義については、第7章③を参照のこと）。

そもそもリベラリズムに依拠する教育理論に対して批判を行っていたアップルであったが、1980年代に入ると、アメリカでは、新保守主義が台頭し、ハーシュ（Hirsch, E.D., 1928-）に代表されるように、精選した支配的な文化を公教育の教育課程に組み込むべきだという主張が公然となされるようになった。そのため、1990年代以降のアップルは、ブルデュー（Bourdieu, P., 1930-2002）、バーンステイン（Bernstein, B., 1924-2000）などのヨーロッパの再生産理論（➪ブルデューらによる文化的再生産論は第9章②を参照）も組み込みながら、こうした新保守主義と対峙し、カリキュラムの批評という研究領域を確立している。アップルは、階級、階層のみならず、ジェンダーや人種の視点も組み込みながら、具体的な教育課程、教科書の分析を行っている。

国や地方自治体が策定した教育課程に対する多角的で批判的な視座をもつことによって、教師は自らの教育実践についての省察を深めることが可能になる。アップルが「カリキュラム学が目標の報告や〈成果の評定〉といった仕事にもっぱら従事しているために、教育者としてのわれわれの活動のもつ重大な政治的・道徳的な意味から注意がそらされてしまうのである」（アッ

プル、1986、p.282)と指摘しているように、あらかじめ決められた知識や方法を無批判に適用するだけでは、教師の仕事は、脱専門職化の道を辿る。教師が省察的実践家として、教育課程を子どもたちの学びの経験として再構成し、再創造することによって、近代化が実現したあとの時代（＝ポストモダン）の教師の専門性が拓かれるのである（⇨省察的実践家としての教師については、第5章②③、第6章①、第10章⑤を参照のこと）。

(3) ノディングズ――幸せのための教育課程――

フェミニズムの立場から、ケアリングの倫理を提唱し、学校教育における画一的な教科主義を中心とする支配的な教育課程に対する批判を行ったのが、アメリカの教育哲学者の**ノディングズ**（Noddings, N., 1929-）である。現代社会においてスタンダードとなっている教育課程に対するノディングズの疑義は、次の二点に集約される。一点目は、すべての子どもたちに同じ教育課程を学ばせることが果たして子どもたちに幸せをもたらすのだろうかという疑義であり、二点目は、語学、数学、芸術といったリベラル・アーツを中心とするリベラル・エデュケーションを重視した教育課程が子どもたちの幸せにつながるのだろうかという疑義である。

これまでの教育課程の歴史で見てきたように、かつてリベラル・アーツは、一部のエリートにしか開かれていなかった。そして、これを広く民衆に開放するということが、近代の教育課程がめざしたことであった。日本の教育課程においても、戦前は、リベラル・アーツは主にエリートの男子に限定されたものであり、戦後の教育改革によって初めて一般の男女に開かれたという歴史をもっている。こうした歴史的な文脈を考えると、ノディングズの疑義は、近代の教育課程に対する根源的な批判を含んでいるものの、時代の逆行と社会の再分断につながらないように慎重に議論される必要があるといえよう。

図1-14　ネル・ノディングズ

さて、デューイに倣って、ノディングズ

は、教育課程は一人ひとりの子どもたちの成長のための要求に対応すべきであると述べている。そして、例えば、数学が苦手な子どもたちに、高度な数学を義務づけることは、果たして正しいことだろうかと、ノディングズは問いかける。高度な数学を学ばなくても、子どもたちは幸せな人生を送ることができる。しかしながら、自分や他者をケアする能力を育むことなしには、子どもたちは幸せな人生を送ることは難しく、幸せな共同体を築くことも難しい。そうであるから、公教育の教育課程において、数学に代表されるリベラル・アーツよりも、自他をケアすることを学ぶことが優先されるべきであると述べるのである。

その上で、ノディングズは、「教育は、伝統的な学問分野に基づいてではなく、ケアのテーマに基づいて組織されるべきだ」と述べ、「自己、親しい他者、遠方の他者、植物、動物、環境、人工の世界、そして理念、などをケアするように導くような」もう一つの教育課程を提案している（ノディングズ、2007、p.310）。

これまで、ケアに関わるこのような領域は、公教育の教育課程からは除外されるか、あっても周辺的な地位にとどまっていた。リベラル・エデュケーションが上級学校に進学するための要件となっている現在、ノディングズの提言通りに教育課程を編み直すことは、さらなる格差や不平等をもたらす可能性もあり、現時点においては、実現は容易ではないように思える。

しかしながら、今から約400年前にコメニウスが、30年戦争で荒廃したヨーロッパにおいてすべての子どもたちに公教育を準備すべきだと提唱した時、コメニウスの夢がいつの日にか世界中で実現すると考えた人々はほとんどいなかったことだろう。それが現在では、すべての子どもたちに公教育を準備するということは、世界の大多数の国において、常識となっている。このように考えると、ノディングズが構想しているケアを中心として子どもたちの多様なニーズや特性に対応しながら互恵的な関係性を基盤とした現在より平等で公正な社会を実現するような教育課程が、世界のスタンダードになる日の到来も十分に想像できる。

近年、日本においても、特別支援教育の思想と実践が、小中高、そして大学にも広がり、すべての教師が一人ひとりの子どもたちに対する合理的配慮

を求められるようになっている。一人ひとりの子どもたちに対するケアと子どもたちのケアリングにおける成長につながる学びのカリキュラムの創出は、日本中のすべての教室において求められている課題であるといえる。

また、近年の日本の教育課程の見直しによって、1989年の学習指導要領以降、中学校と高校の家庭科の男女必修化が実現している。これも学校の教育課程にケアが導入された一つの具体的な事例であるといえる（⇨第3章4（2）参照）。

(4) クランディニン――人生の物語としてのカリキュラム――

カナダの教育学者であり、教師教育者でもある**クランディニン**（Clandinin, D., 1947-）は、カリキュラムを**学校と教室において教師と子どもがともに生きる人生の記録**と定義し、多様な人生の物語が編み合わされるところに学びの経験としてのカリキュラムが生まれるという「新しいカリキュラムの物語」を示している。

デューイの思想に深い影響を受けているクランディニンは、子どもの学習経験は、一人ひとりの子どもが抱える固有の個人史と教師の専門的、個人的な文化、学校の文化などの対話と葛藤を伴う物語として紡ぎ出される、と述べている（クランディニン他、2011）。その上で、クランディニンは、教師もまた教えるという営みにおいて、教師自身の個人史と教育内容、子どもたちの個人史、学校の文化、教育行政の指針といった多様な物語との対話と葛藤と交響を経験しており、そこから協働の物語を導出することが、今後の教師教育の課題になる、と語っている。

図1-15　ジーン・クランディニン

古代ギリシア以来、思想家たちは、民主的で対話的な社会を準備するために、教育課程にさまざまな工夫を凝らしてきた。しかしながら、どんなに工夫を凝らした教育課程を準備したとしても、個々の子どもたちの学習経験につながらなければ、その教育課程は意味をもたない。また、どのよう

な高度な教育課程を準備したとしても、教師の教える経験が対話的で協働的で創造的なものでなければ、子どもたちの生きた学びにはつながらない。カリキュラムを学校と教室において教師と子どもがともに生きる人生の記録と位置づけて、学びの経験を人生の物語として捉え直すクランディニンの視点は、これからの時代の教師に求められるカリキュラム観と重なっている。

　ここまで教育課程の歴史を辿り、その時代その社会の教育課程の意義と課題を検討してきた。同様に、教師として自らが教える教育課程と向き合う時には、その教育課程のもつ意義と課題の両面を見つめる視点をもちたい。そして、目の前の子どもたちの学びと成長を支えるカリキュラムのデザイン、授業のデザインを構想し、学校と教室において教師と子どもがともに生きる人生の物語を豊かに紡ぎ出していきたい。

　一人ひとりの子どもたちの学びの物語を紡ぎ出し、教室の学びの文化という織物を編み直していくことは、教師の仕事の醍醐味である。

　読者の皆さんもまた、各々の教室、そして、さまざまな場所での学びの文化の編み直しと創造を通して、教育の思想の新たな一頁に自らの歩みを刻んで頂きたい。

（髙井良健一）

―――引用参考文献―――

Apple, M.W.（1979）*Ideology and Curriculum*, Routledge & Kegan Paul Ltd／マイケル・W・アップル（1986）『学校幻想とカリキュラム』門倉正美・宮崎充保・植村高久訳、アクト叢書

Bruner, J.S.（1977）*The Process of Educaton*, Harvard University Press／J.S. ブルーナー（1986）『教育の過程』（新装版）鈴木祥蔵・佐藤三郎訳、岩波書店

＊Clandinin, D.J., et al（2006）*Composing Diverse Identities : Narrative Inquiries into the Interwoven Lives of Children and Teachers*, Routledge／クランディニンほか（2011）、『子どもと教師が紡ぐ多様なアイデンティティ』田中昌弥訳、明石書店

Comenius, J.A.（1657）*Didactica Magna*／コメニウス（1962）『大教授学（1）（2）』鈴木秀勇訳、明治図書

＊Comenius, J.A.（1658）*Orbis Sensualium Pictus*／コメニウス（1988/1995）『世界図絵』井ノ口淳三訳、ミネルヴァ書房／平凡社

Condorcet, N.（1792）Rapport et projet sur l'organisation générale de l'instruction publique／コンドルセ（2002）「公教育の全般的組織についての報告と法案」『フラン

ス革命期の公教育論』所収、阪上孝編訳、岩波文庫
Dewey, J. (1899) *The School and Society*, The University of Chicago Press／デューイ (1957)『学校と社会』宮原誠一訳、岩波文庫
＊Freire, P. (1968) *Pedagogia do Oprimido*, Paz e Terra／フレイレ (1979)『被抑圧者の教育学』小沢有作・楠原彰・柿沼秀雄・伊藤周訳、亜紀書房／ (2018) 三砂ちづる訳、亜紀書房
Herbart, J. F. (1806) *Allgemeine Pädagogik aus dem Zweck der Erziehung abgeleitet*, Göttingen／ヘルバルト (1960)『一般教育学』三枝孝弘訳、明治図書出版
熊井将太 (2011)「「ヘルバルト派」教授理論における教育課程編成と学級編成との関連」広島大学大学院教育学研究科紀要第三部教育人間科学関連領域 (60)、63-72頁
Locke, J. (1693) *Some Thoughts Concerning Education*／ロック (1967)『教育に関する考察』服部知文訳、岩波文庫
マイケル・サンデル (2012)『ハーバード白熱教室講義録 (上) (下)』「ハーバード白熱教室」制作チーム・小林正弥・杉田晶子訳、ハヤカワ・ノンフィクション文庫
村井実 (1986)『ペスタロッチーとその時代』玉川大学出版部
Noddings, N. (1995) *Philosophy of Education*, Routledge／ノディングズ (2006)『教育の哲学』、宮寺晃夫監訳、世界思想社
＊Noddings, N. (1992) *The Challenge to Care in Schools : An Alternative Approach to Education*, Teacher College Press／ノディングズ (2007)『学校におけるケアの挑戦』佐藤学監訳、ゆみる出版
Pestalozzi, J.H. (1801) *Wie Gertrud ihre Kinder lehrt*／ペスタロッチ (1987)『ゲルトルート児童教育法・シュタンツ便り』前原寿・石橋哲成訳、玉川大学出版部
＊プラトン (1979)『国家 (上) (下)』藤沢令夫訳、岩波文庫
プラトン (1994)『メノン』藤沢令夫訳、岩波文庫
＊Rousseau, J.J. (1762) *Émile, ou De l'éducation*／ルソー (1962・63・64)『エミール (上) (中) (下)』今野一雄訳、岩波文庫
＊佐藤学 (1996)『教育方法学』岩波書店
澤田稔 (2009)「アメリカ合衆国における批判的教育研究の諸相 (2)：マイケル・アップルの教育論に関する予備的考察 (上)」名古屋女子大学紀要55 (人・社)、59-72頁

第 2 章

教育課程の構成要素

═══ 本章のねらい ═══

教育課程は本来カリキュラムの訳語であり、カリキュラムと同義であった。しかし、今日カリキュラムが学習経験の履歴という広い意味をもっているのに対し、教育課程は**学校の教育計画**という狭い意味をもつ法令用語となっている。「学校において編成する教育課程」とは、「学校教育の目的や目標を達成するために、教育の内容を生徒の心身の発達に応じ、授業時数との関連において総合的に組織した各学校の教育計画」であり、その基本的要素は「学校の教育目標の設定、指導内容の組織及授業時数の配当」である（文部科学省、2017b、p.11）。そこで本章では、**学校の教育目標**について確認した後、指導内容の組織として、**教育内容、教育内容の組織原理、履修原理、教材**を検討していこう。

1　学校の教育目標

　学校の教育目標は、子どもの実態や進路、学校の特色や課題に即して学校が設定するものである。ただし、各学校に共通する目標が国レベルで設定されている。例えば、教育基本法には、「人格の完成を目指し、平和で民主的な国家及び社会の形成者として必要な資質を備えた心身ともに健康な国民の育成」（第1条）という教育の目的が定められている。学校教育法には、これがさらに具体化され、国家および社会の形成者に必要な資質の育成、労働能力、社会の理解と批判の能力の三点が定められている。ただし、時代の要請に対応した各学校種の教育目的が示されているのは、**学習指導要領**である。

学習指導要領は、全国の学校の教育課程編成を統制すると同時に、全国のどの地域で教育を受けても、一定水準の教育を受けられるようにする意義を有している。すなわち「公の性質を有する学校における教育水準を全国的に確保する」意義である（文部科学省、2017a、p.17）。

　学習指導要領は、**中央教育審議会**（中教審）の答申に沿って、ほぼ10年に一回改訂されてきた（⇨第3章）。現在の学習指導要領は、中学校に関しては2017年3月に告示され、2021年4月から全面実施、高校に関しては2018年3月に告示され、2022年4月から年次進行で実施される。学習指導要領を読む際には、その改訂の指針を示した中教審答申を読むことで、趣旨をつかむことができる。また、学習指導要領にはその趣旨を具体的な教材に即して説明した**学習指導要領解説**がある。あわせて参照されたい。

2　教育内容

(1) 教育内容の定義と構成要素

　教育内容は、**子どもに身につけさせたい価値のある文化**である。具体的には以下の各項目で構成されている（安彦、2006）。

① 知識：言葉、文字、数、数字、記号、概念、図式、論理、規則、法則、思想、哲学など
② 技能：身体的技能、知的技能（読み・書き・計算）、表現伝達技能、思考技能、社会性技能など
③ 価値：道徳的価値、芸術的価値、学問的価値、政治的価値、経済的価値、社会的価値など
④ 態度：（一定した）ものの見方、感じ方、考え方など
⑤ 活動：学習、練習、鑑賞、体験、経験など

　子どもに身につけさせたい価値のある文化——この教育内容の定義は一見わかりやすいが、実際には問題を抱えている。何が子どもに身につけさせた

い価値のある文化であるかを決める原理が存在しないからである。アフリカ系アメリカ人は、自分たちのルーツに関わる歴史がアメリカの学校で教えられていないことに抗議したことがある。1970年代の日本でも、父親が外に働きに出て、母親が家で家事をするという高度経済成長期に定着した性別役割分業が家庭科の教科書に見られた。一般的には、マイノリティの文化が学校教育で教えられることは、まれである。むしろ、ある文化が学校で教えられることが、その文化の正統性や価値を支えていると見るべきだろう。その文化が人種や社会階層、ジェンダーなど、子どもの属性に関わるものである場合、近代学校の中立性と正統性に関わる重大な問題が派生する（⇨第1章⑤、第9章）。ここでは、学校で扱われる文化が、文化一般のミニチュアではなく**選択された文化**であるということ、および学校には**文化を正統化する機能**があるということの2点を押さえておきたい。

(2) 教育課程に影響を与える利害集団

前述の通り、多様な文化から教育内容を選ぶ原理は存在しない。そのため、教育課程の改訂作業は、社会に存在するさまざまな利害集団の競争と妥協の場という性格を帯びている。それぞれの利害集団は、その集団が大切にする文化を学校で扱うように働きかけるからである。

以下では、教育課程に影響を与える代表的な集団として、①**学問の普及に関心をもつ集団**、②**経済的な国際競争力の向上に関心をもつ集団**、③**子どもの平等な社会参加に関心をもつ集団**、④**ナショナル・アイデンティティの確立に関心をもつ集団**の四つをとり上げ、この四つの集団が具体的にどのような社会層から構成され、教育課程にどのような影響を及ぼしてきたのかを見てみよう。

① 学問の普及に関心をもつ集団

この集団は主として各教科の専門家で構成されている。「生物」という教科に対して大学で生物学を教える研究者がいる通り、ほとんどの教科はある専門的な学問分野（いわゆる親学問）を基盤として成立している。各教科の専門家は、教科を構成する概念や定理・法則の専門家であり、他の学問から

区別されるその学問の独自性を強調する傾向がある。例えば数学の場合、定理を実験的に見出すことよりも、定理の厳密な証明が重視される。また、この集団の成員が大学で自らが担っている**専門教育**と初等中等学校における**普通教育**の差異に関して深い理解をもっているとは限らない[1]。結果として、この集団は、初等中等学校で子どもがある教科を学ぶ必然性や意義（レリヴァンス⇨第8章③(2)）を感じないという局面に対して、説得的な対応することが難しい場合がある。歴史的には、学制期から昭和戦前期までの時期と60年代の教育の現代化運動を中心に、日本の教育課程に影響を及ぼしてきた。

② 経済的な国際競争力の向上に関心をもつ集団

この集団は、経済発展に必要な人的資本の供給に関心をもつ産業界の層とほぼ重なっている。均質な労働力が求められた高度経済成長期と低成長期の現在とでは主たる産業も変化しており、それに伴ってこの集団の意識も多層化している。しかし知識・技能の実用性や教育制度の効率性を重視する点は共通しており、戦後の単線型学校システム（6・3・3・4制）ではなく、早期に進路を振り分ける戦前の複線型学校システム（現在のドイツなどの三分岐システムを含む。⇨第4章①）の導入に関心をもつ点もおおよそ共通している。第一次世界大戦前後にアメリカや日本の中等教育が拡大した際に影響力をもち、今日に至っている。社会のグローバル化への対応として、コミュニケーションを重視した英語教育を推進している層でもある。労働に必要な知識・技能の意義を強調することによって子どもに学習の必然性を与えている。その一方で、知識の蓄積を学習とみなす学習観の無批判的な受容など、現状の支配的文化に対する批判的契機が乏しいという問題を抱えている。

③ 子どもの平等な社会参加に関心をもつ集団

この集団は民主主義の拡大に関心をもつ保護者や教師・研究者に担われている。子どもが何ごとかを学ぶ必然性への関心が強く、子どもの生活や地域

---

[1] どの進路に進む子どもにも共通に与える教育である普通教育は、学習の動機や必然性を子どもに期待しがたい点で、特定の進路を想定した専門教育とは異なっている。

のコミュニティと学校の教育課程との関連を重視する。この集団に影響を受けた事例として、民主主義を教える教科として導入された戦後初期社会科の成立、ベビーブーマーの高校進学を保障する高校全入運動の推進、1989年学習指導要領における高校家庭科の男女共修の実現、および障害のある子どもを通常学級で教育するインクルーシブ教育の推進がある。一般的には、性教育やジェンダー・フリーの教育、性の自己決定の教育への関心も高く、いじめや不登校の問題にも敏感である。社会への参加に必須であることから、子どもの学力保障への関心も高い。その反面で、他の集団に比べ、学習に対する子どもの自己決定権を尊重する傾向が強いことから、高い学力水準を子どもに求める傾向にある①と②の集団に比べ、教育内容の削減など、教育課程の学問的な水準を下げる圧力に弱いという特徴をもっている。

④ ナショナル・アイデンティティの確立に関心をもつ集団

この集団は、教育勅語に代表される戦前の教育に郷愁を抱く集団である。国旗・国歌への関心だけでなく、体育への武道の導入など幅広い領域で影響力を行使している。一般に性教育の充実には否定的であり、この点で③の集団と対立する。近年、雨の日に互いの傘を傾けてぬれないようにすれ違う傘かしげなどの江戸しぐさが話題になっているが、これを道徳の教材として導入しようとする関心もこの集団の関心に近い。江戸しぐさが史実に基づかない近年の創作である点が歴史研究者から批判されている通り、この集団は①の研究者の集団と一定の緊張関係をもっている。

各教科の専門家の集団である①が教科の配当時間をめぐって内部で競合している通り、これらの集団の内部は一枚岩ではない。また教育課程の改訂にあたって、四つの集団が互いに対抗するだけでなく、共同することもある。例えば、教育の現代化運動を反映した1969年の中学校学習指導要領は、①と②の集団の主導によって実現している。以上の四つの集団は、教育課程をめぐる議論を理解するための地図として捉えておきたい。

3 教育内容の組織原理

　教育内容は価値という視点で選択された文化であるが、それを無媒介的に子どもに出会わせることはできない。教育内容は、特定の年代の子どもが学ぶことを想定して再構成される必要がある。文化を再構成する様式に関する論点としては、教育内容の系統性を重視した**教科カリキュラム**がよいのか、子どもの生活との関連性や学習経験の総合性を重視した**経験カリキュラム**がよいのかといったカリキュラムの構成法がある。今日の教育課程は、教科で構成された領域と、総合的な学習の時間や特別活動といった「時間」として構成された領域がある。前者が教科カリキュラムの考えに沿ったものであるのに対し、後者は経験カリキュラムの影響を受けて制度化されている。以下では、教科カリキュラムの中心概念である教科、教科の必修・選択に関する問題、教科の構成要素の順次性の三点を述べておこう。

(1) 教科

　一般に**教科**とは、学校で教授される知識・技能を分類して体系的段階的に組織した制度である。教科の数学の基盤に大学で教授される代数学や幾何学などの学問がある通り、教科は一定の学問領域を基盤として成立することが多い。さらに小中学校の教科の理科が高校では物理、化学、生物、地学等の科目に分かれるなど、教科は一般に学年段階が上がるに従って専門分化し、大学の学問分野に近接してくる。

　ただし、小学校の生活科など、特定の学問分野ではなくとり上げる課題に即して教科が組織される例もあり、初等中等学校の教科は必ずしも学問の分類に対応するものではない。数学にしても、大学で専門教育として扱われる数学と、子どもがあらゆる進路に進むことを前提として行われる普通教育機関における数学とは、おのずから内容の組織の仕方や扱い方が異なってくる。教科については、子どもの学習上の必要や発達状況、さらには社会の変化への対応という教育の目標との関わりを見ながら、教科の基盤にある学問の専門家と協力して検討していく必要がある。

ここで、現行の制度における教科等を確認しておきたい。現在の中学校の教育課程は、国語などの9教科、特別の教科である道徳、総合的な学習の時間、特別活動の4領域で構成されている（学校教育法施行規則）。各教科には検定教科書があり、指導要録において5段階評定がなされることになっている。一方、総合的な学習の時間などの「時間」には教科書がなく、5段階評定もない。道徳については、2017年の学習指導要領において「時間」から「特別の教科」に再編されたことに伴い、従来の副読本に代わって検定教科書が用いられることになった。評価については、5段階評定ではなく文章の記述によるとされている（⇨教科等の評価の詳細については第7章④を参照）。

　次に、高校の教育課程は、教科、総合的な探究の時間、特別活動の3領域で構成されている。教科としては、普通科、専門学科、総合学科に共通の国語などの9教科、主として専門学科において開設される農業などの13教科があり、いずれの教科もいくつかの科目で構成されている。なお、高校では学校独自の教科・科目（「学校設定教科・科目」）を設けることができるなど、中学校に比べ教育課程編成における学校の裁量の余地が大きくなっている。

　各教科等の授業時数は、教育内容の組織原理というよりは、それを具体化する際に必須となる要素ともいえる。ただし教科の必修・選択の別と同様、現実には授業時数が各教科等の内容の深さを制約するため、教科の性格の一部とも考えられる。中学校の教科等の授業時数は、教科等と同様、学校教育法施行規則で定められている。

> コラム2－1

教科構成の変遷

　プラトンは、統治者の教育を描いた『国家』において、統治者の学ぶべき教科として、数論、幾何、音楽理論、天文学の4教科、および最終段階としての弁証法（議論の前提をくつがえしていく対話の方法）を挙げている。これらを原型として、中世の大学では、文法、修辞学、弁証法（論理学）、数論、幾何、音楽理論、天文学という自由7科のカリキュラムが成立した。大学創設とほぼ同時期に起源を持つエリート中等教育機関は、19世紀に至るまでギリシア語、ラテン語などの古典語がカリキュラムの中心をなしていた

> が、19世紀前半に幾何が選択科目になった。そしてイギリスの場合、1850年代初頭におけるインド高等文官試験の創始を契機に、数学が中等教育機関のカリキュラムに定着した。その後、1880年前後の science for all の運動によって、世紀転換期に科学が定着。エリート中等教育機関のカリキュラムに、技術など実業的な教科が定着するのはさらに遅れた。他方、初等学校の教科に関しては、近世に至るまで、中心は社会生活の必要に直結した読み書き算（3R's）であった。その後、ナショナル・アイデンティティを形成する教科（国語、道徳、歴史、体育）、産業社会を建設する教科（数学、科学、技術）が導入され、個人のアイデンティティを表現する教科（音楽、美術）が加わって今日に至っている。
>
> 　　　　　　　　　　　　　　　　　　　　　　　　　　（佐藤英二）

(2) 教科の必修と選択

　一般に中等教育以上の教育課程では、**必修教科**と**選択教科**が置かれることが多い。特定の教科・科目・領域（以下教科等）に関して、どの子どもにも共通に履修を求める方式を必修、履修するかどうか子どもに委ねる方式を選択という。二種類の履修方式を組み合わせる制度は、1920年前後のアメリカで総合制高校が普及する際に、公民的資質の形成と子どもの多様な進路選択を調和させる目的から導入された。

　ある教科等を必修に定める目的は二つある。一つは、普通教育において市民として必要な共通教養を与える目的であり、もう一つは専門教育において多様な専門的教養の基礎を与える目的である。ある教科等を必修に定める主体にも、国（学習指導要領）、地方の教育行政機関、学校などさまざまなレベルがある。学習指導要領が必ず履修することに定めた**必履修科目**の例として、2006年に多くの履修漏れが社会問題化した世界史があり、地方の教育委員会が必修に定めた科目として、横浜市や神奈川県における日本史がある。また、ある科目が選択とされる場合、選択の意味には、何をどれだけ履修するかを子どもに委ねる自由選択と、いくつかの科目のグループから一つ以上を選択することを求める選択必修の二種類がある。

　1970年代のアメリカでは、カリキュラムの現代化運動の退潮を背景に、高

校において選択科目が急増した。この状況を描いた『ショッピング・モール・ハイスクール』(1985) は、選択中心のカリキュラムのもとで子どもが持続的に知的探求をする基盤が失われ、子どもの居場所が喪失したことを述べている。学年制を取らない単位制高校など、選択科目を中心にカリキュラムを組織する学校の場合、どの科目を子どもが選択するかという子どもの選択行動に教員が注意し、その選択行動の動機や機能、予想される帰結を専門家として吟味する必要がある。その上で、科目選択に関する丁寧なガイダンスを行うことが重要である。

(3) 教科の構成要素の順次性

教育内容の組織原理には、教育内容をどのような教科等に組織するかといった大きな論点だけでなく、一つの教科を構成する内容をどのように順序づけるかという論点も含まれる。例えば、算数における整数の四則（加減乗除）を見てみよう。1から9までの一位数に関しては、加法と減法を教える順序はそれほど問題にならない。具体物の操作を通して加法と減法を同時に扱うことも可能である。それに対して、9＋3などの繰り上がりの加法の学習は、一位数の加法と減法の学習が終わった後でなければならない。9＋3の計算のためには、3を9の補数である1と2に分ける必要があり、ここで一位数の減法を用いるからである。同様にして、乗法の計算には加法が用いられ、除法の計算には乗法と減法が用いられる。その結果、加減乗除はそのまま学習の順番となる。ここでとり上げた四則のように、扱う内容の順次性が強く問われる内容もあれば、時間と時刻の単元のように、他の内容から一定程度独立し、内容の順次性がそれほど問われない単元もある。なお、教科書に用いる漢字に関しては、当然ながら国語の授業で学んだ後に導入される必要がある。その場合は、教科間で教育内容の順次性が問題となる。

4 履修原理

教科等によって教育内容が組織されたとしても、教育課程の実施においては、何が満たされた場合にその課程を修了したとみなすかという原理、すな

わち履修原理が求められる。履修原理としては、教育内容を修得したかどうかを試験などによって見極める**課程主義**（**修得主義**）と、一定の年数を経て一定の年齢が来たら修了を認める**年数主義**または**年齢主義**がある。

　この二つの履修原理は、義務教育の二つのタイプに由来している。課程主義は、18世紀にフリードリヒ大王がプロシア国民として就学を義務づけた際の義務教育に由来する。子どもが一定水準の教養を身につけなければ、卒業を認めないというナショナリズムの立場である。教養水準と学年が対応するため、落第の存在が前提となり、飛び級も認められる。これに対し、年数主義は、イギリスで産業革命期以降に採用された義務教育に由来する。発達において重要な時期に子どもを労働から解放するために、一定の年数（あるいは年齢の幅で）就学を義務づけるものであり、学習権の保障の思想に基づく原理といえる。労働からの解放が主たる目的であるため、落第・飛び級はなく、就学による到達目標も求められない。

　日本の義務教育は、学制期は課程主義に基づいて半年ごとに上のグレード（等級）に上がる試験が行われたものの、1879年の教育令以降、今日に至るまで年数主義によっている。現在、国民として必要な教養をもたないまま義務教育を終える子どもの多さが批判され、課程主義の必要を説く議論が起こっている。ただし課程主義の導入に伴って見込まれる落第者の扱いなど、難しい問題も残されている。義務教育における年数主義の原則を見直すには、幅広い合意が必要であろう。

　他方、義務教育ではない高校教育では、課程主義が原則となっている。現実には、教育内容を修得したかどうかの判断が学校にゆだねられているため、課程主義と年数主義の折衷として運用されているといえる。とはいえ、高校における課程主義の原則は維持されており、そこから**単位制**の原則が導かれている。高校では、35単位時間（1単位時間は50分）の授業を1単位として計算し、一定の単位（現行では74単位）の修得をもって卒業が認定される。この単位制は、新制高校発足時に導入されたものの、現在、学年で設定されたすべての必修科目の単位が修得されなければ、原級留め置き、すなわち落第となる**学年制**が実態として定着している。1科目でも不合格になれば落第となる学年制には批判も多い。学年の枠をなくした単位制高校の制度化

は、この批判に応えたものである。

> **コラム2－2**
>
> ### 履修と修得
>
> **履修**と**修得**は、現行の学習指導要領では明確に区別されている。子どもがある科目の授業を受けることを**履修**するというのに対し、履修の「成果が教科及び科目の目標からみて満足できると認められる場合」、学校は「その各教科・科目について履修した単位を**修得**したことを認定」するという（文部科学省、2018、p.18）。つまり、ある一定の試験などに合格し単位が認められた場合に、単位が修得されたという。戦後初期の学習指導要領では、履修と修得の概念が混乱した例があり、加えて必修という用語が用いられたこともあった。現在、高校の学習指導要領では必修という用語が用いられることはなく、すべての子どもに履修させる科目は**必履修科目**と呼ばれる。必履修科目の指定は、当該科目の履修に支障がないように教員組織や設備の適切な対応を学校側に求めるものであり、子どもが高校を卒業する要件（修得単位数）に直接関わるものではない。なお、学校が独自の判断である特定の科目の単位の修得を子どもに義務づける場合がある。これは、学校が設定したいわゆる学校必修科目であり、必履修科目とは異なっている。
>
> （佐藤英二）

5　教材

　子どもに身につけさせる文化である教育内容が定まると、次に子どもがその教育内容を学ぶ学習過程のデザインが課題となる。その際、手掛かりになるのが教育内容が表現された具体的な素材、すなわち**教材**である。子どもに学んでもらいたい概念や法則は、そのまま教師が語ったとしても容易には伝わらない。そのため、子どもがその概念や法則を見出す教材が必要になるのである。理科の場合は実験がそれにあたり、数学の場合は問題を含んだ場面、国語や英語の場合はテキストや映像資料が教材にあたる。社会科の場合、日本の高度経済成長期の発展に気づかせるには、当時のGDPの推移を

示したグラフなどが教材となるだろう。史資料やデータ、地図など、それの読み取りを通して、学んでほしいことを子どもが見つけるものが教材となる。

一番身近な教材は**教科書**（教科用図書）であろう。そこで本節では、まず教科書の法的な性格を述べた後、教科書の多元的な性格に触れたい。

(1) 教科書の法的な性格

教科書とは何だろうか。さまざまな答えができそうであるが、法令では次のように説明されている。すなわち、「小学校、中学校、義務教育学校、高等学校、中等教育学校及びこれらに準ずる学校において、教育課程の構成に応じて組織排列された**教科の主たる教材**として、教授の用に供せられる児童又は生徒用図書であつて、文部科学大臣の検定を経たもの又は文部科学省が著作の名義を有するもの」である（教科書の発行に関する臨時措置法第2条）。また、「小学校においては、文部科学大臣の検定を経た教科用図書又は文部科学省が著作の名義を有する教科用図書を使用しなければならない」（学校教育法第34条第1項）と定められており、中学校・高校もこの規定が準用されている。この規定の第2項には、「前項の教科用図書以外の図書その他の教材で、有益適切なものは、これを使用することができる」とされている。とはいえ、検定教科書の使用は原則といってよい。ただし、教科書を使用するとは、教科書を一行ずつ読み上げることを意味するわけではなく、授業展開によって教科書の使用の仕方が異なってくるのはいうまでもない。

(2) 教科書の三重の性格

教材を文字通り教師がものを教えるための材料とみなすと、**教科の主たる教材**である教科書は、教師が授業をするために使う材料である書物と捉えることができる。たしかに、国語の授業は教科書に掲載された作品の読解を中心として展開するから、この教材の定義が比較的よくあてはまる。国語の授業を通して学ばせたい文化は、作品そのものというよりは、文章の読解の仕方や語彙などであるから、一般的普遍的な教育内容に対し、それを具体化した教材である教科書という対比は理解しやすい。**教師が授業で用いる材料**は、教科書の第一の性格といってよい。

しかし、教師が授業で用いる材料という教科書の第一の性格を突き詰めると、授業展開によっては、新たな問題が生じる。例えば、ある数学教師が、直角三角形の3辺の間に成り立つ三平方の定理を具体的な活動を通して子どもに見つけてもらいたいと考えたとしよう。定理を子どもに見つけてもらうためには、定理は教科書に載せない方が都合がよいということになる[2]。子どもが教科書を予習すると、教科書を通して定理を知ることになり、定理を見つける経験ができなくなるからである。

　それでは、定理の書いていない教科書がよいだろうか。授業当日子どもが欠席したらどうなるか。試験の準備のために、子どもが教科書を読み直そうとした場合、どうなるだろうか。いずれも、教科書に定理や模範解答を書きこんでいない子どもは困ってしまうことが予想される。つまり、教科書には教師が授業で用いる材料とは別の性格が求められることがわかる。すなわち、**子どもが一人で読んでも理解できる自習書**の性格である。これが教科書の第二の性格である。

　自習書としての性格を突き詰めれば、教科書は、教材というより、子どもに身につけてもらいたい文化、すなわち教育内容そのものに近くなる。また自習書としての完成度を求めれば、教科書の章末問題についても詳細な答えが教科書に載っているべきだということになる。現実の授業のあり方を考えると、これもまた不都合を生じかねない。

　以上の通り、教科書は、教師が授業で用いる材料という性格と子どもの学ぶべき事柄が簡略に整理されている自習書という相異なる二つの性格を併せもたざるを得ない。教師はこの点を理解しておく必要がある。

　それでは、この二重の性格を踏まえて、教師はどのように教科書に接したらよいだろうか。一つの方法として、教科書を**熟練教師の実践記録**として捉える方法がある。これが教科書の第三の性格である。

　教科書は、経験のある教育実践者と教科教育の研究者、および基盤となる学問の専門家の三者の共同作業によってつくられている。特に教科書に入っている具体的な素材や問いかけは、実践者が実際の教室で用いている素材な

---

[2] 実際、過去にはそのような教科書が存在した。戦時期の教科書である。定理は書かれておらず、公式は子どもが書き込むために空欄になっている（佐藤〔英〕、2006）。

どをもとにしている。もっとも、教科書にとり入れられているのは、実践者が実際に教室で用いている素材をどんな教師でも扱えるように単純化したものになっていることが多い。また、教科書は自習書という性格を持たざるを得ないため、どうしても概念の説明や問題の模範的な解き方を整理した記述が多くなる。そこで、教科書の熟読を通して、教科書の形に整理される以前の熟練教師のさまざまな試行的実践を復元するように試みるのである。検定教科書から熟練教師の知恵を学ぶといってよい。

　同様に、学習指導要領やその解説からも実践者の知恵を学ぶことができる。過去の学習指導要領として、戦後新教育を代表する1951年の試案（文部省、1951）や教育の現代化運動の時期の学習指導要領（文部省、1969）は特に参考になるだろう。国立教育政策研究所の学習指導要領データベースで確認しておきたい。

（佐藤英二）

―――引用参考文献―――
＊安彦忠彦（1997）『中学校カリキュラムの独自性と構成原理』明治図書出版
＊安彦忠彦（2006）『改訂版　教育課程編成論』放送大学教育振興会
　国立教育政策研究所学習指導要領データベース（https://www.nier.go.jp/guideline/）
　佐藤英二（2006）『近代日本の数学教育』東京大学出版会
＊佐藤学（1996a）『カリキュラムの批評』世織書房
＊佐藤学（1996b）『教育方法学』岩波書店
　Powell, Arthur, G., et al.(1985) *The Shopping Mall High School*, Houghton Mifflin
　文部省（1951）『学習指導要領一般編（試案）改訂版』
　文部省（1969）『中学校学習指導要領』
　文部科学省（2017a）『中学校学習指導要領』
　文部科学省（2017b）『中学校学習指導要領総則編　解説』
　文部科学省（2018）『高等学校学習指導要領』

第3章

日本における教育課程の歴史的展開

―― 本章のねらい ――

子どもたちが学校教育を通じて学ぶ教科や科目、領域は、制度化されたカリキュラム（教育課程）として編成される。そして、そのカリキュラムに基づいた学校や教室での学び、教師や他の子どもとの関わりを通して、一人ひとりの子どもの学びの履歴としてのカリキュラムが構成される。本章では、学びの履歴としてのカリキュラムを方向づける制度化されたカリキュラムの基準が、日本においてどのように歴史的に変容してきたのかということを、主として第二次世界大戦敗戦後の**学習指導要領**に焦点を合わせて概観していくこととしたい。

1 戦前・戦時期までのカリキュラム

　明治初期から戦前・戦時期までのカリキュラムを、ここでは小学校を例として概観しよう。

　1872年に学制が渙発（かんぱつ）され、そこで示された小学校教育を具体化するために、小学教則が公布された。小学教則は教科と授業時数、教育内容などを示すものであり、国民啓蒙の志向を有していた。しかし、内容が高度なものであったため、その多くは寺子屋から転換しつつあった当時の小学校で実施できるものではなく、各府県は師範学校が制定した教則に準拠した小学教則を定めた。

　改正教育令（1880）に基づき、1881年には小学校教則綱領が制定され、徳育の重視、教材の実際化が図られた。小学校教則綱領は、小学校を初等（3年）・中等（2年）・高等（2年）の3科に分けるものであり、女子には中等

科で裁縫を、高等科で家事経済を課していることに見られるように、男女別のカリキュラムを用意するものであった。

これ以降、1886年の小学校の学科及其程度、1890年の第二次小学校令、1891年の小学校祝日大祭日儀式規定、同年の小学校教則大綱、1900年の**第三次小学校令**、同年の**小学校令施行規則**、1903年の小学校令改正（**国定教科書制度**の導入）、1907年の小学校令改正（尋常小学校を6年制として義務教育期間を6年間に延長）、1941年の国民学校令、同年の国民学校令施行規則などによって、小学校のカリキュラムの領域や教科が規定されてきた。

このなかでも、1900年の第三次小学校令とそれに基づく小学校令施行規則は重要な位置を占める。というのも、同小学校令によって尋常小学校は4年制のみとなり、小学校の初等課程が初めて統一学校形態を採用するとともに、小学校教育全般の詳細な規程である同施行規則によって、制度化されたカリキュラムと教育内容が全国的に統一され、第二次世界大戦敗戦直後までの小学校教育の基盤が形成されたからである。簡単にではあるが、この施行規則における制度化されたカリキュラムがどのようなものであったのかを見ていくこととしたい。

図3-1　第三次小学校令

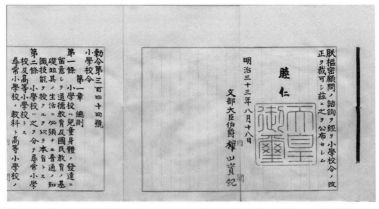

（JACAR〔アジア歴史資料センター〕Ref. A03020475600〔第2画像目から第3画像目まで〕、御署名原本・明治三十三年・勅令第三百四十四号・小学校令改正明治三十年勅令第三十四号第百四号同三十年勅令第三百十六号第四百七号廃止〔国立公文書館〕）

1890年の第二次小学校令以降、小学校は「児童身体の発達に留意して道徳教育及国民教育の基礎並其（の）生活に必須なる普通の知識技能を授くる」（括弧内は第三次小学校令で追加）ことを目的としてきた。1900年の小学校令施行規則は、この目的を達成するために「道徳教育及国民教育に関聯せる事項は何れの教科目に於ても常に留意して教授せんことを要す」とするとともに、生活に必須の事項を選択して知識技能を教えること、児童の心身の発達を考慮して教えること、「男女の特性及其の将来の生活に注意して各々適当の教育を施さんこと」、そして各教科を関連づけて教えることを求めたのであった（第1条）。

　また、同施行規則は、教科の筆頭に位置づけた**修身**を、「教育に関する勅語の旨趣に基きて児童の徳性を涵養し道徳の実践を指導するを以て要旨」とし、孝悌、親愛、勤倹、恭敬、信実、義勇、そして国家及社会に対する責務や忠君愛国の志気を養うこと、これに加えて女子には「貞淑の徳」を養うことを重視するものとした（第2条）。

　さらに、同施行規則は、従来の読み方、書き方、綴り方を統合して、**国語**という一教科とするとともに、尋常小学校で教える漢字の数を削減し、また発音仮名遣い（棒引き仮名遣い）を採用するなど大幅な改革を行った。なお、国語読本については、「読本の文章は平易にして国語の模範と為り且児童の心情を快活純正ならしむるものなるを要し其の材料は修身、歴史、地理、理科其の他生活に必須なる事項に取り趣味に富むものたるべし」、「女児の学級に用うる読本には特に家事上の事項を交うべし」とした（第3条）。

　このように、国語読本では筆頭教科である修身との関連づけが求められているが、日本歴史と地理にも修身とのつながりが求められた。日本歴史については「国体の大要を知らしめ兼て国民たるの志操を養うを以て要旨」とし、「日本歴史を授くるには成るべく図画、地図、標本等を示し児童をして当時の実状を想像し易からしめ特に修身の教授事項と聯絡せしめんことを要す」と教育方法を示し（第5条）、地理では「愛国心の養成に資する」ことを要旨の一つとした（第6条）。

　なお、尋常小学校と高等小学校の教科、授業時数を示せば、次の表3-1、3-2の通りとなる（高等小学校には2年制と4年制が存在した）。

表3-1　尋常小学校の教科、週あたり授業時数

	1年	2年	3年	4年
修身	2	2	2	2
国語	10	12	15	15
算術	5	6	6	6
体操	4	4	4	4
図画				
唱歌				
裁縫				
手工				
合計	21	24	27	27

注　「土地の情況に依り学校長に於て体操の毎週教授時数中より一時を減ずることを得」とされ、「図画、唱歌、手工、裁縫の一科目若は数科目を加うるときは其の毎週教授時数は学校長に於て他の教科目の毎週教授時数中より四時以下を減じ之に充つべし」とされた（第17条）。また、「毎週教授時数は二十八時を超え又十八時を下ることを得ず」とされた（第19条）。
（第三次小学校令施行規則から著者作成）

　前述したように、第三次小学校令と同施行規則は、敗戦直後までの制度化されたカリキュラムの基盤を形成するものであった。そして、そのカリキュラムは、1947年に刊行された学習指導要領・一般編（試案）における「これまでの教育では、その内容を中央できめると、それをどんなところでも、どんな児童にも一様にあてはめて行こうとした。だからどうしてもいわゆる画一的になって、教育の実際の場での創意や工夫がなされる余地がなかった」という文言に見られるように、強制性や画一性を特徴とするものであった。

2　経験カリキュラムの重視——民主主義国家の形成——

　1947年に最初の**学習指導要領**が刊行された。これ以降、学習指導要領は、本章の執筆時点である2018年までに、8回全面改訂されている。学習指導要領は、敗戦後の日本の各学校種や各学校のカリキュラムを枠づけてきたが、

表3-2　高等小学校の教科、週あたり授業時数

2年制高等小学校

	1年	2年
修身	2	2
国語	10	10
算術	4	4
日本歴史	3	3
地理		
理科	2	2
図画	男 2 / 女 1	男 2 / 女 1
唱歌	2	2
体操	3	3
裁縫	3	3
手工		
合計	男 28 / 女 30	男 28 / 女 30

4年制高等小学校

	1年	2年	3年	4年
修身	2	2	2	2
国語	10	10	10	10
算術	4	4	4	4
日本歴史	3	3	3	3
地理				
理科	2	2	2	2
図画	男 2 / 女 1	男 2 / 女 1	男 2 / 女 1	男 2 / 女 1
唱歌	2	2	2	2
体操	3	3	3	3
裁縫	3	3	3	3
手工				
農業				
商業				
英語				
合計	男 28 / 女 30	男 28 / 女 30	男 28 / 女 30	男 28 / 女 30

注　「理科、唱歌の一科目若は二科目を闕くときは其の毎週教授時数は学校長に於て他の教科目に配当することを得」、「手工、農業、商業、英語の一科目若は数科目を加うるときは其の毎週教授時数は学校長に於て他の教科目中の毎週教授時数中より二時を減じて之に充て尚不足するときは男児に限り毎週教授時数に二時を加え之に充つべし」とされ（第18条）、また「毎週教授時数は三十時を超え又二十四時を下ることを得ず」（第19条）とされた。
（第三次小学校令施行規則から著者作成）

それぞれの改訂は、政治、経済、教育運動、学力問題といったさまざまな状況と連動しながら行われてきた。以下では、それぞれの学習指導要領が、どのような事態を背景として改訂されたのか、そしてそれぞれの学習指導要領にはどのような特徴があるのかを辿っていくが、まず敗戦直後の学習指導要領を見ていくこととしよう。

(1) 1947年の学習指導要領

　敗戦1ヶ月後の1945年9月15日に文部省「新日本建設の教育方針」が出されたが、国体護持を基本とするものであったため、民間情報教育局（CIE; Civil Information and Education Section、GHQの教育担当部局）から指導が入った。GHQの招請によって1946年3月にアメリカ教育使節団が来日し、CIEや日本側教育家委員会の協力を得て、同月30日に**第一次アメリカ教育使節団報告書**をGHQ最高司令官ダグラス・マッカーサーに提出した。

　報告書は、6・3・3制の導入、国定教科書の廃止、公教育における男女共学の実施、義務教育課程の延長など、戦後の教育改革に大きな影響を与える内容を含むものであった。付言すると、第二次アメリカ教育使節団は1950年8月に来日し、教育改革の進捗状況に関する報告書を翌月に提出している。

　その後、1946年から47年にかけての文部省「新教育指針」の発行、前述した日本側教育家委員会を中心メンバーとする1946年8月の教育刷新委員会の設置、同年11月の**日本国憲法**の公布、1947年3月の**教育基本法**と**学校教育法**の公布・施行などを通じて敗戦後の日本の教育の方向、すなわち軍国主義から平和主義へ、全体主義から個人主義へ、日本主義から国際主義へ、国家神道体制から社会の非宗教化へという方向が示された。

　新学制は1947年度から実施されることとなり、学校教育法が教育は学習指導要領によることと定めていたため、学習指導要領が新学制による学校教育の出発に必須のものとなった。また、学校教育法下では教科書は国定制から検定制に移行することとなったが、検定するための基準としても学習指導要領は必須のものとなった。そして新学制実施直前の1947年3月20日に、文部省は学習指導要領・一般編（試案）を刊行し、続いて各教科別の学習指導要領（試案）を刊行したのであった。

　ここで注目すべきことは、**試案**と記されている点である。この点について、学習指導要領・一般編（試案）序論は、次のように述べている。

　　この書は、学習の指導について述べるのが目的であるが、これまでの教師用

書のように、一つの動かすことのできない道をきめて、それを示そうとするような目的でつくられたものではない。新しく児童の要求と社会の要求とに応じて生まれた教科課程をどんなふうにして生かして行くかを教師自身が自分で研究して行く手びきとして書かれたものである。(中略) この書を読まれる人々は、これが全くの試みとして作られたことを念頭におかれ、今後完全なものをつくるために、続々と意見を寄せられて、その完成に協力されることを切に望むものである。

この文章が示しているように、最初の学習指導要領は、戦前・戦時期の各学校令やその施行規則などとは異なり、現場の学校や教師による積極的なカリキュラム開発を奨励するものであった(この時点では、教育課程ではなく、教科課程という用語が使われていた)。

また、この学習指導要領は、子どもの実生活における興味や疑問を基盤として、具体的な問題解決を試みるなかで知識や技能を活用し習得していくカリキュラム、すなわち**経験カリキュラム**を重視するものであった。実際、学習指導要領・一般編(試案)第2章には、次のような記述がある。

> ……教育の目標は、教育の根本目的をもとにして、広く社会の求めるところを考えてきめてみたものである。もちろんわれわれは教育の実際をここに方向づけてこの目標の達成に努力しなくてはならないが、ただここで考えなくてはならないのは、このような目標に向かって行く場合、その出発点となるのは、児童の現実の生活であり、またのびて行くのは児童みずからでなくてはならないということである。このことを忘れて、ただ目標にばかり目をうばわれていると、教育はからまわりすることになり、形式的になって、ほんとうに目標とするところに達しがたい。そこでわれわれは児童の現実の生活を知り、その動き方を知って、教育の出発点やその方法をこれに即して考えて行かなくてはならないのである。

経験カリキュラムを重視するこの学習指導要領では、小学校から高等学校1年までを対象として、問題解決を図るとともに、**民主主義**を徹底させる新しい教科である**社会科**が設置され、社会科を中心として各地でさまざまな人々が関与して、敗戦直後のカリキュラム開発が行われることとなった。

また、小学校5・6年生を対象として設置された**家庭科**は、女子のみを対

象としてきた家事や裁縫を改め、男女ともに課したものであり、家庭における民主主義を徹底させるための教科として位置づけられたといえる。ただし、この学習指導要領でも、「料理や裁縫のような、内容が女子にだけ必要だと認められる場合には、男子にはこれに代えて、家庭工作を課することに考えられている」と記載されていることも見逃してはならない。

さらに、公民教育（civic education）のために、また児童生徒の自発的な活動を促すために、教科を発展させる活動を行うものとして、**自由研究**が小学校4年から高等学校までを対象として設置され、多様な人々との交際を通じた民主主義の構築がめざされることとなった。

ここまで見てきたように、1947年に刊行された学習指導要領は試案であり、それゆえ現場の積極的なカリキュラム開発を奨励するものであった。また、社会科、家庭科、自由研究の設置を通じた民主主義の徹底を課題とするものでもあったと述べることができるだろう。

コラム3-1

花形教科としての戦後初期社会科

戦後の経験カリキュラムに基づくカリキュラム開発は、社会科を中心に活発に行われた。戦後初期社会科のカリキュラム開発としては、教育学者海後宗臣、石山脩平、梅根悟、矢口新などと川口市が協力して作成した、生活構成体の社会的機能が直面している課題の解決を学習課題とする、「川口プラン」と呼ばれる『川口市社会科学習課題表』が有名である。これは学習指導要領・社会科編（試案）が1947年3月に刊行される前の同年3月に発表されたものであり、大きな注目を集めた。これ以降、広島県豊田郡本郷町の「本郷プラン」、埼玉県比企郡三保谷村の「三保谷プラン」など、各地で地域教育計画の実践が試みられることとなった。

川口プランに連なる実践については、岩波映画製作所が記録映画を制作しているが、その一部を丹羽美之・吉見俊哉編『記録映画アーカイブ2　戦後復興から高度成長へ──民主教育・東京オリンピック・原子力発電──』（東京大学出版会、2014）に付属しているDVDで視聴することができる。

また、実際に教科書『日本の社会』（実業之日本社）が発行されたのは

1953年であるが、民俗学者柳田国男と成城学園初等学校の教師が協力し、「よい選挙民の育成」を目指してカリキュラム開発した「柳田社会科」も、戦後初期社会科の成果の一つとして注目される。柳田は1947年4月に成城学園初等学校の教師と社会科について座談会を行い、同年10月には文部省社会科教育研究委員に就き、1949年6月からは毎週木曜日に成城学園初等学校の教師と社会科研究会を開くなど、社会科に大きな関心を払っていた。そして、社会科研究会の研究成果が成城学園初等学校で実践され、検討され、『日本の社会』に結実したのであった。

地域教育計画と柳田社会科のいずれも、民主社会の建設に貢献する人を育てるということを目的とするものであり、戦後の学校教育の課題の一つがこの目的に迫ることにあった。

さらに、山形県山元村立山元中学校において、無着成恭は子どもたちの社会認識や社会的態度を形成するために社会科を手がかりとした生活綴方の実践に取り組み、その成果を『山びこ学校』として編集して刊行した。同書も戦後の社会科、そして学校教育に大きな影響を与えた。

(岩田一正)

(2) 1951年の学習指導要領

1947年の学習指導要領は敗戦後の短期間で作成されたため、教科間の関連が不十分であるといった批判があった。1949年に文部省に設置された文部大臣の諮問機関である教育課程審議会（2001年に中央教育審議会に統合。以下、本章では中央教育審議会を中教審と略す）は、1950年に家庭科の存否、自由研究の存否を含む、学習指導要領の改訂について、また1951年に道徳教育の振興について答申を出した。これらの答申を踏まえ、同年7月に学習指導要領・一般編（試案）改訂版が刊行されることとなった。

この学習指導要領も試案であり、経験カリキュラムを重視するものであり、現場での積極的なカリキュラム開発を奨励するものであったが、次の二点において、1947年の学習指導要領と異なっていた。

第一に、教科課程という用語が教育課程という用語に改められた。これは自由研究が発展的に解消され、小学校では「教科以外の活動」、中学校と高

等学校では「特別教育活動」という名称に変更され、小学校・中学校・高等学校のいずれにおいても、教科外の活動となって学校教育の領域として再編成されたこと、したがって教科以外の活動が学校教育に導入されたことを反映している。これと関連して、考査に代えて評価という用語が用いられたということも指摘しておこう。

第二に、小学校について、各教科を①学習の技能を発達させるのに必要な教科（国語、算数）、②社会や自然についての問題解決の経験を発展させる教科（社会、理科）、③創造的表現活動を発達させる教科（音楽、図画工作、家庭）、④健康の保持増進を助ける教科（体育）という四つの領域に分類し、それぞれの領域に配当する授業時数を総授業時数に対する比率で示した。これは、各学年・各教科の授業時数が明記されていた1947年の学習指導要領と比較すると、現場の裁量を増進させる提示の仕方であった。

付言すると、1947年の学習指導要領において、中学校については必修教科の各学年の授業時数が明記され、選択教科は○時間〜△時間のように幅のある形で示され、高等学校に関しては、必修教科と選択教科のいずれにおいても、各学年の授業時数が明記されていた。これに対して、1951年の学習指導要領では、中学校については、必修教科と選択教科のいずれにおいても、各学年の授業時数が○時間〜△時間という形式で幅のある形で示され、高等学校に関しては、職業関連の教科・科目を除いて3年間の総授業時数と単位数が明記されるとともに、各学年別の配当例が示された。職業関連の教科・科目は総授業時数と単位数が幅のある形式で提示された。

1947年と1951年に刊行された学習指導要領は、両者とも経験カリキュラムを重視するものであり、それゆえ、学校や教室、地域における積極的なカリキュラム開発を奨励するものであり、試案ではあるが、戦前・戦時期とは異なった制度化されたカリキュラムを示すものであった。

3 教科カリキュラムの重視——政治状況、経済状況の転換——

本節では、日本をめぐる政治状況や経済状況の変容を背景とする1958年改訂の学習指導要領と1968年改訂の学習指導要領について、改訂の具体的な背

景と学習指導要領の特徴を概観していくこととしたい。

(1) 1958年の学習指導要領

　経験カリキュラムを重視する学習指導要領では、地域による学力差が大きくなっている、また各教科の系統性が軽視されているといった批判が生じ、1947年と1951年の学習指導要領（試案）、そしてそれを踏まえた実践が、**はいまわる経験主義**と揶揄された。つまり、さまざまな興味深い経験をしているが、その経験を通じてどのような知識や技能が習得、獲得できているのかという点に対して疑義が呈されたのであった。

　また、1951年にはサンフランシスコ講和条約、日米安全保障条約が調印され、日本は東西冷戦構造に組み込まれることとなり、それと連動しつつ国内では保革の対立が生じ、GHQと日本政府は戦後民主化路線を改める**逆コース**を歩み始めた（逆コースという言葉は、読売新聞が「逆コース」という連載記事を1951年11〜12月に全25回掲載したことを契機として人口に膾炙したものであり、その記事から、学校教育だけでなく、さまざまな領域で逆コースと呼ばれる事象が生じていたことを認識できる）。

　こうした状況において、教育課程審議会に「小学校・中学校教育課程の改善について」が諮問され、1958年の同審議会答申を受け、同年に小学校と中学校の学習指導要領が全面改訂された（高等学校は60年に改訂）。審議会答申の基本方針は、道徳教育の徹底を図るとともに、**教科カリキュラム・系統カリキュラムを重視し**、基礎学力の充実、科学技術教育の向上を図るというものであった。

　この学習指導要領で注目すべき点は、試案という文言が削除され、学習指導要領は文部大臣が公示（文部省告示として官報で公示）する教育課程の基準であることが明確化されたことであり、これ以降、学習指導要領は法的拘束力を有する国家的基準であるという行政解釈が強調されることとなった。

　また、この改訂は「独立国家の国民としての正しい自覚をもち、個性豊かな文化の創造と民主的な国家及び社会の建設に努め、国際社会において真に信頼され、尊敬されるような日本人の育成を目指して行った」（文部省、1989、p.85）と意味づけられている。

この学習指導要領におけるカリキュラムの特徴は、**道徳の時間**を小学校と中学校に特設し、道徳教育を徹底できるようにしたことである。そして、これを受けて、教育課程の領域は、従来の教科と教科外の2領域から、教科、道徳、特別教育活動、学校行事等の4領域に変更された（高等学校は教科、特別教育活動、学校行事等の3領域となるとともに、倫理社会という科目が新設された）。

　また、科学技術教育の向上を図るために、算数・数学、理科の内容を充実させ、さらに各教科の指導内容を精選し、基本的な事項の学習に重点を置くことで、学力の地域差や教科の系統性に関する前述の批判に応えようとした。

　なお、従来とは異なり、各教科および道徳の時間の年間最低授業時数を明示し、義務教育の水準の維持を目指したことも、この学習指導要領の特徴と見ることができるだろう。

コラム 3-2

道徳性についての観念と道徳観念

　哲学者ジョン・デューイ（⇨第1章 4 (1)参照）は、道徳性についての観念（ideas about morality）と道徳観念（moral ideas）を区別している（デューイ、2000）。デューイによれば、前者は情報であり、直接教えることができるが、情報の所有者の行動を方向づけたり、規制したりするとは限らないものであり、後者は行為を指導し、方向づける観念であり、また性格の一部となった観念である。デューイは、学校における道徳教育の目的は道徳観念の育成であり、道徳性についての観念の育成ではないとし、道徳観念を育成するには、学校教育全体で間接的に教えなければならないと述べている。つまり、教科のような特定の領域を通じてではなく、学校外の生活との交流を確保しつつ学校生活自体を内容において社会生活とし、学校生活を通じて間接的に道徳観念を育成しなければならないと論じている。

（岩田一正）

(2) 1968年の学習指導要領

　1955年から日本は高度成長期に入り、経済水準や国際的地位が向上するなど、社会情勢が変容し、この変容に対応するために、カリキュラムの変更が要請されるようになった。例えば、経済審議会答申「経済発展における人的能力開発の課題と対策」(1963) は能力主義の徹底、ハイタレントの養成を主張し、中教審答申「後期中等教育の拡充整備について」(1966) は個性や能力などに応じた教育の多様化を課題として提示したのであった。付言すると、この中教審答申に別記された「期待される人間像」は、愛国心の育成を課題として提起していた。

　また、スプートニク・ショック (1957) を大きな契機として、自然科学分野を中心に**教育（内容）の現代化運動**がアメリカで始まり、1960年代に入ると日本を含む西側先進諸国で展開した。その運動は、ブルーナー（⇨第1章 ④(2)参照）やソヴィエト心理学を理論的基礎とするものであり、経験主義を否定して科学技術教育を強化しようとするものであった。

　以上の経済審議会答申、中教審答申、教育（内容）の現代化運動を背景として、1968年に小学校の学習指導要領が改訂された（中学校は1969年、高等学校は1970年に改訂）。

　この学習指導要領の特徴として挙げることができるのは、第一に教育（内容）の現代化運動を踏まえ、科学技術の急速な発展に対応するため、算数、数学、理科を中心に、教科の構造化、教材の精選、基本的事項の重点化を強調していることである。

　第二に、各教科および道徳の授業時数を、1958年の学習指導要領の年間最低時数という示し方から、「標準時数」に改めたことも、この改訂の特徴として指摘することができる。これによって、各学校や地域の実態に即した弾力的なカリキュラムの運用が可能となった。

　第三に、中学校の数学と外国語に関して、生徒の能力や適性に応じた指導を求めたこと、また高等学校において、必履修科目数やその単位数を削減するとともに、科目の履修学年指定を緩和したことも、この学習指導要領の特徴といえる。この特徴は、カリキュラムの柔軟化、多様化を促すものといえる

が、経済審議会答申を踏まえるならば、能力主義の導入を促すものと見ることもできる。

なお、この学習指導要領によって、教育課程は各教科、道徳、特別活動の3領域（高等学校は各教科と各教科以外の活動の2領域）で編成されることとなった。

4 量から質への転換——豊かな社会における教育の模索——

本節では、高度成長が終焉を迎えて安定成長期に入り、日本が豊かな社会となったことで、教育を受けることが未来への希望に繋がらなくなった（言い換えれば、教育投資の効果が見えにくくなった）状況になっていく時期に改訂された学習指導要領の特徴と改訂の背景を見ていくこととしたい。

(1) 1977年の学習指導要領

1968年の学習指導要領は、全体として難しい内容を早い学年から扱うことで教育の現代化に対応しようとするものであった。そのため、「新幹線授業」「見切り発車」「落ちこぼれ教育」「落ちこぼし教育」などとマスコミから批判されることとなった。

また、1974年度には高等学校進学率が90％を超え、初等教育から後期中等教育までの量的拡充が達成され、教育の質が問われる事態が到来した。

こうした状況を踏まえて、1976年の教育課程審議会答申「小学校、中学校及び高等学校の教育課程の基準の改善について」は、基準の改善点として次の三点を示した。すなわち、第一に「人間性豊かな児童生徒を育てること」、第二に「ゆとりのあるしかも充実した学校生活が送れるようにすること」、第三に「国民として必要とされる基礎的・基本的な内容を重視するとともに児童生徒の個性や能力に応じた教育が行われるようにすること」という三点である。第二の点は、教育の質が問われていることに対応しようとする改善点と見ることができる。第三の点も教育の質が問われていることに対応しようとするものと見ることができるが、1968年の学習指導要領で導入された能力主義が、この答申でも重視されていることの現れと見ることもできる。

この答申を受けて1977年に改訂された小学校と中学校の学習指導要領（高等学校は1978年改訂）では、「ゆとり」と「充実」の両者が目指されることとなった。この学習指導要領の特徴を指摘すれば、以下の通りとなる。

　第一に、ゆとりのある、しかも充実した学校生活を実現するために、授業時数が削減された。授業時数について1968年の学習指導要領と比較すると、小学校では6年間で5,821単位時間から5,785単位時間へとわずかな削減にとどまるが、いわゆる主要教科である国語科、算数科、理科、社会科に注目すると、3,941単位時間から3,659単位時間への削減であった。中学校では3年間で3,535単位時間から3,150単位時間への大幅な削減となった。また、高等学校では、卒業に必要な単位数が85単位以上から80単位以上へと削減された。そのため、この学習指導要領は「ゆとりカリキュラム」と呼ばれることとなった。

　第二に、授業時数の削減と連動して、また各学校や教師の創意工夫の余地を拡大するために、各教科などの目標や指導内容に関して、中核的事項のみを示したり、指導上の留意事項や指導方法に関する事項を削減したりするなど、教育内容の大綱化が図られた。その結果、学習指導要領自体は、従来の半分以下の頁数となった。

　このことに関連して、教育内容を学校教育で身につけるべき基礎的・基本的事項に精選し、同時に創造的な能力の育成を目指すものとすることとなった。このことは、この学習指導要領が教育内容の量から質への転換を意識したものであったことを示している。

　第三に、高等学校において特色ある学校づくりや生徒の個性や能力に応じた教育が目指されることとなった。弾力的なカリキュラム編成、多様なカリキュラム編成が可能となったともいえるが、能力主義的なカリキュラム編成が明確化されたと見ることもできる。

　なお、この学習指導要領において、高等学校における「各教科以外の活動」が特別活動と改称された。

(2) 1989年の学習指導要領

　中教審教育内容等小委員会が、1983年に**自己教育力**の育成について言及し

た。自己教育力とは、「主体的に学ぶ意志、態度、能力など」を意味するとされるが、自己教育力の育成が課題となったのは、子どもたちにとって学校で学ぶ意味が見えにくくなっている状況が生じていたからであった。

1984年には中曽根康弘内閣によって、内閣総理大臣直属の諮問機関である**臨時教育審議会**（1984-87年）が総理府に設置され、85年から87年にかけて合計4回の答申を提出した。個性重視の原則、6年制中等学校・単位制高校の設立、検定教科書制度の改善、開かれた学校のあり方、国際化・情報化への対応などについて答申し、その後の教育改革に影響を及ぼすこととなった。

教育内容等小委員会や臨時教育審議会のキーワードを組み込んだ、心豊かな人間の育成、基礎・基本の重視と個性教育の推進、自己教育力の育成、文化と伝統の尊重と国際理解の推進を基本方針として、1989年に小学校・中学校・高等学校の学習指導要領が改訂された。

この学習指導要領は**新しい学力観**（**新学力観**）に基づくものであった。これは、知識や技能を重視してきた従来の学力観に代わり、子どもが自ら考え主体的に判断したり、表現したり、行動したりできる資質や能力を重視する学力観であった。そして、子どもの学習状況に対する評価としては、意欲・関心・態度などを重視する観点別評価が導入されることとなった。

この点に関して付言すれば、内面に関わる意欲や関心を評価することができるのか、評価するべきなのかという問題があることを見逃してはならないが、この学習指導要領には、学力の捉え方を転換することによって、子どもを主体的な学び手に育成しようとする意志が込められていたと述べることができるだろう。

この学習指導要領の特徴として、以下の諸点を挙げることができる。

第一に、小学校1・2年に生活科を新設し、それに伴ってそれらの学年の理科と社会科を廃止した点がある。生活科は、具体的な活動や体験を通して、自分と身近な社会や自然との関わりに関心をもち、生活に必要な習慣や技能を身につけ、自立への基礎を養うことを狙いとして構想された教科であり、後述する総合的な学習の時間を先取りしたものと見ることができる。

第二に、中学校において選択履修幅の拡大と習熟の程度に応じた指導が実施されることとなり、1・2年は1教科以上、3年は2教科以上選択するこ

ととされた点を挙げることができる。多様で柔軟なカリキュラムが導入されたともいえるし、能力主義的なカリキュラムが強化されたともいえるだろう。

　第三に、国際社会に生きる日本人として必要な自覚と資質を養うことが目指されることとなり、古典学習の充実と高等学校世界史の必履修化が図られ、外国語におけるコミュニケーション能力が重視されることとなった。

　第四に、情報化への対応として中学校において、技術・家庭科に情報基礎が組み込まれたこと、第五に高等学校の社会科が地歴科と公民科に再編されたことを指摘できる。

　第六に、授業時数は標準時数として示されたが、各教科等の年間授業時数を確保しつつ、適切な計画の下で1単位時間を弾力的に運用できるようにした点を挙げることができる。

　第七に、中学校技術・家庭科、高等学校家庭科、中学校・高等学校保健体育科の男女別の履修規定が改められ、性別を根拠とした男女で異なる教育課程が制度上撤廃された点を指摘できる。これは、国連「女子に対するあらゆる形態の差別の撤廃に関する条約」（1979年採択）に日本が1985年に批准したことを背景としている。

　なお、この学習指導要領では、小学校と中学校の特別活動の領域における学級活動と学級指導が、学級活動に統合された。

(3) 1998年の学習指導要領

　1998年の学習指導要領（高等学校は1999年改訂）については、中教審答申「21世紀を展望した我が国の教育の在り方について（第一次答申）」（1996）で学習指導要領改訂の基本的な方向が示され、教育課程審議会答申「幼稚園、小学校、中学校、高等学校、盲学校、聾学校及び養護学校の教育課程の基準の改善について」（1998）によって具体的な改訂方向が定められ、全人的な力である**生きる力**を育成すること、完全学校週5日制に対応することが求められた。

　これ以降の改訂でも重視され続ける生きる力とは、前述の中教審答申（1996）において「いかに社会が変化しようと、自分で課題を見つけ、自ら学び、自ら考え、主体的に判断し、行動し、よりよく問題を解決する資質や

能力」のことであり、また「自らを律しつつ、他人とともに協調し、他人を思いやる心や感動する心など、豊かな人間性」、「たくましく生きるための健康や体力」を意味する全人的な力とされ、自己教育力に他者との協働、他者への共感、身体面を付加した力として意味づけられている。

　この学習指導要領の最大の特徴は、完全学校週5日制に対応するために、教育内容の大幅な厳選、精選を図ったこと、授業時数（高等学校では卒業に必要な単位数）を削減したことであった。

　授業時数でいえば、小学校では5,785単位時間から5,367単位時間へ、中学校では3,150単位時間から2,940単位時間へと削減された。高等学校では卒業に必要な単位数が、80単位以上から74単位以上へと削減された。教育内容については、発達段階に照らして応用的な内容を削除、軽減、あるいは上学年、上級学校の内容に移行、統合といった方法で厳選、精選が行われた。その結果、この学習指導要領とこれに基づく教育実践は**ゆとり教育**と喧伝されることとなった。

　また、この学習指導要領では、特色ある学校づくりが目指された。既に高等学校では特色ある学校づくりが試みられていたが、小学校・中学校にもそれが求められたのであり、特色ある教育活動の展開や開かれた学校づくりを推進することによって、家庭や地域との連携を深め、教育活動の創意工夫を図ることが、各学校に要請されることとなった。

　このことと関連して、各学校が創意工夫を生かした時間割編成ができるように、授業の1単位時間や授業時数の運用の弾力化が行われ（授業時数は標準時数として提示）、小学校では教科の目標や内容が複数学年でまとめられるなど、基準の大綱化が従来以上になされた。

　さらに、意外と知られていないことであるが、この学習指導要領において、中学校の必修教科に外国語が加わり、必修教科の外国語は英語とし、その他の外国語は選択教科で学ぶこととされた。ほとんどの中学生は以前から中学校で英語を学んでいたが、以前の学習指導要領では、中学校の外国語は選択教科であったのである。その他に中学校では、選択学習の幅の一層の拡大、技術・家庭科における情報に関する内容の必修化、特別活動におけるクラブ活動の廃止なども行われた。

最後に、この学習指導要領改訂の目玉として注目された**総合的な学習の時間**の創設に言及することとしたい。日本の学校教育のカリキュラムは、1958年の学習指導要領から教科カリキュラムを重視してきたが、総合的な学習の時間の設置は、経験カリキュラム的要素の強い領域を導入することとなる点で注目を集めた。もちろん、生活科も経験カリキュラム的要素の強い教科であるが、小学校1・2年のみに設置されたものであり、小学校3年から高等学校までを対象とする総合的な学習の時間と比較すると、その影響は限られていた。

　総合的な学習の時間の創設が提言されたのは、前記した1996年の中教審答申においてであった。その答申は、子どもたちに全人的な力である生きる力を育んでいくために、横断的・総合的な学習を一層推進し得るような新たな手段を講じる必要があること、国際理解教育、情報教育、環境教育などを行う社会的要請が強まっていることを、創設の理由として挙げていた。

　1997年に出された中教審答申「21世紀を展望した我が国の教育の在り方について（第二次答申）」では、高齢社会に関する基礎的な理解を深めること、介護や福祉の問題といった高齢社会の課題について考えを深めることも、総合的な学習の時間の活用例として提示された。

　以上の答申を踏まえ、1998年の教育課程審議会答申は、総合的な学習の時間を創設する趣旨を、「各学校が地域や学校の実態等に応じて創意工夫を生かして特色ある教育活動を展開できるような時間を確保すること」、「自ら学び自ら考える力などの［生きる力］は全人的な力であることを踏まえ、国際化や情報化をはじめ社会の変化に主体的に対応できる資質や能力を育成するために教科等の枠を超えた横断的・総合的な学習をより円滑に実施するための時間を確保すること」とし、総合的な学習の時間を「この時間が、自ら学び自ら考える力などの［生きる力］をはぐくむことを目指す今回の教育課程の基準の改善の趣旨を実現する極めて重要な役割を担うものと考えている」と位置づけた。

　このように重要な役割を与えられて創設された総合的な学習の時間であるが、2002年度からの小学校・中学校での完全実施を前に、1999年から社会的な関心を集めることとなった学力（低下）問題の文脈において、ゆとり教育

を象徴するものとして批判に晒されることとなった。

> **コラム 3-3**
>
> ### 最低基準とは
>
> 　学力問題が生じ、1998年の学習指導要領がゆとり教育と揶揄され、その学習指導要領を象徴する存在として総合的な学習の時間が批判されるなかで、2002年度から小学校と中学校でこの学習指導要領が完全実施される直前の2002年1月17日に、文部科学省は「確かな学力向上のための2002アピール「学びのすすめ」」を出した。そのなかに「学習指導要領は最低基準であり、理解の進んでいる子どもは、発展的な学習で力をより伸ばす」という文言があるが、ここにある「最低基準」は何を意味しているのだろう。
>
> 　子どもが達成しなければならない最低基準であるならば、それを満たせなければ、子どもたちは原級留置となり、満たすことができれば進級・卒業することとなる（満たしたかどうかをどのように判別するのかという問題があるが）。原級留置となっている子どもはほとんどいないのであるから、ほとんどの子どもが学習指導要領という最低基準を達成していることとなるが、最低基準を満たしていない子どもも原級留置とならずに進級・卒業しているというのが実態であろう。
>
> 　一方、教師が教えなければならない教育内容の最低基準であれば、子どもの学習状況とは関わりなく、学習指導要領に包含されている内容を教えれば、その基準は満たされたこととなる。
>
> 　以上を踏まえれば、「学びのすすめ」でいわれている最低基準は、子どもの学習状況とは関係ないものであり、教師が授業で扱う内容に関わるものを意味していることとなる。子どもの学習状況と関連する最低基準は、原級留置の適用と連動しなければ機能しないのである。
>
> 　　　　　　　　　　　　　　　　　　　　　　　　　　　（岩田一正）

5　コンテンツからコンピテンシーへの転換——21世紀型教育の探究——

　前述したように、1990年代末から学力問題が生じた。そして、OECDが実施しているPISA（Programme for International Student Assessment）と呼

ばれる国際的な学習到達度調査（15歳児が対象）の2000年調査と2003年調査の結果の比較を踏まえ、ゆとり教育が学力低下の要因となっていると批判されることとなった。この批判の妥当性には、2002年度から完全実施された（高等学校は2003年度から学年進行で実施された）1998年の学習指導要領を学力低下の要因とするのかどうかという点に検討の余地があるが、それにもかかわらず、この批判に応えていくことが、以降の学習指導要領改訂に求められることとなった。

　また、PISAは旧来の知識や技能とは異なる新しいリテラシーを調査するものであるが、PISAの実施によって知識基盤社会に子どもたちが参加できるような学力を保証していくことが、学習指導要領改訂に要請されることとなった。

　本節では、この二重の課題に応えようとしている学習指導要領の特徴を概観していくこととしたい。

(1) 2008年の学習指導要領

　2005年の施政方針演説において、小泉純一郎首相（当時）が「我が国の学力が低下傾向にあることを深刻に受け止め、学習指導要領全体を見直すなど学力の向上を図ります」（国会会議録、衆議院と参議院で同じ文言であるが、衆議院のものでは「受けとめ」と記されている）と述べるほど、PISA2003の結果は大きな衝撃を与えた。2007年には中教審教育課程部会が「教育課程部会におけるこれまでの審議のまとめ」を公表し、パブリック・コメントを通じて広く意見を求めるとともに、関係団体に対してヒアリングを実施し、2008年に中教審答申「幼稚園、小学校、中学校、高等学校及び特別支援学校の学習指導要領等の改善について」が出された。これを受けて2008年に小学校と中学校の学習指導要領が改訂されることとなった（高等学校は2009年改訂）。

　この改訂の趣旨や内容で注目されるのは、生きる力の重視の継続、基礎的・基本的な知識・技能の習得や思考力・判断力・表現力などの育成の重視、「確かな学力」の確立、学習意欲の向上や学習習慣の確立といった点が強調されたことであった。そして、この趣旨や内容を具体化するための方法として、次の諸点が挙げられている。

第一に言語活動の充実を図ることであり、国語科だけでなく、各教科等において、記録、説明、論述、討論といった学習活動を充実させている。第二に理数教育の充実を図ることであり、内容の系統性や学校種間の円滑な接続が重視された。第三に伝統や文化に関する教育の充実を図り、各教科等において日本や郷土の伝統や文化に関わる内容を充実させている。第三の点に関して、中教審委員であった安彦忠彦は、今回の改訂に関与した政治力学について、次のように記している。

　　……学習指導要領の原案がパブリック・コメントに付された2月中旬以降、政界のタカ派議員からの圧力が高まり、いっせいに修正を迫ってきた。それによって、3月に公示された新学習指導要領は、原案に中心部分で修正を加え、教育課程編成の基本方針に、「伝統と文化」「国を愛する心」を付加して、これまで以上に民族主義的・国家主義的側面を強調した（安彦、2008、pp.12-13）

　第四に道徳教育の充実を図ることであり、道徳教育は「道徳の時間」を要として学校の教育活動全体を通じて行うことを明確化するとともに、道徳教育推進教師を各学校に配置することとした。第五に外国語教育の充実を図ることであり、小学校5・6年に外国語活動を導入するとともに、高等学校では英語の授業は英語で行うことを基本とした。

　学力向上のために授業時数を増加させたことが、この学習指導要領の特徴であり、1998年の学習指導要領と比較して、学力問題で批判された総合的な学習の時間の授業時数が削減される一方で、主要教科の授業時数が増加した。全体としては、小学校は5,367単位時間から5,645単位時間へと、中学校は2,940単位時間から3,045単位時間へと授業時数が増加したのであった。ただし、高等学校の卒業に必要な単位数は74単位以上のままであった。

　学力向上との関連でいえば、学習の方法として、習得、活用（実験・観察、レポートの作成、論述などを通じて各教科の知識や技能を活用すること）、探究という三つの様式を想定し、教科で習得と活用を、総合的な学習の時間で探究を試みることとされた。

(2) 2017年の学習指導要領

　2014年に中教審が「初等中等教育における教育課程の基準等の在り方について」という諮問を受けたことで学習指導要領の改訂作業が始まり、2015年に中教審教育課程企画特別部会が「論点整理」を公表した。これを踏まえて、2016年に中教審教育課程部会が出した「次期学習指導要領等に向けたこれまでの審議のまとめ」について、パブリック・コメントを通じて広く意見を求めるとともに、関係団体に対してヒアリングが実施され、2017年に小学校と中学校の学習指導要領が改訂された（高等学校は2018年に改訂）。

　この学習指導要領は、2016年に出された馳浩文部科学大臣（当時）による「教育の強靱化に向けて」というメッセージで言及されているように、AI（人工知能）の進化、情報化やグローバル化の急激な進展によって、未来が不透明になっている状況に必要となる学習、学力を考慮したものであるが、特徴として次の諸点を指摘することができる。

　第一に、コンテンツよりも**コンピテンシー**を重視する学力観を採用したことである。いいかえれば、何を知っているかを問題とする学力観ではなく、何ができるのか、どのような問題解決を図ることができるのかということを問題とする学力観を採用し、認知能力だけでなく非認知能力も開発・育成しようとしている。

　この学力観を反映して、すべての教科等の目標や内容は、①知識および技能、②思考力、判断力、表現力など、③学びに向かう力、人間性など、という3本柱で整理され、教科横断的に①～③を習得することや育成することを意図するものとなっている。なお、この3本柱は「生きる力」を具体化したものとされている。

　第二に、前記①～③の習得や育成のために、**主体的・対話的で深い学び**の実現に向けた授業改善を目指している。主体的・対話的で深い学びは、以前は「アクティブ・ラーニング」と呼称されていたが、単なる教育・学習方法ではなく、主体的な学び、対話的な学び、深い学びという視点から授業や学びの改善を図ろうとするものである。ここにも、コンテンツよりもコンピテンシーを重視する学力観が反映されている。

第三に、教科横断的・総合的な学習や主体的・対話的で深い学びを充実させるために、**カリキュラム・マネジメント**の視点を組み込んでいる（コラム4-1参照）。カリキュラム・マネジメントとは、子どもたちや地域の状況を踏まえて各学校の教育目標を実現するために、どのようなカリキュラムを編成し、どのように実施・評価・改善していくのかという取り組みのことである。この取り組みを導入することで、教育の質的向上を目指そうというのである。

　第四に、英語が重視されている点も指摘できる。小学校5・6年の外国語活動が外国語（英語）という教科となり、小学校3・4年に外国語活動が導入され、また中学校の英語の授業は英語で行うことが基本とされている。

　第五に、学習指導要領の完全実施に先行し、小学校では2018年度から、中学校では2019年度から道徳が「特別の教科」として教科化された点も注目を集めている。道徳については、高等学校においても、道徳教育推進教師を中心にすべての教師が協力して道徳教育に取り組むこととされ、倫理や特別活動、そして公民科の新設科目である公共が、人間としてのあり方や生き方に関する中核的な指導場面として位置づけられている。

　第六に、近年の学習指導要領改訂であまり変化のなかった高等学校において、教科・科目構成が大幅に変更されている。具体的には、国語科における科目の再編、地理歴史科や公民科における科目の新設や廃止、共通教科の理数の新設などが行われている。

　最後に、授業時数（高校については卒業に必要な単位数）についていえば、小学校3～6年で週1時間増加となったが、他は2008年の学習指導要領と同数となっている。

6　おわりに

　本章では、学びの履歴としてのカリキュラムを制約したり、方向づけたりする制度化されたカリキュラムの基準を、主として敗戦後の学習指導要領に焦点を合わせて概観してきたが、そこからは学校教育や子どもの状況、教育運動、経済状況、政治状況と相関しながら学習指導要領が改訂されてきたこ

とが見えてくる。

　学習指導要領改訂については、以前は政治的な争点であったし、今でもそれとなり得る。しかし、本章が記述した変遷を踏まえれば、1958年以降の改訂では、政治状況よりも経済状況が、改訂に大きな影響を及ぼしていると見ることができる。本章では触れなかったが、特にプラザ合意（1985）以降、経済団体が学校教育に何を要望するのかによって学習指導要領改訂は大きな影響を受けてきた。経済団体の学校教育に関する要望について、学習指導要領の改訂内容と照合しながら、自分なりに検討してもらいたい。

（岩田一正）

―――引用参考文献―――
　安彦忠彦（2008）「新学習指導要領とカリキュラム研究の課題」日本教育方法学会編『現代カリキュラム研究と教育方法学』図書文化、12-25頁
　ジョン・デューイ（2000）「教育における道徳的原理」『デューイ＝ミード著作集第8巻　明日の学校・子供とカリキュラム』河村望訳、人間の科学新社、287-316頁
＊ジェローム・シーモア・ブルーナー（2014）『教育の過程』鈴木祥蔵・佐藤三郎訳、岩波オンデマンドブックス
＊無着成恭（1951）『山びこ学校』青銅社（『山びこ学校』増補改訂版第30刷（百合出版〔1993〕）を底本とした岩波文庫〔1995〕が入手可能）。
　文部省（1989）『小学校指導書　教育課程一般編』ぎょうせい
＊国立教育政策研究所学習指導要領データベース（http://www.nier.go.jp/guideline/index.htm）
＊文部科学省学習指導要領（http://www.mext.go.jp/a_menu/shotou/youryou/main4_a2.htm）

第4章

カリキュラムの現代的動向

―― 本章のねらい ――

本章では、カリキュラムの現代的動向を二つの面から見てみよう。第一は、子どもの学習経験を枠づける**カリキュラムの自由化**であり、第二は、**社会の国際化への対応**、**情報化への対応**、および**少子高齢化と低成長時代への対応**という教育課程の重点項目である。

1 カリキュラムの自由化

　戦後の教育課程行政は、大きく三つの時期に分けられる。第一は、学習指導要領が試案として出された戦後初期であり、第二は、学習指導要領が告示されることで学習指導要領の基準性が強まり、それに伴って教科書検定が強化された時期である。そして第三は、学習指導要領が大綱化・弾力化され、選択科目の時間数が増えるなど、学校による教育課程編成の自由度が増した時期である。第1節では、この第三の時期に焦点を当てて、カリキュラムの現代的動向を見てみよう。

　ここでの問いは、次の四つである。

（1）カリキュラムの自由化では具体的に何が自由化されたのか。
（2）カリキュラムの自由化が政策にとり入れられた背景には何があるのか。
（3）現在、カリキュラムの自由化路線はどのように修正されているか。
（4）カリキュラムの自由化に関する課題は何か。

(1) カリキュラムの自由化とは

　議論に入る前に、カリキュラムの意味を再確認しよう。序章で見た通り、カリキュラムの概念は、国レベルの基準である学習指導要領、学校でつくられる教育課程、授業における教師の教授行為、および子どもの学習経験の総体（**経験されたカリキュラム**）という多様な層から構成されている。本章では、このうち、最後の層である子どもの学習経験の総体を除く、すべてのカリキュラム概念を対象とする。これは、子どもの学習経験に働きかけ、それを枠づけ方向づけるあらゆる制度や慣習といいかえられる。それらを以下では簡単に、**子どもを枠づけるカリキュラム**と呼ぶことにしよう。

　子どもを枠づけるカリキュラムの代表例は、学習指導要領とそれを基準として編成される教育課程であるが、他にもさまざまなものが含まれる。例えば、学習指導要領に準拠した検定教科書や、上級学校の入学試験の内容や形式（多肢選択式か論文式かなど）などの選抜のための評価、あるいは学習指導の一環として行われる教師の日常的な評価も、子どもの学習経験を意味づけ方向づけるため、子どもを枠づけるカリキュラムに含まれる[1]。これらは、かならずしも学習指導要領の改訂に沿って変わるものばかりではなく、なかには学習指導要領の改訂に抗して維持される、規範性と拘束性をもつ学校文化もあるだろう（⇨第10章）。さらに、子どもを枠づけるカリキュラムには、学校や教師の文化だけでなく、子どものコミュニティのなかで共有されお互いを統制する隠れた規範も含まれる。

　以上の通り、カリキュラムを子どもの学習経験を枠づけ方向づけるさまざまな制度や慣習として広く捉えた場合、カリキュラムの現代的動向の一つは、すべての子どもが獲得すべき学習経験の共通領域を縮小させ、子どもによる学習経験の差異を拡大した点にある。いいかえれば、すべての子どもに対して共通にある一定の内容を学習すべきであるとする強制性が弱まってき

---

(1) 例えば、アメリカの教師と比較して、日本の英語教師はピリオドを欠く文を減点する傾向が強いことが知られている。いいかえれば、日本にはピリオドの有無など、文の形式性を重視する文化が制度として成立している。この制度は、日々の授業や定期試験などの評価活動を通して子どもの学習経験を方向づけている。

たということである。これを本章では簡単に、**カリキュラムの自由化**と呼ぶことにする。

カリキュラムの自由化は、二つの方向性として現れている。一つは、小中学校の授業時数や高校卒業に必要な単位数の縮減による公教育の縮小であり、もう一つは、教育課程編成基準の大綱化・弾力化である。以下では、これらの動きを、①小中学校の授業時数の縮減と教育内容の削減、②中学校の選択教科の授業時数の増加と習熟度別クラス編成の導入、③高校の卒業に必要な単位数と必履修教科・科目の単位数の縮減、④学習指導要領に詳細な教育内容を規定しない教科・時間の新設、⑤その他の基準の大綱化・弾力化の順で述べておきたい。

① 小中学校の授業時数の縮減と教育内容の削減

小学校と中学校の授業時数は表4-1の通り推移している。

表4-1 小学校・中学校の授業時数の変化

	1947	1951	1958	1968（小）1969（中）	1977	1989	1998	2008	2017
小学校	5565〜5915	5780	5821	**5821**	5785	5785	**5367**	5645	5785
中学校	3150〜3570	3045	3360	**3535**	3150	3150	**2940**	3045	3045

注 1951年の中学校と1958年の小学校・中学校のみ「最低」、他は「基準」または「標準」。なお1951年の中学校については「望ましい」年間総時数として1,050時間も示されている。

ここに見られる通り、授業時数は1968年、1969年の学習指導要領において最大になったが、その後2008年に改訂されるまで減り続けている。特に1998年の減少幅が大きかった。これは、2002年4月における学校完全週5日制導入への対応の意味合いが強い。学校週5日制は、80年代を通じてILOや欧米諸国から労働時間の短縮を迫られていた政府にとって、財政支出を伴わない「手っ取り早い方法」であった（藤田、2000、p.35）。

なお、授業時数が最大であった1968年、69年の水準に対する1998年の授業時数は、小学校において8％減であったのに対し、中学校では17％減に達し

ている。授業時数の縮減は、特に中学校において際立っていた。

　授業時数の縮減は、当然教育内容の削減を意味していた。例えば、1998年の学習指導要領では、それまで小学校第5学年にあった台形の面積の求め方が省かれ、中学校第3学年に置かれていた2次方程式の解の公式が高校の数学Ⅰに持ち越された。中学校の理科でも、「イオンについては扱わないこと」とされ、イオンは高校段階に移された。

　授業時数の縮減と教育内容の削減によって直接影響を受けたのは、公立中学校の子どもである。小林（2007）によると、1998年の学習指導要領のもとで公立中学校の英語の授業は週3時間であったのに対し、私立中学校はその倍以上の時数が確保されていた。教科書に関しても、私立中学校で比較的多く用いられていた『Progress in English』の語彙数は3,500語であるのに対し、検定教科書の指導単語は900語程度、必修単語は100語にすぎなかった。

　また、授業時数の縮減に伴って生じた空き時間の使い方は、家庭に委ねられた。その空き時間に、塾などの私的な教育機関に通うかどうかの判断は、家庭の経済状況や教育に対する関心のあり方に依存している。公教育が縮小するなかで、家庭環境が子どもの学習経験に与える影響は増大したといえる。

② 中学校の選択教科の授業時数の増加と習熟度別クラス編成の導入

　中学校の選択教科の授業時間数の変化を表4-2に示した。ここに見られる通り、1998年に選択教科の時間数は最大週8時間まで増加した。ここで

表4-2　中学校の選択教科の授業時数の変化

年	1947	1951	1958	1969	1977	1989	1998	2008	2017
各学年の選択教科の時間数（標準時数内）	35～140	外国語 140～210 職業・家庭 105～140 その他の教科 35～210	105以上	140	105	①105～140 ②105～210 ③105～280 （注1）	①0～30 ②50～85 ③105～165 （外国語が必修教科に）	0 （注2）	0 （注2）

注1　①は第1学年を表す。
注2　2008年と2017年において選択教科は標準時数外の扱いとされている。

1989年と1998年の学習指導要領における選択教科の扱いを確認しておこう。

1977年に選択教科の対象とされていたのは、外国語、音楽、美術、保健体育および技術・家庭に限られ、それらは各学年105時間（週3時間）と限定的であった。それに対し、1989年には、第1学年で最大140時間、第2学年で最大210時間、第3学年では最大280時間（週8時間）の授業時間を選択教科にあてることができるようになった。そのうえ、第3学年では選択教科の制約もなくなった。

それまで、選択教科は、1958年に第3学年で数学の設置が可能であったことを例外とすれば、外国語が主体であり、それに加えて農業などの「職業に関する教科」、および音楽、美術といった実技教科があてられていた。その職業に関する教科は、中卒での就職者の激減を反映して、1977年には教科から除外されている。したがって、1989年における選択教科の自由化は非常に大きな変化であった。1998年には外国語が必修教科になることで、選択教科の趣旨がさらに明確になった。中学校に選択教科を置く意義は、将来の職業選択ではなく、中学校の学習の充実に移っていた。

そして、この選択教科の意義は、1998年の学習指導要領においてより直接的に表現されている。「総則」の「第3　選択教科の内容等の取扱い」では、「第2章の各教科に示すように課題学習、補充的な学習や発展的な学習など、生徒の特性等に応じた多様な学習活動が行えるよう各学校において適切に定めるものとする」とされている（文部省、1989b）。ここでの**補充的な学習**と**発展的な学習**とは、学習の過程で行われる**形成的評価**に基づいて、学習が不十分な場合にはそれを補い、学習が到達目標に十分達していた場合には、より高度な学習を行うことを指している（⇨第7章）。表4-3は、2003年一部改正の学習指導要領における選択教科の設置例である。この表で同一教科について複数のコースが置かれている通り、1998年における選択教科は、中学校のクラスを「補充的な学習」を行うクラスと「発展的な学習」を行うクラスに分ける**習熟度別クラス編成**の導入を意味していた。

2003年に中学校第3学年の選択教科として、7〜9教科を設置した学校は全体の86.7％に上っている（4〜6教科は12.2％、0〜3教科は1.1％。文部科学省、2003）。表4-4の通り、高校入試に必要となる5教科に関しては、「補

表4-3　03年一部改訂「学習指導要領」における選択教科の設置例
〈東京都のある中学校〉

学年	第1学年	第2学年		第3学年			
年間授業時数 ()内は週当たりコマ数	30 (0.8)	70 (2)		165 (4.7)			
選択教科名	選択	選択A	選択B	選択A1	A2	A3	B
選択教科 ()内はコース数	国語 (2) 数学 (3) 英語 (2)	国語 (2) 数学 (3) 英語 (2)	音楽 (1) 美術 (1) 保体 (2) 技家 (2)	国語 (2) 数学 (3) 英語 (2)	国語 (2) 数学 (3) 理科 (2) 社会 (2)	理科 (2) 社会 (2) 英語 (2)	音楽 (1) 美術 (1) 保体 (2) 技家 (2)
全コース数	7	13		17(同教科名の各コースは同一内容)			
コースの開設期間	前期/後期	前期/後期	通年	通年			

注　生徒は、選択（第1学年）、選択A・選択B（第2学年）、選択A1〜A3・選択B（第3学年）について、それぞれ一つのコースを選択（前期/後期制のコースは、前期と後期でコースを選択。）
（池田〔2012〕。中央教育審議会初等中等教育分科会中学校部会第3回会議資料による。）

表4-4　中学校第3学年の選択教科の実施状況（2003年度）

教科	国語	社会	数学	理科	音楽	美術	保健体育	技術・家庭	外国語
補充的な学習のみ	15.10%	15.80%	17.20%	14.60%	3.60%	3.30%	3.80%	3.60%	15.30%
発展的な学習のみ	8.10%	10.00%	5.30%	10.20%	34.50%	30.80%	30.50%	32.00%	7.10%
補充・発展の両方	63.90%	54.60%	73.10%	56.70%	28.50%	24.80%	30.30%	29.20%	70.00%

（文部科学省〔2003〕。一部改めた。）

充・発展の両方」、すなわち少なくとも3段階の習熟度別クラス編成をとる学校が大半を占めた。

　ところで「生徒の実態等に応じ、**学習内容の習熟の程度に応じた指導**など個に応じた指導方法の工夫改善に努めること」という規定は、すでに1989年の中学校学習指導要領（「指導計画の作成等に当たって配慮すべき事項」）で示されていた（文部省、1989b）。選択教科は、1989年に導入されていた習熟の程度に応じた指導をクラス別に行うこと、すなわち習熟度別クラス編成の制度化といえる。

　その後、2003年の学習指導要領一部改正において、必修教科に関しても

「学習内容の習熟の程度に応じた指導」、および「補充的な学習や発展的な学習などの学習活動を取り入れた指導」を行うことが規定された。必修教科に関して「理解や習熟の程度に応じた指導を実施」している学校は、2003年度においてすでに小学校で74％、中学校で67％に上っている（文部科学省、2003）。その後、2008年に選択教科が標準時間外とされた後も、習熟度別クラス編成は一般の教科に広がっている。

③ 高校の卒業に必要な単位数と必履修教科・科目の単位数の減少

科目の選択履修を原則とする高校では、必要な数の単位を修得することで卒業が認定される単位制がとられている。高校の教育課程の変化を見る場合、卒業のために修得が必要となる単位数と、全員に履修が課せられた必履修教科・科目の単位数の双方を見ておく必要がある（表4-5を参照）。なお1単位の科目の履修とは、50分の授業を35回受けることを指している。

表4-5　高校の卒業に必要な単位数と必履修教科・科目の単位数の変化

	1947	1956	1960	1970	1978	1989	1999	2008	2017
卒業に必要な単位数	85	85	85	85	80	80	74	74	74
必履修教科・科目の単位数（注2）	38	45	男子68 女子70	男子45 女子47	男子30 女子32	38	34（注3）	38	38

注1　学習指導要領と学校教育法施行規則によって作成した。
注2　全日制普通科（普通課程）の生徒に原則として履修させる教科・科目の単位数を示す。「望ましい」「特別の事情がある場合」「特に必要がある場合」等の条件は除いている。
注3　総合的な学習の時間を3単位相当とみなした。

ここにある通り、卒業に必要な単位数の推移は、85から80を経て現在74単位まで減っている。減少幅は13％である。この変化は、最も多かった時期に対し1998年の授業時数が17％減っていた中学校に比べると、穏やかな変化ともいえるが、④で述べる通り、高校は学習指導要領の大綱化の影響が著しく、その教育水準は大幅に多様化していると見る必要がある。

必履修教科・科目の単位数の推移も見ておこう。単位数は、戦後初期の38

単位から次第に増えて、1960年には男子で68単位、女子で70単位に達した[2]。これは当時卒業に必要であった85単位の80～82％に及ぶ。しかしこれをピークに後は減り続け、1978年に男子30単位、女子32単位で最低水準となる。その後、38単位前後で推移している。

　ところで必履修教科・科目の単位数が過去最低となった1978年は、別の点でも、教育課程編成の画期であった。この時、中学校に先んじて習熟度別クラス編成が制度化されている。1978年の学習指導要領では、「各教科・科目の指導に当たっては、生徒の学習内容の習熟の程度などに応じて**弾力的な学級の編成を工夫する**など適切な配慮をすること」（文部省、1978）とされている。

　今日、東京の半数近くの私立高校では、入学試験の時点で学力別にクラスを分けて試験を行ういわゆる学力別クラス入試が導入されている。いわゆる特進クラスへの入試である。これは、かつて入学後に生徒を振り分けていた習熟度別クラス編成を入試の時点に前倒ししたものである（佐藤〔英〕、2018）。

④　学習指導要領に詳細な教育内容を規定しない教科・時間の新設

　1989年の学習指導要領において、小学校1、2年生に生活科が新設された。また、1998年には小学校、中学校、高校に総合的な学習の時間が置かれた。

　生活科は、低学年の理科と社会が廃止された時間で新設された。扱う内容として身近な自然の観察や乗り物・駅などの公共物の働きが示されている通り、従来の理科・社会との連続性はあった。しかし、以下の「目標」からもわかる通り、生活科は自立への基礎を養う新設の教科であった（文部省、1989a）。

　　具体的な活動や体験を通して、自分と身近な社会や自然とのかかわりに関心をもち、自分自身や自分の生活について考えさせるとともに、その過程において生活上必要な習慣や技能を身に付けさせ、自立への基礎を養う。

---

[2] 男女で必履修教科・科目の単位数が異なるのは、女子に限って家庭科（4単位）が必履修であったこと、および体育で履修が求められた単位数が男子の方が2単位多かったことによる。これらの違いは1989年に解消された。

小学校第1学年の子どもが教室で立ち歩くなどの**小1プロブレム**が騒がれたのは2000年前後であるが、1989年当時すでに、遊びをとり入れつつ総合的に学ぶ幼稚園や保育園での学習と、一斉学習の様式で細分化された教科を学ぶ小学校での学習の違いが問題になっていた。幼児教育の学びの様式を小学校にとり入れることで、**幼小連携**を図ろうとしたのが生活科であった。

　座学を中心とする教科の系統的な学習に対する体験的で総合的な学び方は、生活科から、1998年に新設された総合的な学習の時間にも継承された。総合的な学習の時間では、国際理解など扱う内容が例示されたとはいえ、あくまで「ねらい」は以下の通り、子どもの主体的で自律的な学習にあった（文部省、1998a）。

　　総合的な学習の時間においては、次のようなねらいをもって指導を行うものとする。
　　（1）　自ら課題を見付け、自ら学び、自ら考え、主体的に判断し、よりよく問題を解決する資質や能力を育てること。
　　（2）　学び方やものの考え方を身に付け、問題の解決や探究活動に主体的、創造的に取り組む態度を育て、自己の生き方を考えることができるようにすること。

　さて、この生活科と総合的な学習の時間に共通するのは、主体的な学習という面だけではなかった。1977年の学習指導要領では、第1学年の理科の内容が8項目、社会科の内容が5項目示されていたのに対し、1989年にその2教科の時間を割り当てて設けられた生活科の第1学年の内容は6項目にとどまった。つまり、学習指導要領が扱う知識の規定は大幅に大綱化している。一方、「目標」に「具体的な活動や体験」が述べられている通り、学習過程への言及は増している。何を教えるかという教育内容の規定が大綱化する反面で、どのように教えるかという教育方法の規定が子細になっている。

　この傾向は総合的な学習の時間では、さらに強まっている。ここで扱う内容については、「例えば国際理解、情報、環境、福祉・健康などの横断的・総合的な課題」、「児童の興味・関心に基づく課題」、「地域や学校の特色に応じた課題」などが例示されているとはいえ、具体的な内容は学校に委ねられている。その一方で、以下の通り、教育や学習の仕方については、細かい規

定がある（文部省、1998a）。

> 総合的な学習の時間の学習活動を行うに当たっては、次の事項に配慮するものとする。
> （１）　自然体験やボランティア活動などの社会体験、観察・実験、見学や調査、発表や討論、ものづくりや生産活動など体験的な学習、問題解決的な学習を積極的に取り入れること。
> （２）　グループ学習や異年齢集団による学習などの多様な学習形態、地域の人々の協力も得つつ全教師が一体となって指導に当たるなどの指導体制、地域の教材や学習環境の積極的な活用などについて工夫すること。

　以上の生活科や総合的な学習の時間に加えて、1989年には高校において、教科・科目を学校独自に置くことが可能になっている。今日の学校設定教科・科目である。1989年の学習指導要領の「総則」では、学校設定教科について以下の通り定められている（文部省、1989c）。

> 学校においては、地域、学校及び生徒の実態、学科の特色等に応じ、特に必要がある場合には、例えば、情報、職業、技術などに関する、上記１及び２の表に掲げる教科以外の教科（以下「その他特に必要な教科」という。）及び当該教科に関する科目を設けることができる。この場合において、その他特に必要な教科及び当該教科に関する科目の名称、目標、内容、単位数等については、設置者の定めるところによるものとする。ただし、設置者は、その他特に必要な教科を設けるに当たっては、高等学校教育の目標及びその水準の維持等に十分配慮しなければならない。

　のちの学校設定教科はここでは「その他特に必要な教科」と呼ばれている。これの設置にあたっては、「高等学校教育の目標及びその水準の維持等に十分配慮しなければならない」と定められている。また、学校設定教科・科目で修得した単位も卒業に必要な単位に算入できるようにされたが、普通科では20単位以内という制限が設けられた。教育水準低下のはどめである。
　それでも学校独自の判断で教科・科目の新設が可能になったのは、大きな変化であった。実は、「その他特に必要な教科」に類する教科は、1951年の「その他の教科」や1969年の「その他特に必要な教科」などの名称で、中学校の選択教科に置かれていた。中学校の選択教科としての「その他の教科」

等を設置した学校がどの程度あったかは不明であるが、今日学校設定教科・科目の設置は多くの高校に普及している。中等教育学校の後期課程を含む中高一貫教育校の高校課程では、学校設定科目などの修得単位数について36単位まで卒業に必要な単位数に含めることができるなど、一層の弾力化が図られている[3]。

学習指導要領に詳細な内容を規定しない教科等を新設する動向は、学外の学修の単位化にも広がっている。現在高校では、①他の高校などにおける科目履修の単位の認定、および②大学などにおける学修、語学検定などの知識および技能に関する審査、ボランティア活動などの単位認定が認められている（学校教育法施行規則第97条、第98条）[4]。これらは36単位まで卒業に必要な単位に含めることができる。その他、③高等学校卒業程度認定試験規則で定められた試験科目の合格に関わる学修の単位認定も制度化されている（学校教育法施行規則第100条）。以上の①～③については学習指導要領で触れられていない。その点でも、子どもの学習経験の共通部分を確保する学習指導要領の機能は、小さくなっているといってよい。

⑤ その他の学習指導要領の大綱化・弾力化

学習指導要領の大綱化は、他にもさまざまな点に認められる。それまで学年ごとに内容を示していた学習指導要領の規定を2年ごとにまとめたいわゆる**大くくり化**は、その代表例である。例えば、小学校の国語科の目標と内容は1989年の学習指導要領までは1年ごとに示されていたが、1998年以降低学年、中学年、高学年の大枠で示されるようになった。

また、イオンについては扱わないことなどの表現で、学習指導要領を超える内容の扱いを禁じていたいわゆる**はどめ規定**の見直しも、大綱化と同じ動

---

(3) 文部省「「中等教育学校並びに併設型中学校及び併設型高等学校の教育課程の基準の特例を定める件」及び「連携型中学校及び連携型高等学校の教育課程の基準の特例を定める件」の改正について（通知）」(http://www.mext.go.jp/b_menu/hakusho/nc/1314011.htm〔2018年9月6日取得〕)。
(4) 例えば、東京学芸大学附属高等学校大泉校舎では、2003年に施行された「学校外活動に関する単位認定」制度への対応として、「公的機関が主催する講座」などの学校外活動の例や1学年について1単位までなどの単位認定のガイドラインを示している（正木、2008、p.121）。

向である。これは、学習指導要領に示されていない発展的な内容を教えるかどうかの判断を学校に委ねることで、「各学校がそれぞれの創意工夫を生かした特色ある授業を実施できることが更に明確」になることを目指した変更であった（中央教育審議会、2008）。表4-6ははどめ規定が見直された例である。

表4-6　はどめ規定が見直された例（小学校5年生・理科、一部改めた）

2007年学習指導要領	2003年学習指導要領
3．内容の取扱い （2）内容の「B生命・地球」の（1）については、次のとおり取り扱うものとする。 イ　エについては、おしべ、めしべ、がく及び花びらを扱うこと。また、受粉については、風や昆虫などが関係していることにも触れること。	3．内容の取扱い （1）内容の「A 生物とその環境」の（1）については、次のとおり取り扱うものとする。 ウ　エについては、おしべ、めしべ、がく及び花びらを扱うことにとどめること。また、受粉については、虫や風が関係していることに触れるにとどめること。

　はどめ規定が過去に社会問題化した例として、学習指導要領が円周率を3に定めたという誤解に基づく混乱がある。1998年の学習指導要領では、第5学年の小数の乗除に関して、「$\frac{1}{10}$の位までの小数の計算を取り扱うものとする」とされた。これは、はどめ規定の表現をとっていないが、学校では学習指導要領を超える内容を扱うことができないという当時の原則から、事実上はどめ規定とみなされ、学校では小数第2位を含む小数の乗除が扱えないとみなされた。これに加えて、同時期に、「円周率としては3.14を用いるが、目的に応じて3を用いて処理できるよう配慮するものとする」という規定もなされた。結果として、半径2cmの円の面積を求める計算（2×2×3.14）ができなくなり、学習指導要領は円周率を3に定めたという誤解が生じた。中学校の授業時数を大幅に減らした1998年の学習指導要領が施行される2002年を前に、私立中学校の受験生を対象とする教育産業によって、この誤解が戦略的に利用され、マスコミでとり上げられた。

　実際には、この円周率の規定は、場面に応じて円周率を3で近似し概算によって値を知ることを求めるものであり、状況や目的に応じた高度な判断力

の育成を志向したものであった。電卓の使用も想定されていた。しかし、はどめ規定に代表される学習指導要領の拘束力の強さに改めて光が当たる契機となった。

　他にも、学習指導要領の拘束力を弱める変化としては、2003年に「構造改革特別区域研究開発学校」制度として始まった**教育課程特例校**の制度がある。これは、小学校、中学校、義務教育学校、高校、中等教育学校および特別支援学校に関して、学習指導要領によらない特例を認める制度である（学校教育法施行規則第55条の2など）。2017年4月現在、指定学校数は3,182校に達している。具体的な取り組みとしては、小学校低・中学年からの英語教育の実施、日本の言語や文化に親しむ「ことば」に関する取り組み（「書道科」「日本語」「ことば科」など）、ふるさとや郷土に関する取り組みがある[5]。

　なお、義務教育学校について初めて聞く読者がいるかもしれない。簡単に触れておこう。**義務教育学校**は、校長・教職員組織のいずれも同一である修業年限9年間の義務教育機関である。一貫教育の軸となる新教科などの創設や、学年段階間・学校段階間での指導内容の入れ替えなど、一貫教育の実施に必要な教育課程上の特例の実施が認められている。義務教育学校を含む小中一貫教育の推進は、小学校教育と中学校教育の連携を主たる目的としている。中学校入学後に不登校の子どもが急増する現象などから名づけられたいわゆる中1ギャップについては、事実誤認が含まれていることが知られている[6]。とはいえ、他教科に比べ系統性の強い数学に関しても、授業づくりの際に算数の教科書を参照している中学校教員が少ないなど、小中の連携には課題が残されている。小中の教員が連携しつつ学習指導や生活指導の方法を協議する意義は十分あり、義務教育学校の導入もこの広い文脈のなかに位置している。

---

(5) 文部科学省「教育課程特例校制度」（http://www.mext.go.jp/a_menu/shotou/tokureikou/〔2018年9月8日取得〕）
(6) 中学校1年次に不登校の子どもが急増することは事実であるが、第2学年、第3学年における不登校の子どもの増加数はそれとほぼ同数である。また、中1の不登校のうち、小4〜6で不登校相当などの経験をもつ者の割合は52％であることも知られている（文部科学省、2016a、pp.11-13）。

(2) カリキュラムの自由化の背景には何があったか

　カリキュラムの自由化の背景を理解するにあたって重要な点が二つある。
　一つは、公的な基準を緩和し、当事者の裁量の余地を大きくすることは、公教育に限らない公共セクター全般に共通する世界的な潮流である点である。1930年代初頭の大恐慌期に公共投資の増加によって経済を活性化する経済理論（ケインズ経済学）が有力となり、経済活動への国家の関与が増大した。しかし1980年代には、国家財政の悪化とともに、経済活動への国家の関与を減らす**新自由主義（市場原理主義）**の政治理論が有力になり、アメリカ（ロナルド・レーガン大統領）、イギリス（マーガレット・サッチャー首相）とともに、日本（中曽根康弘首相）でも、臨時行政調査会の答申を受けて国鉄や電電公社などの公共企業体を民営化する新自由主義の政策が展開された。
　教育に関しては、首相直属の諮問機関である**臨時教育審議会**（臨教審）の四つの答申が新自由主義の教育政策として知られている。そこには、学習指導要領を大綱化する方針とともに、公立学校の通学区域の弾力化、飛び級制度の導入、および6年制の中等教育機関の導入がうたわれている。臨教審の答申はその後中央教育審議会答申などに影響を与えて今日に至っている。
　ただし、カリキュラムの自由化に関して注意を要するのは、カリキュラムの自由化が教育を商品として捉える市場原理主義だけに由来するわけではない点である。臨時教育審議会とその思想的な先駆けであった「四六答申」（中央教育審議会答申「今後における学校教育の総合的な拡充整備のための基本的施策について」〔1971〕）の根底には、生涯学習の思想があった。**生涯学習論**を初めて提起したフランスのラングラン（Lengrand, P., 1910-2003）は、学校教育の制度が形骸化した結果、人が本来有している学習権が損なわれているという問題意識をもっていた。ここには、学ぶことが卒業証書の取得にすり替わっていることを告発したイリッチ（Illich, I., 1926-2002）の**脱学校論**や、近代学校が平等で開かれた社会をつくるという近代教育理念を実現する機関ではなく、階層の再生産に寄与する機関になっているというブルデュー（Bourdieu, P., 1930-2002）らの**文化的再生産論**と通底する課題意識が読み取れる（⇨第9章、第10章）。カリキュラムの自由化が人のもつ学習権を保障す

るものになっているかどうか。この点から、カリキュラムの自由化について今後も注視していく必要があるだろう。

(3) カリキュラムの自由化路線の修正

これまで、カリキュラムの自由化路線について述べてきたが、現在は、授業時数の減少傾向、選択教科の時間数の増加傾向、および学習状況の評価における評価の観点の3点に関して、自由化路線に修正が加えられている。このうち、評価の観点の変更は、従来重視されてきた情意面の評価(「関心・意欲・態度」)に対する「知識・技能」の重視として現れている。これは第7章で再論するため、以下では、先の2点について述べておこう。

表4-1で見た通り、小学校・中学校の授業時数は1998年に最小になったものの、その後、2回の学習指導要領改訂で増加に転じている。現在、標準授業時数を超える授業時数を設定している中学校(第1学年)が約7割に達しており、授業時数はほぼ1989年の水準に戻していると考えられる(文部科学省、2016b)。中学校の選択教科の授業時数も、表4-2の通り、1998年に最大165時間(第3学年)まで増加したが、次の改訂では、選択教科が標準時数外の扱いとなり、今日に至っている[7]。

ここには、1999年に指摘された大学生の基礎学力の低下(岡部他、1999)、円周率の値をめぐる前述の混乱、およびOECDの国際的な学習到達度調査(PISA)で指摘された日本の学力低下が関わっている。PISAのデータにおける日本の子どもの学力低下については、議論の余地があった。ただし、「宿題や自分の勉強をする時間」が参加国中最低であることと、最も高いレベルの読解力を有する我が国の子どもの割合がOECD平均と同程度であることは事実であった。そのため、この学力低下論争に対して、文部科学省はただちに「確かな学力の向上のための2002アピール:「学びのすすめ」」(2002年1月)を出して対応し、1998年の学習指導要領が施行された2002年の

---

[7] 高校の必履修教科・科目の単位数も、1978年に30単位前後の最低水準に達した後、現在38単位前後に戻している。また、学習指導要領に詳細な教育内容を規定しない総合的な学習の時間については、新設された1998年当時、小学校4〜6年生で週3時間程度、中学校各学年で週2〜3.7時間配当されたものの、2008年学習指導要領では小学校で週2時間、中学校で週1.4〜2時間に減っている。

12月には、学習指導要領の一部改正を行い、「学習指導要領の内容を超えて指導できること」を定めた。授業時数の増加に伴って、教育内容の学年配当もほぼ1989年の水準に戻っている。なお2008年改訂の際に選択教科が標準時数外に置かれたが、これは、学習指導要領を超える発展的内容が一般の教科で扱えるようになったことから、選択教科の存在意義があいまいになったことも関わっている（池田、2012）。

以上の通り、カリキュラムの自由化路線は現在小休止の状態にあり、学習指導要領の大綱化・弾力化が今後も進むかどうかは不明である。ただし、各学校の主体的な教育課程編成を求める方向性は持続するものとみられる。この方向性において、新学習指導要領では、学校経営の視点から教育課程の編成を捉える**カリキュラム・マネジメント**（⇨本章 コラム4-1 を参照）の見方が提示されている。

(4) カリキュラムの自由化の課題

最後にカリキュラムの自由化に関する課題を述べておきたい。

① 選択教科・科目の増加や習熟度別クラス編成の普及によって、全般的な学力低下や学校による教育格差の拡大が生じる可能性がある。

1970年代のアメリカの高校では、人間の教育における近代学校の意義（レリヴァンス、⇨第8章3(2)）を問う**教育の人間化**の運動が広がり、子どもの関心に応える形で選択科目が急増した。その結果、自動車運転免許取得の科目や結婚準備の科目など、実利的な科目の履修者が増え、外国語などアカデミックな科目の履修者が減った。SAT（筆者注、米国で広く大学受験に使用されている標準テスト）の点数が10年以上にわたって低下するとともに、ドラッグやドロップ・アウトが社会問題化した（佐藤〔三〕、1997）。選択科目の無制限の増加は、子どもが学校で共通に学ぶ必然性（意義）を喪失させる危険性をもっているのである。

日本の高校でも、総合的な学習の時間や学校設定科目が入学試験の準備教育にあてられた例がある。カリキュラムの自由化がもっとも強まった1998年の学習指導要領に対しては、子どもの意欲の格差をもたらし、格差を是認す

コラム4-1

カリキュラム・マネジメント

　カリキュラム・マネジメントとは、校長・管理職のリーダーのもとに、学校と地域が協力してPDCA（計画・実行・評価・改善）のサイクルを進める活動である。その活動を通して、特色ある学校文化を創出することもカリキュラム・マネジメントに含まれる。これまで、教育内容やその編成を論ずるカリキュラム研究やそれを含む教育方法学と、教員組織や分掌など学校運営を論ずる教育経営学は、没交渉であった。しかし、総合的な学習の時間などを通して学校の特色を生かした教育課程編成の比重が高まったことから、教育課程の内容面と教員組織面を統合的に捉える必要性が強まっている（田中、2009）。加えて、子どもの抱える問題が複雑化した結果、学校は、これまで以上にカウンセラーやソーシャルワーカーなどのさまざまな学校内外の専門家や地域の方々の協力を必要としている。カリキュラム・マネジメントは、これら多くの学校関係者の協力によって、望ましい学習経験をデザインしようとする取り組みである。図4-1は、カリキュラム・マネジメントのモデル図である。

（佐藤英二）

図4-1　カリキュラム・マネジメント　モデル図

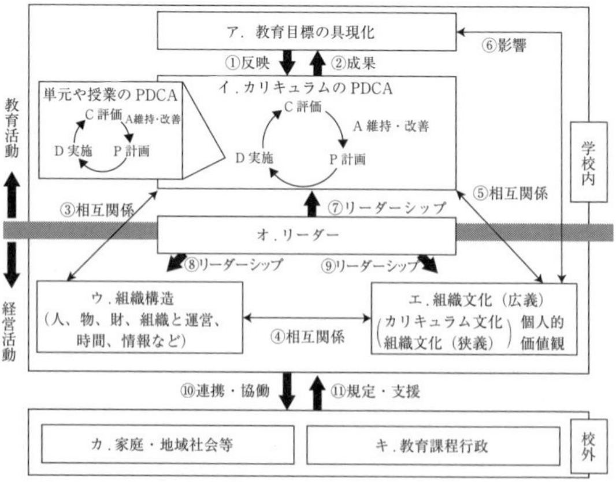

（田村、2014、p.16）

るカリキュラムであるとして強い批判がある（苅谷、2001；齋藤、2000；小林、2007）。

　習熟度別クラス編成の推進も問題が多い。欧米では1960年代から70年代にかけて「能力別指導・進路別指導」（トラッキング）について盛んに研究されたが、その結果、トラッキングの効果が疑わしいことが判明している。2000年のOECDによるPISA調査でも、第1位から第8位の国がいずれも15歳までのトラッキングを廃止したか、廃止を推進した国であった[8]。一方、小学校の学業成績で、大学進学のためのエリート校、実業社会に準備する職業高校、それ以下の成績の学校の三つに分ける三分岐システムを固持しているドイツなどは、いずれも中位もしくは下位の成績しか獲得できなかった。そのドイツでは、「エリート教育を行っているはずのギムナジウムの生徒の成績が、エリート教育を行っていないフィンランドやカナダの上層の成績よりも下回っ」ていた（佐藤、2004、pp. 19-22）。成績による早期の進路の振り分けは、すべての層の子どもの学力低下をもたらす危険性があるのである。

　以上の通り、カリキュラムの自由化によって子どもの学力が低下する危険性が高まっている。さらにここで、カリキュラムの自由化の動向と並行して、義務教育に関わる教職員の人件費の国庫負担が$1/2$から$1/3$に減るなど、教育に対する地方自治体の関与が増大していることにも注意しておきたい。それによって、自治体の財政の格差が教育環境の格差に直結するリスクが高まると同時に、地方自治体の首長の思想が教育委員会の方針に与える影響力も強まっているからである。これは、全国学力・学習状況調査の学校別成績の公開や自治体レベルでの必修科目の設定などに現れている。

　以上の通り、学習指導要領の大綱化によって教育内容の公的基準の枠づけが弱まることが、人の学習権の保障という公教育の理念を阻害し、公教育の機能を空洞化することがないよう注意していく必要がある。選択教科・科目をどの程度設定するかというカリキュラムの自由化の問題は、義務教育終了時点（中学校）や成人の時点（高校卒業）における**共通教養**のあり方の問題

---

[8] 近年トラッキングを導入しているのは、日本の他、韓国、香港、シンガポールなどの東アジア諸国に限られる（佐藤、2004）。

でもある。子どもの主体性を育てる共通教養のあり方とはどのようなものか。今後も考えていく必要があるだろう。

② カリキュラムの自由化を広い視点で見ていく必要がある。

これまで選択教科・科目の増加や学習指導要領の大綱化などに着目して、カリキュラムの自由化を検討してきた。たしかに、学校で教えるべき知識を明示するという、狭い意味での公的なカリキュラムについて見れば、カリキュラムは自由化されてきたといってよいだろう。それでは、カリキュラムの見方をさらに広げて、教師が子どもの学習過程を構想することをカリキュラムのデザインとして捉えてみるとどうだろうか。この面でもカリキュラムは自由化されているといってよいだろうか。

学習指導要領の大綱化にもかかわらず、教師のカリキュラムのデザインには、むしろ統制が強まっている面がある。今日、観点別学習状況の評価によって、教師は「知識・技能」や「思考力・判断力・表現力等」などの評価の観点に沿って授業をデザインすることが求められている。この評価の観点は国レベルで共通であり、国立教育政策研究所において単元ごとの評価規準の例も示されている。つまり評価方法の規定を通して、学習指導の過程と子どもの学習経験は以前よりも強く規制されている面があるのである。

また1993年の公立中学校における外部模試の排除によって、今日高校入試に関する学校の進路指導では模試の偏差値が用いられなくなっている。その結果、私立高校の推薦入試などの基準に関して、調査書の5段階評定（いわゆる内申点）の重要性がこれまでになく高まっている。こうして、高校入試に向けて子どもが主体的に学習することよりも、定期試験の準備をすることが日常的な学習の目標になる現状がつくられている。このことは、日々の学習の積み重ねの点では望ましい反面、範囲の限られた目前の試験の準備に学習の視野を限定する機能をもつ点で問題を抱えている[9]。

以上の通り、教育内容を指定した公的なカリキュラムが自由化しているの

---

[9] その結果、かつての入試問題集が淘汰され、定期試験対策を意識した書き込み式の問題集が書店にあふれることになった（藤澤、2002）。

に対して、実際の学習過程や子どもの学習経験は固定化し近視眼的なものになっている可能性がある。現状の把握と対応については、具体的な学習指導のなかで検討していくべきだろう。

2 国際化・情報化・少子高齢化と低成長への対応

今日、教育課程を編成するうえでは、さまざまな論点がある。国内的には、成人年齢引き下げに伴う選挙民のための教育、防災教育、ジェンダーや経済格差などを視野に入れた平等で開かれた社会のための教育、教育課程外でありながら教師の仕事に含まれている部活動の扱いなどの論点がある。一方、国際的には、ユネスコを中心に展開している持続可能な開発のための教育（ESD）や、アメリカで展開している科学（Science）、技術（Technology）、工学（Engineering）、数学（Mathematics）を重視したSTEM教育などの論点がある。

これら多くの課題のなかで、本節では、現代の教育課程の重点項目として、社会の国際化・情報化・少子高齢化と低成長への対応をとり上げたい。この三つの重点項目への関心は、少なくとも臨時教育審議会にさかのぼることができる。その第4次答申では、明治以来の「追い付き型近代化の時代をこえて、日本人と人類がこれまで経験したことのない新しい国際化、情報化、成熟化の時代に向かうという大きな文明史的な転換期にさしかかっている」という時代認識が示されている（大蔵省印刷局、1988、pp. 269-270）。以下、この三点の背景、内容、課題を述べていこう。

(1) 国際化への対応

社会の国際化への対応が求められている背景には、円高による海外現地生産の拡充、少子高齢化社会の到来による国内市場の先細り傾向と人手不足、海外帰国生の増加、中国・韓国・台湾などの東アジア諸国のインバウンド需要の拡大などが関わっている。それに加えて、経済成長が著しい韓国・中国・シンガポールに比べて、英語圏への留学に求められるTOEFLの平均点が低いことが指摘されている。

国際化に対応した学習指導要領の改訂としては、英語の早期導入がある。総合的な学習の時間が導入された際、領域の例の筆頭に「国際理解」が挙げられたほか、2007年には小学校高学年で外国語活動が導入され、新学習指導要領ではこれが教科化された。

　さらに、高校の英語教育の改革も新学習指導要領の柱となっている。英語のコミュニケーション能力の向上が目指された点は従来通りであるが、聞く・話す・読む・書くの4技能が重視され、外部英語検定試験の導入を核とする大学入試改革が同時に進められている点が特徴である。学習指導要領の大綱化という近年の傾向に反して、高校の英語については、学習指導要領の規定が細かくなっている。必履修科目である英語コミュニケーションIには、旧学習指導要領で同じく必履修科目であったコミュニケーション英語Iにあてられた字数の実に6倍の4,575字がさかれている。

　英語教育に傾斜した国際化への対応には、批判も少なくない。例えば、英語教育の早期化によって母国語の学習がおろそかになるという批判、コミュニケーション志向の英語教育によって、文法の体系的な理解がおろそかになるという批判、国際化への対応が英語教育の推進に傾斜しているという批判などがある（大津他、2002）。TOEFLの平均点の比較に関しても、他国に比べ日本のTOEFL受験者が多いことを無視した信頼性を欠く議論という批判がある。

　なかでも、英語教育に傾斜した国際化という批判は、あたっているだろう。2007年に小学校で導入された外国語活動では、「指導計画の作成と内容の取扱い」の冒頭に「外国語活動においては、英語を取り扱うことを原則とすること」が定められている。国際化への対応を広く捉えれば、日本語の運用能力が十分でないニューカマーの子どもへの対応など、多様な他者と共生するための市民性の教育を推進する必要がある（⇨第9章）。それに加えて、情報発信の前提として日本の伝統文化と現代文化の深い理解が求められることも間違いない。コミュニケーションが成立する前提条件の一つは、相手が知りたいと思う独自なことを私たちが知っていること、すなわちコミュニケーションの必然性にあると思われるからである。これはカリキュラムの全体構造に関わる課題である。

(2) 情報化への対応

　1980年代半ばにパーソナルコンピュータ（PC）が普及し、Windows95による標準的で低価格のPCの登場と、世紀転換期におけるインターネットの発達によって、社会の情報化が展開した。1990年代半ばに普及した携帯電話もインターネットの利用が可能になり、2010年代には、タブレット端末とともにスマートフォンによる情報発信が容易になった。その間、PCや携帯電話で高額な情報サイトにアクセスして課金される問題や、インターネットの掲示板やソーシャル・ネットワーキング・サービス（SNS）への書き込みに起因するさまざまなトラブルが発生し社会問題化した。インターネットの普及による社会の変化は、商取引、金融、サービスなど、生活の全般に及んでいる。

　この情報化社会に対応する教育課程の改革としては、総合的な学習の時間で扱う領域として「情報」が例示されたことや、1989年に高校で「情報」が学校設定教科として例示され、1998年には必履修教科として情報科が新設されたことが挙げられる。以下では、中学校の技術・家庭科の情報領域の変化を見てみよう。

　技術・家庭科では、1989年に11個の領域の一つとして「情報基礎」の領域が加わった。コンピュータの仕組み、基本操作、および初歩的なプログラミングを扱うとされた。ただし、「木材加工」や「家庭生活」がすべての子どもに履修させる領域とされたのに対し、「情報基礎」は選択領域とされていた。

　しかし続く1998年には、「情報とコンピュータ」の領域は必修となっている。しかも、「情報基礎」がコンピュータの仕組みとプログラミングの初歩を教える領域であったのに対し、「情報とコンピュータ」では「生活や産業の中で情報手段の果たしている役割」が内容の冒頭に置かれるなど、扱う内容が広がった（文部省、1998b）。さらに2008年には、領域「情報に関する技術」において「情報通信ネットワークと情報モラル」を中心に学ぶこととなり、知的財産の保護の必要性を扱うことも定められた（文部省、2008）。そして新学習指導要領の「情報の技術」では、「発信した情報に対する責任、及

び社会におけるサイバーセキュリティが重要であること」を教えることや、「生活や社会における問題を、ネットワークを利用した双方向性のあるコンテンツのプログラミングによって解決する活動」を含めることなど、情報発信の能力と倫理の教育に重点が移っている。

情報化社会への対応は、技術・家庭科以外の教科にも及んでいる。中学校の国語科では、「書くこと」の領域のなかで、「社会生活に必要な手紙や電子メールを書くなど、伝えたいことを相手や媒体を考慮して書く活動」が含まれており、数学科では、「データの活用」の領域において、「コンピュータなどの情報手段を用いるなどしてデータを表やグラフに整理すること」などが求められている（文部科学省、2017）。保健体育の保健分野では、「必要に応じて、コンピュータなどの情報機器の使用と健康との関わりについて取り扱うことにも配慮する」とされている。

インターネット社会におけるマナーや危険性を教えるネットリテラシーの教育は引き続き必要であろう。仮想通貨など、新しい金融テクノロジーが開発され、利便性が増すのと同時に、社会階層や地域による情報インフラの格差が増すことで、生活に不都合が生じるいわゆる情報弱者の出現も問題視されている。情報化社会への対応は、国際競争上の観点だけでなく、平等で開かれた社会の実現の点でも重要である。情報機器の使い方の教育ではなく、情報機器というツールを介して、学ぶことそのものの意味を問い直す教育が求められている。

(3) 少子高齢化と低成長時代への対応

少子高齢化と低成長時代を見据えた教育課程の見直しは、生涯教育のプランを打ち出した四六答申（1971）にさかのぼり、臨時教育審議会答申を経て今日まで影響を与えている。その臨教審答申を受けた1989年の学習指導要領において「教育課程編成の一般方針」の筆頭に掲げられたのは、「自ら学ぶ意欲と社会の変化に主体的に対応できる能力の育成」である。ここには、量的拡大による規模の利益が見通せた高度経済成長期が終わり、財政赤字が積み重なったことから福祉国家のプランも維持しがたい状況において、予測しがたい未来を自己責任において切り開く人を育成する方針が示されている。

それでは、少子高齢化や低成長時代の到来という時代状況に対応した教育課程の改革としては、具体的に何があったのだろうか。ここでは、①単位制高校・総合学科などの新しいタイプの高校の設置、②キャリア教育の推進、および③知識量に対する学び方学習および学習意欲の強調をとり上げ、内容、背景、問題点を述べておこう。

① 新しいタイプの高校の設置

　少子化が直接教育課程に影響した例として、1993年頃における新しいタイプの高校の登場がある。高校は、ベビーブーマーの就学を支えるために1960年代から70年代にかけて急増したものの、その後、高校進学が飽和点に達するとともに、不本意入学による中退者の増加などの問題に悩まされた。この間、多くの高校が偏差値によっていわゆる輪切りにされて学校ピラミッドと呼ばれる威信構造を形成するとともに、かつては威信の高かった実業系の高校や70年前後の新設高校はその学校ピラミッドの劣位に置かれた。この状況において、不本意入学による退学者の増加傾向への対応として、特色のある高校の新設が目指された。こうして登場した**新しいタイプの高校**が単位制高校と総合学科である。

　単位制高校は、学年の枠を取り払うことで、子どもの多様な希望に応じた科目履修を可能にした学校である。高校は本来単位制であり、必要な単位の修得によって卒業が認められることになっていたが、1960年の学習指導要領において必履修教科・科目が卒業に必要な単位の大半を占めたこともあり、事実上学年制として運用されていた。その点で、単位制高校は新制高校の原則に立ち返った高校といえる。1988年度から定時制・通信制課程において制度化され、1993年度には全日制課程にも拡大されて今日に至っている。高校総数約5千校に対し、2016年時点で1,007校に達している。単位制高校に関しては、1992年の亀井浩明らの報告において、中退者の減少、選択科目増による子どもの多様性への対応、子どもの自主的な科目選択による学習意欲の向上などの長所が認められた反面で、ホームルーム活動や学校行事の停滞や修得の容易な科目に傾斜した科目選択などの短所が指摘されている（耳塚、1996）。

次に**総合学科**は、普通科、専門学科と並ぶ第三の学科として、1994年4月に制度化され、2016年時点で375校となっている。普通教育を主とする普通科、専門教育を主とする専門学科に対して、「普通教育及び専門教育を選択履修を旨として総合的に施す学科」である（高等学校設置基準第5条第2項第3号）。総合学科では、1998年の学習指導要領で学校設定教科として新設された「産業社会と人間」を、入学年度に必ず履修させることになっている。この「産業社会と人間」は、「社会生活や職業生活に必要な基本的な能力や態度及び望ましい勤労観、職業観の育成」などを指導する教科であり、「就業体験等の体験的な学習や調査・研究」が求められている。就職と進学の両者の進路を想定したキャリア・ガイダンスの教科といってよい。

　ところで、一般に新しいタイプの高校といえば、単位制高校と総合学科に加えて、**中高一貫教育校**も指すことが多い。同時期に制度化された学校であるため、中高一貫教育校についてもここで触れておこう。単位制高校と総合学科が高校の階層的な学校システムを立て直すものであったのに対し、中高一貫教育校は、戦後教育改革期に導入された単線型学校システム（6・3・3・4制）の改変を図ったものである。中高一貫教育校には、一体的に中高一貫教育を行う6年制の**中等教育学校**、設置者が同一である併設型の中学校・高校（高校入学試験は行わない）、異なる設置者が教育課程の編成などの連携を深めた連携型の中学校・高校の3種類の学校がある。1999年に制度化され、現在、中等教育学校52校、併設型461校、連携型82校の計595校が設置されている（2016年度）。特色ある教育課程を編成することができるよう、教育課程の基準の特例が設けられている。

　中高一貫教育校については、制度導入時から受験競争の低年齢化やいわゆる受験エリート校化が懸念されたことから、公立学校の場合には入学者の決定にあたって学力試験を行わない点について、国会で附帯決議がなされた。とはいえ、学力試験に代わって行われる適性検査が入学者の選抜に用いられる点は変わりなく、小学校卒業時における進路の分化を地方に波及させる機能を果たしている。単位制高校や総合学科とは異なり、少子高齢化・低成長時代という時代状況と中高一貫教育校の関係は明らかではない。

　以上の単位制高校、総合学科、中高一貫教育校については、プラスとマイ

ナスの両面を見ておく必要があるだろう。単位制高校や総合学科については、子どもの関心への柔軟な対応を可能にし、中退者を減らす効果をもつ反面、科目の選択制の拡大が結果として子どもの関心の幅を広げる機会を失わせる危険性がある。科目を担当する教員としては、その科目を学びたいという子どもの関心に応えつつ、子どものその時点での関心の外にある事柄も積極的にとり上げることで、子どもの将来にわたる学習の可能性を広げる必要があるだろう。特殊なテーマを扱う選択科目を担当する場合も、そのテーマが成立した歴史的背景やそのテーマを学ぶ必然性が生じた現代という時代を捉え直す広い視野をもちたい。

また、公立の中高一貫教育校については、少ない学費で6年間の体系的な教育を受けることを可能にしている。その一方で、早期の進路の振り分けによって、子どもが学校で接する社会階層が限定され、将来の学習の視野が狭まる危険性があると同時に、**学校システムの複線化**の性格が強まることで、社会の中間階層が分解する危険性をもっている。中高一貫教育校においては、子どもにとって不可視になりがちな他者の存在に気づかせ、社会における豊かな中間階層の意義に触れる必要があるだろう。

② キャリア教育の推進

新しいタイプの高校の導入が学校システムの改革であったのに対し、**キャリア教育**は、少子高齢化と低成長時代への対応が学習指導要領の内容面に与えた影響といえる。1978年の高校の学習指導要領の「総則」には、「教育課程編成の一般方針等」として、以下の通り「望ましい勤労観や職業観の育成」が述べられている（文部省、1978）。

> 4　学校においては、地域や学校の実態等に応じて、勤労にかかわる体験的な学習の指導を適切に行うようにし、働くことや創造することの喜びを体得させるとともに望ましい勤労観や職業観の育成に資するものとする。

この「望ましい勤労観や職業観の育成」が規定された歴史的文脈については、四六答申よりも、それの2ヶ月前に出された社会教育審議会答申（「急激な社会構造の変化に対処する社会教育のあり方について」〔1971〕）に詳しい。

そこでは、「急激な社会構造の変化」が、社会の工業化・情報化の進展、中高年齢層の増大、人口の都市集中、核家族化傾向の増大、国民の学歴水準の上昇の5点で整理されている。望ましい勤労観の要請については、以下の通り人口構造の変化から述べられている（以下、本章における社会教育審議会答申の引用は、すべて『戦後日本教育史料集成　第10巻』〔1983、pp.503-517〕）。

> 年齢別人口構造の変化はきわめて激しく、出生率と死亡率の低下によって、わが国の人口構造は急激に老齢化しつつある。このことは、高学歴化などとあいまって、若年労働者の不足を生み出し、そのため人間能力の開発、人口の質の向上、中高年労働力や潜在労働力の活用などが要請されている。そこから主婦の就労に伴う家庭教育不在の問題、勤労青少年の安易な離転職の問題などが生まれている。

成長の見込めない社会の到来を見据えて、経済界において労働力の確保と労働の質の向上が求められていたことがうかがわれる。合計特殊出生率は、1970年には2.13であったが、1975年にはすでに1.91と2を切っており、人口減少社会の到来が見えていた（厚生省人口問題研究所推計）。

今日、「望ましい勤労観や職業観の育成」は、キャリア教育に包摂されて推進されている。キャリア教育は、1999年の中央教育審議会答申「初等中等教育と高等教育との接続の改善について」において初めて公的に述べられたものであり、「一人一人の社会的・職業的自立に向け、必要な基盤となる能力や態度を育てることを通して、キャリア発達を促す教育」（中央教育審議会、2011）とされている。中学校では職場体験が推奨されるなど、キャリア教育は初等教育から高等教育の全体で行うことになっている。

1978年の「望ましい勤労観や職業観の育成」が離転職の抑制、つまり終身雇用制度の維持を直接的な動機としたのに対し、今日のキャリア教育は、「生涯の中で様々な役割を果たす過程で、自らの役割の価値や自分と役割との関係を見いだしていく連なりや積み重ね」を「キャリア」と捉える幅広い教育活動を指している（中央教育審議会、2011）。キャリア教育が展開した直接的な背景には、バブル経済崩壊後の雇用の流動化によって、非正規雇用の比率が急激に高まったこともあるが、根底には、仕事をすることと生きるこ

との関係を捉え直す**ワーク・ライフ・バランス**の思想が普及したことがあった点が重要である。キャリア教育では、家事に縛られ個として社会的に認められる活動が制約された母親像や、会社以外の人間関係をもたず、子育てからも排除された父親像など、高度経済成長期に定着した性別役割分業とそれに対応した働き方の見直しが求められている。

③ 知識量に対する学び方学習および学習意欲の強調

前節でも見たとおり、カリキュラムの自由化は、学校の授業時数や教育内容の削減として現れている。その一方で、現代の教育課程は、教育内容そのものよりも、学び方学習への傾斜をもたらしている。学習指導要領において、子どもが学ぶべき知識の記述が少なくなる一方で、それをどのような環境で、あるいはどのような学習形態で学ぶかといった学習の仕方への記述の比重が高まっている。これは、少子高齢化と低成長時代への対応と何かしら関わっているのだろうか。

ここでのキーワードも生涯教育である。再度、1971年の社会教育審議会答申を見てみよう。この答申では、「家庭教育、学校教育、社会教育の三者が有機的関係を見失い、学校教育だけに過度の負担や期待をかけたりするという傾向がある」という現状認識に立って、「今日、あらゆる教育は生涯教育の観点から再検討を迫られるといってよい」と述べられている。ここには、学校教育の機能を縮少するプランが打ち出されている。さらに生涯教育の必要については、「現代のごとく変動の激しい社会では、いかに高度な学校教育を受けた人であっても、次々に新しく出現する知識や技術を生涯学習しなくてはいけないという事実から…意識された」とされている。

そして「次々に新しく出現する知識や技術を生涯学習」するために求められたのが学習意欲であった。

> 社会教育の基礎はひとりひとりの自発的な学習意欲であるから、社会教育を振興するためには、（中略）ひとびとの自発的な学習意欲を喚起し、その意欲をみたすような学習の機会や場をできるだけ豊富にしなければならない。

ここでの議論の対象は社会教育である。しかし、「非教育的な影響力が強

すぎて、社会教育がこれに対処しえない」とも述べられている通り、「非教育的な影響力」をもたらすと想定された学校教育の機能を縮少し、「自発的な学習意欲」を喚起するように学校の改変が求められたことがわかる。

　以上の通り、変動の激しい社会の到来から生涯学習の必要が説かれ、その反面で学校教育の機能が縮少されてきたのがカリキュラムの自由化であった。そして、社会の変動に伴って知識の陳腐化のスピードが高まることから、学習意欲や学び方の学習に重点が置かれることになった。

　確かに、社会の将来像が不透明であることから、普遍的な学び方に注目が集まることも理解できる。とはいえ、具体的な素材を欠く学び方の学習は往々にして、空疎な形式的学習に陥る危険性がある。教師としては、教育内容である価値のある文化が成立してきた歴史的文脈を捨象することなく、その文脈と現代を生きる私たちの生活や子どもにとっての学習の必然性をつなぐことが求められる。そのための教材研究と教材開発が今日一層重要性を増しているのである。

　また、制度化した学校が豊かな学習経験ではなく、学習意欲の低下をもたらすというラングランの生涯学習の思想やイリッチの脱学校の思想は、近代学校の影に対する指摘として謙虚に受け止めるべきだろう。とはいえ、教師が子どもに課す課題やハードルが子どもにとって負担となり、学習意欲をそぐ結果になるかどうかは、課題の量やハードルの高さだけで決まるものではない。ある子どもにとって何が可能であり、何は可能でないかは、自分にとってどこまでできるかという、可能性の限界に対する見通しに依存するからである。そして、その見通しに対して、子どもの学習の文脈に対する応答性を備えた親しき他者である教師は重要な働きかけができる（⇨第1章5）。目の前の子どもにとって何が挑戦に値する課題であるかを考える構想力と、その課題を子どもが乗り越える際の学習の見通しとしてのカリキュラムの深い理解が現代の教師に求められている。

（佐藤英二）

──引用参考文献──

池田雅則（2012）「現行の教育課程に込められた政策意図」『兵庫県立大学看護学部・地域ケア開発研究所紀要』Vol.19、17-30頁

大蔵省印刷局（1988）「教育改革に関する答申―臨時教育審議会第一次～第四次（最終）答申―」
大津由紀雄・鳥飼玖美子（2002）『岩波ブックレット No.562　小学校でなぜ英語？』岩波書店
岡部恒治他（1999）『分数ができない大学生』東洋経済新報社
苅谷剛彦（2001）『階層化日本と教育危機』有信堂高文社
倉本哲男（2008）『アメリカにおけるカリキュラムマネジメントの研究』ふくろう出版
＊小林恵（2007）『「学習指導要領」の現在』学文社
齋藤貴男（2000）『機会不平等』文藝春秋
佐藤英二（2018）「『高校受験案内』から見える現代の私立高校の変容」『明治大学教職課程年報』第40号、1-10頁
佐藤三郎（1997）『アメリカ教育改革の動向』教育開発研究所
＊佐藤学（1996）『カリキュラムの批評』世織書房
＊佐藤学（2004）『岩波ブックレット No.612　習熟度別指導の何が問題か』岩波書店
戦後日本教育史料集成編集委員会（1983）『戦後日本教育史料集成　第10巻』三一書房
田中耕治編（2009）『よくわかる教育課程』ミネルヴァ書房
＊田村知子（2014）『日本標準ブックレット No.13　カリキュラムマネジメント』日本標準
中央教育審議会（2008）「幼稚園、小学校、中学校、高等学校及び特別支援学校の学習指導要領等の改善について（答申）」
中央教育審議会（2011）「今後の学校におけるキャリア教育・職業教育の在り方について（答申）」
藤澤伸介（2002）『ごまかし勉強』新曜社
＊藤田英典（2000）『市民社会と教育』世織書房
正木智幸（2008）『高校生の「空き時間」と教育課程』学事出版
耳塚寛明（1996）「高校教育改革と教育構造」耳塚寛明他編著『高校教育改革シリーズⅢ　多様化と個性化の潮流をさぐる』学事出版、88-102頁
文部省（1978）『高等学校学習指導要領』
文部省（1989a）『小学校学習指導要領』
文部省（1989b）『中学校学習指導要領』
文部省（1989c）『高等学校学習指導要領』
文部省（1998a）『小学校学習指導要領』
文部省（1998b）『中学校学習指導要領』
文部科学省（2003）「平成15年度公立小・中学校における教育課程の編成・実施状況調査の結果について」（http://www.mext.go.jp/a-menu/shotou/new-cs/1263169.htm〔2018年11月29日取得〕）
文部科学省（2008）『中学校学習指導要領』

文部科学省（2016a）「小中一貫した教育課程の編成・実施に関する手引」（http://www.mext.go.jp/a_menu/shotou/ikkan/1357575.htm〔2018年9月18日取得〕）

文部科学省（2016b）「平成27年度公立小・中学校における教育課程の編成・実施状況調査の結果について」（http://www.mext.go.jp/a-menu/shotou/new-cs/1263169.htm〔2018年11月20日取得〕）

文部科学省（2017）『中学校学習指導要領』

第 2 部
教師によって経験される
カリキュラム

第 5 章

教師によるカリキュラムづくり
——授業の省察とデザイン

=== 本章のねらい ===

本章では、教室でのカリキュラムの実践のために教師が行う一連の営みをカリキュラムづくりとし、その内容について検討する。カリキュラムづくりの前提として理解しておくべきこととして、教育基本法における教育の目的と目標、学習指導要領の役割などを確認した上で、カリキュラムづくりを支える行為として**省察、デザイン**について検討する。さらに、授業に先立って行うカリキュラムづくりとして、**教材研究、授業計画、学習指導案**づくりについて見ていくことにしよう。

1 カリキュラムづくりの担い手としての教師

　子どもの学びの経験を組織するのは、日々子どもたちと関わり、教育の実践を担う教師である。教師は、教育基本法など教育に関わる各種法令や通知等の規制を受けつつ、学習指導要領ならびに学校の定める年間指導計画などに沿って授業を組織し、実践する。学校の歴史や文化、地域の歴史や産業、自然環境、保護者や地域住民の期待や要望、そして何より子どもたちの実態は、教師が実践を行うそれぞれの文脈によって異なっている。このことは、学習指導要領上では同一の教育内容であっても、個々の教師がどのような意図と目的をもって知識内容と活動内容を組織するかによって、子どもたちの学びの経験は大きく異なってくることを意味している。教師は、カリキュラム（子どもの学びの経験）づくりの主たる担い手として位置づけることができよう。

カリキュラムをつくる行為には、さまざまな要素が含まれる。**カリキュラムづくり**というと、**学習指導案**（教師が授業実践に先立って指導内容を計画し、一定の書式で記載したもの。⇨本章③(3)参照）の作成を想像するかもしれない。しかしながら実際のところ、授業の実践（カリキュラムの実践）に先立って、教師はさまざまな行為を行っている。しかもカリキュラムづくりは、カリキュラムの実践に先立って行われるだけではない。カリキュラムの実践の最中にも子どもたちの反応や理解の度合い等に応じて適宜行われる。本章では、教室でのカリキュラムの実践のために教師が行う一連の営みをカリキュラムづくりとし、その内容について見ていく。

教師がカリキュラムをつくるにあたっては、その前提として、教育基本法など教育に関わる各種法令や通知、学習指導要領を理解していることが必要である。そこでここでは、学習指導要領を参照しつつ、教育基本法における教育の目的および目標などについて確認しておく。

(1) 学習指導要領──教育の目的および目標、学習指導要領の役割──

学習指導要領（文部科学省、2017a、2017b、2018）では、冒頭で教育基本法第1条および第2条をとり上げ、教育の目的と教育の目標を確認するとともに、学習指導要領の役割について明示している。教育の目的と目標は、以下のように記載されている。

> 教育は、教育基本法第1条に定めるとおり、人格の完成を目指し、平和で民主的な国家及び社会の形成者として必要な資質を備えた心身ともに健康な国民の育成を期すという目的のもと、同法第2条に掲げる次の目標を達成するよう行われなければならない。
> 1 　幅広い知識と教養を身に付け、真理を求める態度を養い、豊かな情操と道徳心を培うとともに、健やかな身体を養うこと。
> 2 　個人の価値を尊重して、その能力を伸ばし、創造性を培い、自主及び自律の精神を養うとともに、職業及び生活との関連を重視し、勤労を重んずる態度を養うこと。
> 3 　正義と責任、男女の平等、自他の敬愛と協力を重んずるとともに、公共の精神に基づき、主体的に社会の形成に参画し、その発展に寄与する態度

第5章　教師によるカリキュラムづくり——授業の省察とデザイン　113

を養うこと。
4　生命を尊び、自然を大切にし、環境の保全に寄与する態度を養うこと。
5　伝統と文化を尊重し、それらをはぐくんできた我が国と郷土を愛するとともに、他国を尊重し、国際社会の平和と発展に寄与する態度を養うこと。

　各学校では、こうした教育の目的と目標の達成を目指すとともに、一人ひとりの子どもが「自分のよさや可能性を認識するとともに、あらゆる他者を価値のある存在として尊重し、多様な人々と協働しながら様々な社会的変化を乗り越え、豊かな人生を切り拓き、持続可能な社会の創り手となることができるようにすること」(pp.1-2) が求められるとしている。そのための教育を具体化するのが、「各学校において教育の内容等を組織的かつ計画的に組み立てた教育課程」(p.2) であるとし、各学校による教育課程（計画されたカリキュラム）を位置づけている。教師は、学校によって計画されたカリキュラムに基づき、カリキュラムをつくり実践していくことになる。
　学習指導要領は、こうした教育の理念の実現に向けて各学校で計画される「教育課程の基準を大綱的に定めるもの」である。その役割の一つには、「公の性質を有する学校における教育水準を全国的に確保すること」がある。各学校や教師は、「教育水準を全国的に確保すること」と同時に、「その特色を生かして創意工夫を重ね、長年にわたり積み重ねられてきた教育実践や学術研究の蓄積を生かしながら、生徒や地域の現状や課題を捉え、家庭や地域社会と協力して、学習指導要領を踏まえた教育活動の更なる充実を図っていくこと」(p.2) が求められている。

(2) 2017年の学習指導要領

　2017年に告示された学習指導要領（高校は2018年に告示）は、移行期間を経て、小学校では2020年、中学校では2021年、高等学校では2022年（ただし入学年次から）よりそれぞれ全面実施される。
　今回の改訂では、全教科および領域において従来の知識習得型の学力観からの転換が図られている。具体的には、全教科・領域で**主体的・対話的で深い学び**が志向され、何ができるようになるかという観点から、知識の習得に

とどまらず、学校外でも通用する能力、汎用性のある能力の育成がめざされている。各教科・領域の目標や内容は、①知識および技能、②思考力、判断力、表現力、③学びに向かう力、人間性という三本柱からなる能力（=**生きる力**）で再整理され、こうした能力の育成において教科等横断的なカリキュラムの充実が必要であるとしている（⇨第3章⑤(2)）。

2 カリキュラムづくりを支える行為——省察とデザイン——

教師のカリキュラムづくりを支える行為として、ここでは、省察ならびにデザインに着目する。

(1) 教師の省察という行為

省察の原語である reflection は、熟考、熟慮、沈思、反省、振り返り、リフレクションとも訳され、一般的には何らかの事後に行われる行為として認識されがちである。しかし省察は、行為の事後のみならず、行為の最中、さらに次の行為を志向して行為の前にも行われるものである。

専門家にとって重要な行為として**行為のなかの省察**（reflection in action）を主張したのは、ドナルド・ショーン（Schön, D., 1930-1997）である。ショーンは、1983年に出版した『専門家の知恵——反省的実践家は行為しながら考える』（*The Reflective Practitioner: How Professionals Think in Action*）のなかで**省察的（反省的）実践家**（reflective practitioner）という新しい専門家像を提起した。専門の知識や技術を合理的に実践に適用することで課題に取り組み問題の解決を図るという従来の専門家像（**技術的熟達者**〔technical expert〕）とは対比し、不確実かつ独自の文脈で生起する多様な問題に対し、状況と対話しつつ自身の知識や経験をもとに即興で取り組む専門家像である。ショーンが重視するのは、専門家が自らの置かれた文脈でさまざまな認識や知識を無自覚的に統合し形成する実践的認識であり、行為のなかの省察である。もっとも、行為後に立ち止まって意識的に行う省察、すなわち**行為についての省察**（reflection on action）を軽視しているわけではない。行為についての省察は、行為のなかで瞬時に行った自身の判断を意味づけたり、

問題についての認識枠組みを形成したり、これらを再吟味する機会ともなり得る。ショーンは、行為のなかの省察に軸を置きつつ、行為についての省察との間を行き来し省察し続ける専門家像を構想している。

　省察的実践家という専門家像は、1980年代半ば以降、日本を含む多くの国々の教師教育改革において育成すべき教師像として掲げられている（佐藤、2010）。**省察的（反省的）教師**が目指されているのである。省察的教師の仕事は、「子どもたちがいる複雑な泥沼のような問題状況に身を置き、彼らの学習を援助する活動の意味と可能性を洞察する「活動過程における省察」を展開して、親や同僚や他の専門家と協力して、より複雑で複合的な価値の実現をはかる実践」（佐藤、1997、p.102）ともいわれる。省察的教師という目指すべき教師像を念頭に置きつつ、カリキュラムづくりでは、いつ、何について、どのように省察したらよいだろうか。ここでは秋田（1998）の提示した「教師の成長を支える省察の枠組み」をもとに考えていこう。秋田は、省察の枠組み（①時期、②内容、③談話スタイル、④主体）を以下のように提示している。

① 時期
㋐ 授業のなかで即興的に
㋑ 授業の後に改めて
㋒ これからの授業を志向して授業計画・教材研究として

② 内容
㋐ 学びの場としての授業場面
・技術（この授業方法は有効であったか、いかにできたかと教授方法の有効性を外的な客観的基準で考える）
・実践（子ども、授業者にとっての主観的な意味を考える）
・倫理的価値観（なぜこの教材をこの学習環境でとり上げるのか、なぜこのような場で授業が成立するのかと教材や学校知を倫理的価値観も含めて考える）
㋑ 個々の子どもの発達、子どもとの関わり（縦断的な長期的時間の流れに沿って考える）

㋒　学校という制度、学校文化、政策という人を取り巻くマクロな環境
　㋓　㋐～㋒を通しての教師としての私の「居方」

③　談話スタイル
　㋐　物語の様式（一回性、具体性をもった語り口で行われる。固有名詞の人について、場所、活動、感情、時間の流れが語られる）
　㋑　パラダイムの様式（抽象的一般的命題としての語り口で行われる。主語は匿名、時空間は限定されない）

④　主体（誰と）
　㋐　個人で（教師一人で行う）
　㋑　集団で
　・官僚制的集団（制度的役割関係のなかで）
　・同僚性的集団（自律した専門家としての教師仲間や学校以外の多様な文化を担った人とともに）（秋田、1998、p.255を一部修正）

　教師にとって、授業の過程における省察は重要である。加えて教師は、授業の後、さらに次の授業を志向して授業の前にも省察を行う。省察的教師は、まさに省察し続けるのである。そして、省察の内容は、授業場面についてだけでなく、個々の子どもの変容、教師としての自身と子ども（たち）の関係、授業が実施される学校の文化や制度、政策、これらをめぐる自身のあり方にも及ぶ。省察は、一人で行う場合、他者と集団で行う場合がある。さらに、子どもたちや教師を匿名で扱い一般的な話題として語る場合と、子どもたちや教師を固有名で登場させ物語の様式で具体的に語る場合がある。

(2) 教師のデザインという行為

　デザインは、一般的には、「下絵、図案、素描」、あるいは建築、服飾、工業製品等に関して、「製品の材質や機能および美的造形性などの諸要素と、技術・生産・消費面からの各種の要求を検討・調整する総合的造形計画」（『広辞苑』第六版）を意味している。カリキュラムづくりを支えるデザイン

という行為を、ここでは、諸要素（カリキュラムづくりに関わるさまざまな知識や認識）を総合的に検討し適宜取捨選択や調整を行いアイデアとして形づくることとする。

(3) カリキュラムづくりにおける省察とデザイン

　先に、省察的教師にとって、授業のなかで省察することは重要であるものの、同時に、授業の後、また授業の前にも省察する必要があることを確認した。省察と同様、デザインもまた、授業の前、授業実践の過程、授業の後に行う。省察し、デザインするのである。授業前、教師は、教材の内容などを省察し授業の目的や教材の構造、位置づけを理解したり、適宜教材をデザインする（教材研究）とともに、授業で扱う知識内容と活動内容を組織し、授業の展開をデザインする（授業計画）。こうした授業のデザインは、学習指導案として一定の書式で表現することもある。次に、授業実践の過程では、子どもたちの興味関心、理解の度合い、突発的に発生する問題等を多様な角度からつぶさに省察し、授業の実践が子どもたちにとってより意味のあるものとなるよう瞬時に授業をデザインし実践に反映させる（修正）。授業の過程において、この省察、デザイン、実践という営みは往還的に繰り返される（佐藤、2010、p.117）さらに、授業後には改めて、自身の授業を自身と子ども（たち）の関係、学校制度など人をとりまくマクロな環境をも含め多様な角度から省察するとともに、子どもたちに課した学力評価の結果を踏まえ、次の授業を志向して自身の授業のあり方をデザインする（改善）。授業後の省察は、授業者が個人で行う場合と、同僚らとともに協働で行う場合がある。

　一般に、カリキュラムづくりという行為は、授業の実践に先立って行うこととして認識されがちである。しかしながら省察的教師においては、授業の過程においても自らと子どもたちの置かれた文脈の分析を通じて行われる。そして、授業後に行う省察は、次のカリキュラムづくりにおいて活かされる。一つの授業をめぐる省察とデザインという行為（カリキュラムづくり）は、次のカリキュラムづくりへとつながっていくのである。カリキュラムづくりにおける省察およびデザインは、次頁の図5-1のように説明される。

図5-1　カリキュラムづくりにおける省察とデザイン

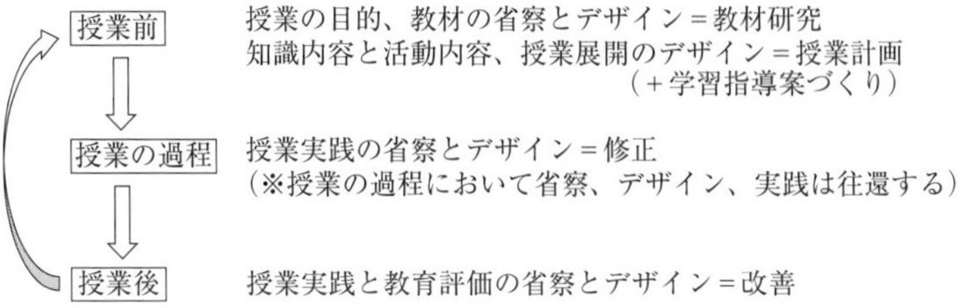

授業前	授業の目的、教材の省察とデザイン＝教材研究 知識内容と活動内容、授業展開のデザイン＝授業計画 　　　　　　　　　　　　　　（＋学習指導案づくり）
授業の過程	授業実践の省察とデザイン＝修正 （※授業の過程において省察、デザイン、実践は往還する）
授業後	授業実践と教育評価の省察とデザイン＝改善

3 授業実践に先立って行われる省察とデザイン

　ここではとりわけ、授業に先立って行われる省察、デザインとして、教材研究、授業計画、学習指導案づくりについて見ていくことにしよう。

(1) 教材研究

　教材研究とは、授業を行うことを前提として、**教具**（教育実践や学習のために用いられる道具）や**教材**（教科書をはじめ、教育内容の表現された具体的な素材）を解釈したり、教材を作成する行為を意味している。**教材の解釈**とは、教材を熟読したり観察することによって教材のもつ意味や構造、位置づけを理解した上で、教材に関連する事項やその背景となる事柄を調べることを指す。一方、**教材の作成**とは、ある教育目的のための教材がない場合、これをつくることを指す。

　教材研究はなぜ必要なのであろうか。むろん、教師にとって授業で扱う教材の内容があやふやや、よくわからないという状態では授業が成立しないから、という理由が一つには挙げられるかもしれない。しかし、それだけではない。ここではまず、教材研究のうちでも教材の解釈がなぜ必要であるかを検討するとともに、そのためには何をしたらよいのかについて考えていく。教材の解釈が必要な理由は、①文化の伝達と構成、②子どものカリキュラム（学びの経験の履歴）という二つの観点から挙げることができる。以下、それぞれについて見ていく。

① 教材の解釈──文化の伝達と構成という観点から──

学校では教育内容として、価値あるものとして選択されたさまざまな文化が扱われる（⇨第2章 ② (1)参照）。教師は、**文化の伝達者**としての役割を担っている。子どもたちにわかりやすくかつ効果的に文化を伝えるためには、専門的な知識をまじえて詳細に解説したり、資料や事例を用いて説明する。そのために、教材の解釈は必要である。

しかし教室での授業において、教師と子ども（たち）、子どもたちの間の相互作用を通じて実際に行われているのは、文化の伝達だけにとどまらない。伝統的な一斉授業では、文化の伝達が中心となっていることが考えられるものの、学習指導要領でも明記されている主体的で対話的で深い学びの組織された授業では、文化の伝達と同時に、子どもたちの間、また教師と子ども（たち）の間では**文化の構成**も行われていることが期待される。例えば、子どもが小グループをつくって仲間と協働で一つの課題に取り組む場面を考えてみよう。子どもは、他の子どもと互いに意見をすり合わせ、他の子どものものの見方（観点、視点）を参照しながら自身の認識を修正しつつ、グループとして何らかの知見を見出している。そこでは、新しい文化が協働で構成されている。あるいは授業のなかで教師と子どもたちのやりとりにおいて、ある子どもから教師にとって思いがけない問いが発せられるかもしれない。子どもの問いは、新たな切り口となり、そこから意見のすり合わせが展開され、教師や子どもたちによって協働で何らかの文化が構成されるかもしれない。こうした授業において教師は、子ども（たち）と協働で文化を構成したり、子どもたちが協働で文化を構成するのを支援する役割を担う。子どもたち相互のやりとりにおいて、あるいは教師と子どもの間のやりとりにおいて、子どもから発せられる多様なものの見方、切り口に瞬時に即興で対応し授業を展開していくためにも、教材の解釈は必要である。

教材の解釈のために、教師は何をしたらよいだろうか。先にも述べたように、教材の解釈とは、教材をよく理解するとともに、教材に関連したり背景となったりしている事項を調べることである。そのためには、まず、何かを参照する必要がある。すべての教科に共通して参照すべきものは、学習指導要領、教科書、資料集、用語集、単語集、参考書、辞書、事典などである。

これらを熟読し、教材の意味や構造を理解し、整理する。教科別では、例えば、社会科や理科、数学では、専門家が一般向けに出版した文庫や新書などの書籍、博物館や科学館、資料館の解説書（パンフレット）、国語では、文法書、作品の出典、作品や著者についての研究論文や一般向けの書籍、外国語（英語）では文法書のほか、主題に関わる書籍などがある。これとは別に、いずれの教科においても、新聞記事、テレビや映画、インターネット上の映像、さらに他の教科書会社の出版した教科書を参照することができる。あるいは、主題に関連した人物や事物にゆかりのある国内外の場所や施設、資料館、博物館、美術館などを直接訪問し、展示物や関係者から学んだり、映像、画像を含む各種資料を入手し、教材の解釈に役立てることが可能である。

② 教材の解釈——子どものカリキュラム（学びの経験の履歴）という観点から——
　カリキュラムの語源には、人生の来歴（course of life）という意味合いが含まれ、現在でもそれに由来する語句（curriculum vitae; 履歴書）が存在する（⇨序章 1 (1)参照）。このことを踏まえ、本書では、カリキュラムを（教師が組織し子どもが体験している）学びの経験の総体（履歴）として捉えている。カリキュラムには、これまで（過去）の子どもの学びの経験、これから（将来）の子どもの学びの経験、過去から現在を経て将来へと至る子どもの学びの履歴（道筋）といった意味合いが含まれるのである。教師は、カリキュラム＝子どもの学びの経験の履歴という観点からも教材の解釈を行う。子どものこれまでの学びの経験を整理し、それを今後の学びの経験へとつなげていくための見通しを立てるのである。

　さて、カリキュラムは四層において認識することが可能である（⇨序章 1 (3)参照）。ここでは、このうちの行為の主体として、教師と子どもに着目してみよう。教師は、制度化されたカリキュラム（学習指導要領）や計画されたカリキュラム（学校の定めた年間指導計画）を踏まえてカリキュラムを実践している。一方、子どもは教師の実践を通じて学習者としてカリキュラムを経験している。そこで、子どものカリキュラム（学びの経験の履歴）という観点からの教材の解釈は、⑦教師によって実践されるカリキュラム（学

びの経験の履歴）、④個々の子どもによって経験されるカリキュラム（学びの経験の履歴）という二つの視点で行う。

⑦ 教師によって実践されるカリキュラムという視点

　実践を通じてこれまで子どもたちに対して提供してきたカリキュラムを把握し整理し、それを今後の実践で子どもたちに提供する学びの経験へとつなげる見通しを立てることを指している。いわば、子どもの学びの経験の履歴という観点からの教材の位置づけについての検証である。

　これを行うために参照すべきものは、教科書（現在扱っている単元の前後の単元）、学習指導要領（対象とする子どもたちの学年の教科の教育目標および内容、前後の学年のもの）、学校で作成された年間指導計画、教師自身の教材研究や授業計画に関するノートやメモ、学習指導案や略案、実践記録などである。

④ 個々の子どもによって経験されるカリキュラムという視点

　自身の実践を通じて個々の子どもがこれまで体験してきたカリキュラムを把握し整理し、それを今後の学びの経験へとつなげる見通しを立てることを指している。子どもの学びの経験の履歴は、一人ひとり異なり、多様である。そこで、個人差に対応するとともに、子どもによっては個別の配慮を行う（⇨第9章参照）。

　子どもの個人差を把握するにあたっては、定期テストや小テストなど各種のテストの解答内容を確認するとともに、授業中の子どもの多様な表現活動（発言、口頭発表、作文やレポート、作品など）を観察したり、授業で使用されているノートなどを回収して確認する。

③ 教材の作成

　文化の伝達および構成という観点、またカリキュラム＝子どもの学びの経験の履歴という観点から教科書や参考資料など、教材の解釈を行い、ある教育目的をデザインしたとしよう。しかしながらそれに適当な教材（ここでは、授業で子どもたちが経験する具体的な素材としての教材を指す）はないかも

しれない。あるいは、さまざまな資料にあたるなか、適切な教材となりそうな素材との出合いがあるかもしれない。こうした場合には、自ら教材を作成することになる。新聞記事や、地域・家庭の身近な素材や資源でありながら意外な知見の得られそうな教材、いくつかのアプローチをもって取り組めそうな教材、多様な解釈が可能な教材など、子どもたちの学年や興味関心、自身の専門などに応じて工夫して作成する。教材の作成には、教師の創造性が問われるといえよう。日頃から教材の作成を意識して、アンテナを張っておくことが重要である。さらに、教材の作成にあたっては、自身の作成した教材が子どもたちの価値観や意識の形成にどのような影響を及ぼし得るかと、隠れたカリキュラム（⇨第10章）について細心の注意を払う必要がある。

(2) 授業計画

通常、一つの**単元**（ある主題をもって組織された教育内容の一まとまりを指す）は複数回の授業に分けて扱われる。教師は、授業を複数回実施することで一つの単元の教育実践を行い、子どもは一つの単元の学習に取り組む。**授業計画**とは、教師が、単元全体の授業展開を構想した上で各回の授業について知識内容と活動内容を組織することである。ここでは、各回の授業計画における活動内容の組織について見ていくことにする（⇨授業における知識内容の組織については、第6章①を参照）。具体的には、学習環境としての机と椅子の配置、さまざまな学習形態の活用の二つをとり上げる。

① 学習環境の整備——机と椅子の配置——

授業を計画する上で、まず、子どもたちの学習環境として机と椅子の配置について考える必要がある。教室に既設の黒板やスクリーン、また授業で組織しようとする活動内容などを考慮しながら、子どもたちの学習に適した机と椅子の配置にする。

図5-2は、机と椅子の配置のバリエーションを示したものである。大半の教室では、子どもたちの使用する机と椅子は⑦のような配置（伝統型）になっている。この配置は文字通り、伝統的な一斉授業に適しており、教師は口頭もしくは板書を通じて子どもたちに対して指示したり知識を伝達しやす

第5章　教師によるカリキュラムづくり──授業の省察とデザイン　123

図5-2　机と椅子の配置のバリエーション

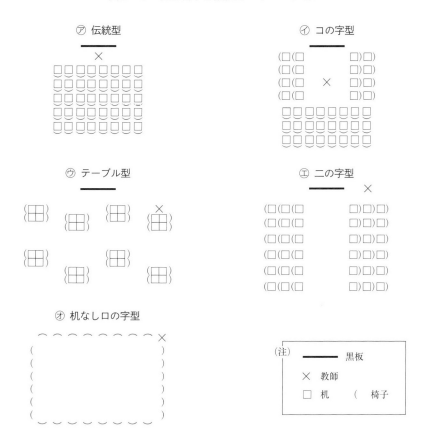

い。子どもたちもまた、一斉に前方を向いていることから前方に位置する黒板や教師に集中しやすい環境となっている。しかしながらその一方で、かりに子どもが教師からの発問に対し、他の子どもと相談したい、あるいは他の子どもの反応を伺いたいという思いを抱いたとしても、そのためには意識的に周囲を見回す必要があり、容易ではない。子どもたちが他の子どもと相談したり自由に意見を交換しやすくするためには、これとは別の机と椅子の配置にすることが一つの方法である。

　教師から子どもたちに対して知識の伝達を行いつつ、適宜子どもたちの間

でも意見交換などでコミュニケーションを促したい場合には、㋑のような配置（コの字型）を検討するとよいだろう。この配置では、子どもたちにとって互いの顔が見えやすい環境になる。あるいは、授業の大半の時間を小グループでの活動を中心に組織していこうとするのであれば、㋒のような配置（テーブル型）をとり入れることもできよう。さらに、子どもたちに対して互いに顔を見合わせながら話し合いの活動を組織したい場合には、机上での作業の要不要など活動内容に応じて、㋓のような配置（二の字型）や㋔のような椅子のみの配置（机なしロの字型）をとり入れてみるのもよいだろう。

　机と椅子の配置は、ここで挙げた以外にもさまざまなものがある。それぞれの配置には、教師と子どもの関わり、子どもたち相互の関わりという点で、強みと弱みの両面がある。活動内容に応じた机と椅子の配置を考慮するとともに、その配置にすることによって生じ得る弱みについて確認し、その対応について検討しておく必要がある。

　② さまざまな学習形態の活用
　学習形態とは、授業中に子どもが課題に取り組む際の規模を指しており、㋐ 個人、㋑ 小グループ（ペアを含む）㋒ 学級全体の三つに分類することが可能である。それぞれ、以下のような内容を指す。

　㋐ 個人
　個々の子どもが各自で課題に取り組む。課題には、例えば、漢字や単語等のドリル学習、演習問題を解く、作文、レポート作成、作品づくりなどがある。

　㋑ 小グループ
　ペア、もしくは3～4人程度で小グループを形成し、その小グループで課題に取り組む。場合によっては、10人程度のグループを形成することもある。課題には、例えば、話し合い、ロールプレイ、シミュレーション、実験、実習、作品づくりなどがある。

㋒ 学級全体
少なくとも、以下の三通りが挙げられる。
㋒-1）学級の子どもたちが一斉に課題に取り組む。課題には、例えば、一斉音読、一斉暗唱などがある。
㋒-2）学級の子どもたちのうち一人もしくは複数の子どもたちが課題に取り組む。他の子どもたちは、それを見聞きして学ぶ。課題には、例えば、発言、暗唱、個人ないしグループ発表、丸読み（一文ずつの音読）などがある。
㋒-3）教師の指示のもと子どもたちが互いにやりとりを行う。教師はそれを適宜調整する。課題には、例えば、話し合い、ディベートなどがある。

　個人、ペアを含む小グループ、学級全体というそれぞれの規模での課題への取り組みには、それぞれ強みと弱みがある。例えば、㋐個人での取り組みでは、子どもは課題を自分のものとして取り組むので、試行錯誤を経験したり、一定時間内での時間配分のし方を学ぶ機会をもつことができる。その一方で、課題に取り組む過程で一度壁にぶつかると、一人ではその先にはなかなか進めない可能性がある。また、取り組みによって得られる成果や知見は、豊かな場合であれ、豊かでない場合であれ、自分自身のものしか知り得ない。
　一方、㋑ペアないし小グループでの取り組みでは、子どもたちは互いに認識や理解、アイデアやイメージをもちよりすり合わせることで、自身の考えや理解をより深めることが期待できる。また、学級の大勢の子どもたちの前では発言するのが苦手な子どもでも、小グループのなかでは発言し、他の子どもと意見を交流しやすくなることも期待できる。その一方で、ペアや小グループのメンバー構成によっては発言や作業分担に偏りが生じたり、グループ内でかりに課題の取り組み方法を誤っていても気づかずそのまま取り組むという事態が起きる可能性がある。さらに、最終的にそれぞれの小グループによって得られる成果や知見にはばらつき（多様性）が生まれる可能性がある。個人での取り組み同様、小グループでの取り組みによって得られる成果や知見もまた、豊かな場合であれ、豊かでない場合であれ、自分たちのグ

ループのものしか知り得ない。

　㋒学級全体での取り組みのうちとりわけ２）、３）では、子どもたちは学級の他の子どもたちの認識や理解、アイデアの多様性を味わうことが可能である。自身の認識やアイデアを大勢の仲間のものと比較し吟味し、自身の認識やアイデアを洗練させることが期待できる。その一方で、発言の場面では、教室で大勢の仲間の前で発言することに躊躇する子どももいるかもしれない。

　このように、㋐個人、㋑小グループ、㋒学級全体というそれぞれの学習形態には、強みがある一方で何らかの弱みがある。各単元、各回授業では、子どもたちに経験してほしい知識内容と活動内容をもとに、それぞれの学習形態の強みを踏まえて学習形態を選択する。ただしその一方で、それぞれの学習形態における弱みを補い、子どもたちの学びの経験の質を高める必要がある。それは、一回の授業の過程で（または複数回授業にわたって）一つの学習形態のみを採用するのではなく、学習形態を複数組み合わせることによって可能となる。組み合わせには、例えば、以下のようなものが挙げられる。複数の学習形態を組み合わせることで、授業の展開にはうねり、動きが生まれることが期待できる。

　＊例１：中学理科「セキツイ動物」
　　学級全体　基本的な知識内容の伝達、問いの提示〜「セキツイ動物の五つのグループの共通点と相違点は何か」（小グループごとに脊椎動物の１グループを担当しその特徴を調べる）
　　　　⇓
　　小グループ　調べる・話し合い、ポスター作成
　　　　⇓
　　学級全体　グループごとのポスター発表、全体で話し合い、教師によるフィードバック
　　　　⇓
　　個人　家庭学習として、セキツイ動物について自身の学んだ内容を整理

＊例2：中学社会科「経済のグローバル化」
　学級全体　基本的な知識内容の伝達、複数の映像資料の視聴、小グループで取り組む課題の提示〜「経済のグローバル化は私たちの生活にどのような影響を与えているか」
　⇩
　個人　自身の見解をノートに書く
　⇩
　小グループ　互いに自身の見解をもちよって話し合い
　⇩
　学級全体　各グループが話し合いの経過や結果を報告、全体で話し合い、教師のフィードバック
　⇩
　個人　各グループの発表を踏まえて自身の考えをまとめる

③　小グループでの課題への取り組み——協働学習の組織——

　さまざまな規模の学習形態のうち、近年、授業研究において注目を集めているのは、㋑（3〜4人程度からなる）小グループによる課題への取り組みであり、**協働（協同）学習**と呼ばれるものである。そこで、ここでは協働学習について確認しておこう。協働という語句には、グループの構成員が対等な関係のなかで互いに協力し一つの課題に取り組むという意味合いが含まれる。したがって、協働学習は、小グループをつくって、そこで各自が個別に自分の課題に取り組むというものではない。協働学習を通じて、**互恵的な学び**の実現、すなわち「相互の協同によって個人では達成できないより高度でより豊かな学びを遂行すること」（佐藤、2010、p.103）が可能となる。秋田（2012）は、協働学習の強みとして、以下の五つを挙げている。

　㋐　豊かな知識ベースの確保：集団全体として利用可能な知識が増える。
　㋑　グループ（徒党）意識と授業への参加動機の高まり：同じ課題に向けて意見や活動を共有することで、グループ意識が高まる。また、やりとりをすることで集団活動や授業への参加動機が高まる。

㋒ 自己の認知過程や思考のモニタリング（評価調整）：相手の反応（うなづき、指摘など）を手がかりとして、モニタリングができる。またグループ内で一方が語り他方が応答するといったやりとりによって、互恵的な感覚が育つ。
　㋓ 理解の深化と発展：互いに説明や質問を行うことで自身にとって不明確な点が明らかになったり、より深く理解できるようになる。また、新しい知識や考え方が共同生成される。
　㋔ 仲間からの援助や救い上げ：学習に関心をもてない子ども、課題を明確に理解していない子どもなど、学習体勢に入る前の段階の子どもが、仲間の援助によって学習に入れるようになる。（秋田、2012、pp.143-144）

　もっとも、こうした強みは、小グループでの活動を組織すれば自ずと生まれてくるというわけではない。教師は、小グループを編成し協働学習を組織する際には、メンバー構成に留意するとともに、授業中の課題への取り組みの過程では、各グループを巡回し、各グループのメンバーの取り組みや参加の状況、グループ内でのメンバーのやりとりの内容をつぶさに観察し、適宜指導することが重要である。

(3) 学習指導案づくり

　授業計画は、学習指導案（授業案、教案とも呼ぶ）として一定の書式に沿って文章にする場合がある。通常の授業において教師たちは、学習指導の大まかな要点を略案という形でメモ書きし、利用することが多い。その一方で、同僚教師や研究者らと協働で授業研究を行う際などには、学習指導案を作成する。学習指導案は、授業者や授業参観者が授業の過程や授業後に授業の実践を省察する際、参考資料として活用する。
　学習指導案は、各自治体教育委員会や各学校で一定の書式を設けている場合が多い。そのため地域や学校ごとに相違点はあるものの、大まかにいって次の項目からなる。

学習指導案の項目

1. 題目「〇〇（教科名）学習指導案」
2. 日時、指導学級名（人数）、授業者名、場所
3. 単元名
4. 使用教材（教科書、資料集など）
5. 単元の指導目標（学習指導要領を参照しながら、子どもたちに身につけさせたい力を具体的に箇条書きで明記）
6. 単元の評価規準（評価の観点は、教科によって異なる。⇨第7章①(3)参照）
7. 指導観
   ① 単元観（単元のもつ教育的意義）
   ② 児童生徒観（子どもの興味や知的関心、授業への参加態度など）
   ③ 教材観（教材や教具、教室環境、その他授業で利用可能な資源等の活用方法）
8. 単元の指導計画と評価計画（全〇時間）
9. 本時の指導計画（全〇時間中の第□時間目）
   ① 本時の目標（単元の目標達成のために、本時で達成したい目標）
   ② 準備
   ③ 本時の展開（導入⇒展開⇒まとめ・整理という時間の流れに沿って、子どもの学習活動、指導上の留意点、評価基準と方法を明記）
   ④ 本時の評価計画

(4) 授業における教師の行為

　最後に、カリキュラムづくりにおいて留意したい授業における教師の行為として、①語ること、②聴くこと、③問いを発すること（発問）、④つなぐことの四つを確認することにしたい。

① 語ること

授業を進めるにあたって、教師は語る。その目的は、一つには、知識を伝達することにある。しかしそれに加え、知識を構成するために語るという構えをもつことが重要である。

このことは、単に、従来の知識伝達型の一斉授業のなかに小グループ活動をいくつか盛り込むといった活動の組織のあり方をいっているのではない。従来の知識観や授業者としての役割観を転換するとともに、授業の過程における教師と子ども（たち）、子どもたち相互のコミュニケーションを対話的コミュニケーションへと転換していくことを意味している。

② 聴くこと

教師、子どものいずれにとっても、他者の発言を聴くという行為は重要である。他者の発言を聴くことができてはじめて、①で挙げた知識の構成は可能になるからである。ここでいう他者の発言を聴くことができることとは、聴く態度ではなく、聴く力のことである。他者の発言の内容を発言のつながりのなかで自身の理解ともいかに関連づけて聴きとることができるか（秋田、2012、p.91）が問題となるのである。

教室で教師と子ども、子どもたちの間で聴き合う関わり（佐藤、2010）を築くためには、まず教師が子どもたちのロールモデルとなるよう、子どもの発言を聴く。その際、それぞれの子どもの発言におけるアイデアやイメージの**著者性**（authorship）を尊重することが大切である。著者性とは、「一人ひとりが著者である」という発想である。ある発問に対する子どもたちの発言の一つひとつは、かりに似通っていても、そうした考えをもつに至った理由、発言の根拠は一人ひとり異なるはずである。個々の子どもの発言に対して敬意をもって応じたい。同時に、個々の子どもにとって自身の発言が敬意をもって聴かれていると実感できる環境をつくることが重要である。

③ 問いを発すること（発問）

授業における教師の発問は、授業の展開の方向を決定づける大切な行為である。発問の形式には、大きく分けて二通りある。「はい」「いいえ」、「もっ

と多い」「もっと少ない」といった**限定した回答を求める問い**（closed question）と、「なぜ〜？」、「どのように〜？」といった発問によって**自由な回答を促す問い**（open-ended question）である。発問には、子どもの知的関心を引き起こしたり、子どもの認識の有無を確認したり、子どもたちをより深い探究へと誘ったりと、さまざまな目的がある。目的に応じて、発問の形式や内容をデザインする。

④ つなぐこと

　授業における教師のつなぐという行為もまた、授業の展開の方向を決定づける大切なものである。具体的には、授業実践の行われる教室の文脈に即してどのような知識内容と活動内容を組織し、どう授業を展開するかという問題である。さまざまな知識内容や活動内容を組み合わせることで、授業の展開には動きが生まれる。

　授業中、子どもが何らかの発言をすれば、教師はそれに対してさまざまな発話行為をつなぎ、授業を展開する。どのような発話行為でつなぐかを判断するにあたっては、②の聴く行為が関わってくる。子どものこの発言は、何を根拠とするのか（教科書等教材の内容のどこに根拠をもつのか、他の子どものどの発言を受けているのか、その子ども自身の以前のどの発言に関連するのか、など）。子どものこの発言は、この授業で子どもたちに経験してほしいと考える知識内容や活動内容とどう関連づけられるか。こうしたことを思考しながら子どもの発言を聴き、瞬時に判断し、次の発話行為へとつなげるのである。

（金井香里）

――引用参考文献――

　秋田喜代美（1998）「実践の創造と同僚関係」佐伯胖・黒崎勲他編『教師像の再構築』岩波書店、235-259頁
＊秋田喜代美（2012）『学びの心理学　授業をデザインする』左右社
　天野正輝編（1999）『教育課程重要用語300の基礎知識』明治図書出版
＊佐藤学（1997）『教師というアポリア　反省的実践へ』世織書房
＊佐藤学（2010）『教育の方法』左右社
＊Schön, D., (1983) *The Reflective Practitioner: How Professionals Think in Action*,

Basic Books.（＝2001・佐藤学・秋田喜代美訳『専門家の知恵－反省的実践家は行為しながら考える』ゆみる出版、2007・柳沢昌一・三輪建二訳『省察的実践とは何か──プロフェッショナルの行為と思考』鳳書房）
＊文部科学省（2017a）『小学校学習指導要領』
＊文部科学省（2017b）『中学校学習指導要領』
＊文部科学省（2018）『高等学校学習指導要領』

第6章

教師の学び、教師の省察と成長

=====本章のねらい=====

教師の学びは、**授業のデザイン、カリキュラムのデザイン**を通して、子どもたちの学びの深まりと発展に大きな影響を及ぼす。知識基盤社会において、教師に求められている仕事は、あらかじめ決められたカリキュラムを子どもたちに伝達することにとどまらず、一人ひとりの子どもたちの学び方に応じてカリキュラムを編み直しながら、**教室の学びの文化を創造する**ことである。この章では、**教師の各キャリア・ステージにおける学び**の具体的な様相を辿ることにより、教師の成長を支える**教師の学びと省察**について考えていきたい。

1 教師の知識と省察

(1) ショーマンによる授業を想定した教科内容知識 (pedagogical content knowledge)

創造的な授業を行うために教師に求められるのは、どのような知識だろうか。授業を行うためには、まず**教える方法についての知識**（pedagogical knowledge）と**教える内容についての知識**（content knowledge）の両輪が必須である。このうち、教える方法についての知識には、子どもの発達や学習についての理解の層がある。学び手、すなわち、子どもを知ること、より具体的には、子どもの発達の諸様相や子どもの学びの多様性を認識し、子どもの学びと成長に対する確かな見通しと深い信頼感を育むことは、あらゆる教育方法の根底に位置づいている。

他方、教えるためには、教える内容についての知識が必要である。自分自身が不案内な内容を他者に教えることは極めて困難である。したがって、教職に就くには、自らの専門教科の内容についての知識を十分に習得していることが求められる。その上で、実際に教える教科内容の水準を超えて専門的な知識を探究的な方法で学び続けることにより、子どもの多様な学びに的確に応答し、深い学びを引き出す前提条件が準備される。子どもたちの深い学びを引き出している教師のなかには、ある領域において研究者レベルの知識を有する人々もいる。また、創造的な授業のデザインは、自らの専門教科の知識にとどまらず、関連領域の知識から生み出されることも多い。関連領域にも広く関心をもち、自らの専門的な知識を拡張することで、授業のデザイン、カリキュラムのデザインの幅も広がるのである。

　ところで、アメリカの認知心理学者のリー・ショーマン（Shulman, L., 1938-）は、教師に必要な知識として、教える方法についての知識と教える内容についての知識を超えた、**授業を想定した教科内容知識**（pedagogical content knowledge；以下、PCK）という概念を提示している。**PCK** は、教師の授業デザイン、カリキュラム・マネジメントにおける鍵となる概念である。

　ショーマンは、授業を行う過程で用いられる教師の知識について、以下のように図式化して提示している。それは①理解（comprehension）→②翻案（transforming）→③指導（instruction）→④評価（evaluation）→⑤省察（reflection）→⑥新たな理解（new comprehension）というものである（八田、2008）。ここでの理解とは、教える内容についての知識を十分に咀嚼し、そのなかから授業で教えるべき内容や教材を選出するとともに適切な学習目標を設定し、これらの全体を教師が明確に把握することである。この理解を前提として行われる次の過程が、翻案であり、ここで働く教師の知識がPCK である。すぐれた教師たちは、教室の一人ひとりの子どもたちの生きた学びの経験につなげるために、教育内容や教材をさまざまな角度から吟味し、固有の授業のデザインを作成している。

　この翻案を行う時、教師は、教育内容だけを考えているわけではなく、教育方法だけを考えているわけでもない。具体的な教育内容、教材と一人ひと

りの子どもとの出会いの風景を想像しながら、教材を配布するタイミング、学習課題の一言一句、学び合うための机の配置などを構想している。このような度重なる熟考と実践の往還によって生み出される知識がPCKである。

ショーマンは、PCKの概念を提示することによって、教師の専門的知識が、ある特定の教育内容をある特定の子どもたちに教えるという具体的な文脈において発揮されることを示した。教科を教えるにあたって教師に必要とされる知識は、具体的な教育内容に即して、目の前の子どもたちの学びを引き出し、その学びを発展させ得る授業をデザインする知識であるといえる。

翻案によって、授業のデザインを準備した教師は、そのデザインをもとに、指導、すなわち授業を行う。そして、授業のあと、子どもたちの学びの評価を通して、教育実践の省察、すなわち授業の振り返りを行う。この一連のサイクルを経たのち、新たな理解に入り、次のサイクルが始まるのである。

この一連のサイクルのなかで、教師の学びを支える中心となるのが省察である。教師の知識は、教育実践の経験とその振り返りの積み重ねによって、組み替えられる。教師にとっての省察とは、教育実践の後に行われるだけではなく、教育実践の前、教育実践の最中においても行われる自己内対話による学びなのである。

(2) 教師の対話と省察

教育実践が終わった後の振り返り、すなわち、教育実践に対する省察は、教師の学びがもっとも深まる時間である。アメリカの哲学者のドナルド・ショーン（Schön, D., 1930-1997）は、臨床的な経験から学ぶことで専門的な知識を組み替え、再構築し続ける新しい専門家像を、**省察的実践家**（reflective practitioner）として定義している。教師もまた、省察的実践家として、子どもたちの学びを通して、自らの教育実践を振り返り、学び手がどのような学びを経験しているのかという視点から、自らの教育実践のデザインを検証し、新たな教育実践のデザインの組み替えにつなげることが求められる（⇨教師の省察という行為については、第5章②(1)も参照）。

ところで、教師の省察は、自己内対話として行われるだけでなく、授業研

究会における語りや同僚との対話によっても行われるものである。ここで教師間の対話を通して省察が行われた一つの具体例を挙げよう。井上先生（仮名）は、世界史を通して、子どもたち同士が学び合い、深く考える授業を目指している新任の高校教師である。ある日、高校1年生を対象とした授業において、太平天国の乱後の清の洋務運動について説明し、清の近代化と日本の近代化の違いについて考えさせる課題を出した。配布された年表や資料を用いて課題に取り組むグループワークを通して、子どもたちからは、二国の近代化の帰趨を分けたものとして、日清戦争とその後の賠償金が重要な意味をもったのではないかという意見と、清のほうが旧来の社会体制が堅固だったのではないかという意見が出された。井上先生は、子どもたちから出されたこれらの意見を評価して授業を終了した。

　授業が終わって、社会科準備室に戻った井上先生は、先輩の浦田先生（仮名）に、子どもたちの話し合いは活発に行われたけれども、一人ひとりの子どもの学びは今一つ深まらなかったとつぶやいた。浦田先生は、井上先生に、なぜそう思ったのかを尋ねた。井上先生は、日本の近代化が成功したのに対して清の近代化は失敗に終わったという認識に子どもたちの多くがとどまっていたようだった、と振り返った。

　これを聞いた浦田先生から、洋務運動という教育内容を単独で考えるのではなく、例えば、辛亥革命までの射程をもったより大きな単元構成のなかでカリキュラムのデザイン、授業のデザインを考えてみたらどうだろうか、というアドバイスが出された。

　確かに、今までのデザインのように、洋務運動のみ、あるいは長くても日清戦争までのスパンで捉えるならば、清の近代化は失敗に終わったという結論で学びが終結してしまう。だが、辛亥革命までというスパンで捉えると、新たな学びの視点が生まれてくる。これに加えて、日中戦争、第二次世界大戦まで射程に入れるならば、日本の近代化についても成功という一言では片づけられなくなる。浦田先生のアドバイスをきっかけとして、授業のデザイン、カリキュラムのデザインの重要性に気づいた井上先生は、続く授業において、日本に留学して日本の近代化から学んだ孫文の三民主義について扱ってみることにした。すると、洋務運動にはじまる清の近代化は清の終焉と中

華民国の樹立につながり、時期に差はあるものの、開国が江戸幕府の終焉と明治政府の樹立につながった日本の歩みと共通する点も多いことを、子どもたちはつかんでいったのである。教師の対話と省察によって、授業のデザイン、カリキュラムのデザインが編み直されて、その結果、子どもたちの東アジアの近代化についての認識も厚みをもち、世界史的な視点も深まったのであった。

　成長を続けている教師は、自らの教育実践に対して、自己内対話や信頼できる他者との対話を通して、つねにこのような振り返りを行い、授業のデザイン、カリキュラムのデザインの組み替えを行っている。ショーマンが提起したPCKと学びのサイクルは、授業を支える教師の知識が学びと省察によって日々組み替えられていることを概念化したものである。子どもの学びの内容と質をフィードバックすることによって、新たな教育内容、教材の理解が生まれ、新たな授業のデザイン、カリキュラムのデザインが創造され、授業は子どもたちの学びをより深く引き出せるものへと組み替えられるのである。

　つまり、教師は自らの思考のなかに子どもたちの多様な思考を包摂し、教育内容、教材との対話を重ねることによって、一つひとつの教室に固有の授業デザイン、カリキュラムのデザインを生み出しているといえる。このデザインに基づいて実際に授業を行うことにより、一人ひとりの子どもたちの経験としての学びのカリキュラムが生成される。その後、一人ひとりの子どもたちのなかで生成した学びのカリキュラムの内容と質を省察することによって、教師は新たな授業デザイン、カリキュラムのデザインに向けての編み直しに踏み出すのである。

　それでは、これから教師の各キャリア・ステージにおける学びの様相を見ていきたい。

2 新任教師の学びと成長

(1) 新任教師の学びと成長

　新任期の教師の学びは、いくつもの大きな転換を伴っている。これまでの教えられる立場から教える立場への転換、あらかじめ準備された授業に身体を合わせる立場から授業をデザインし組織する立場への転換によって、経験される教室での風景もまた180度変わってくる。

　新任教師が一人前の教師になるためには、いくつもの乗り越えなくてはならない課題が存在している。新任教師の学びは、その多くが、実際の学校、教室での具体的な教育活動の場面において生じるため、その学校生活は、学びの連続であるともいえる。

　新任教師は、教師の仕事について、日々の子どもたちとの関わりから学び、先輩や同僚の教師たちから学んでいる。この両輪を軸としながら、ある時には校内研修会で、またある時には校外の研修会で学び、さらにはインフォーマルな研究会や書物からも学んでいる。それでも、新任教師の多くは、授業において子どもたちの学びを思ったようには引き出せないという**リアリティ・ショック**を経験する。これは若い教師にとって厳しい経験であるが、ここで直面するリアリティ・ショックは、その後の新任教師の成長につながる重要な契機でもある。リアリティ・ショックを乗り越えることによって、自らの**教職アイデンティティ**（何をもって自分自身が教師であるといえるのかという個人的かつ社会的な教師としての存在証明）がより確かなものになる場合も多いからである。それでは、具体的な事例をもとに、新任教師の学びの世界を垣間見ることにしよう。

(2) 新任教師の葛藤と挑戦

　村松英高先生は、世界史を専門とする高校教師である。進学校での被教育体験をもち、高校時代は大学受験のための講義形式の授業を受けてきた。ところが、新任教師として赴任することになったのは、子どもたちの大多数が

大学に進学しない進路多様校であった。したがって、自分が受けてきた授業をそのまま行っても、目の前の子どもたちに響かないことは明らかだった。

このことを理解していた村松先生は、先輩教師のアドバイスを受けて、「地歴公民科の専門的な知識を教えるのではなく、地歴公民科という教科を通じて生徒一人ひとりを育んでいくことを念頭に、授業をしていくことを心に決め」（金子・髙井良・木村、2018、p.70）、教職1年目を踏み出したのであった。

しかしながら、その歩みは決して平坦なものではなかった。1年目に担当した3年生は、初めはグループ学習に積極的に参加していたものの、2学期になると、態度が豹変した。何のことはない。1学期の成績は、就職や進路に響くものだから、真面目に授業に参加していただけのことだった。学びそのものによって授業につながっていたのではなく、評価のためにつなぎ止められていたのである。つまり、そこには隠れたカリキュラム（⇨第10章）が働いていたのである。結局、1年目の後半は、協働学習のような面倒なことはもうやりたくないという子どもたちの声に押されて、穴埋めプリントと講義というかたちで、子どもたちの表面的な要求に合わせた授業を行うことになった。

2年目は、初めての担任を経験し、担任としてのさまざまな指導に忙殺されて、授業のデザイン、カリキュラムのデザインを組み替える挑戦は後回しになった。しかし、授業を何とかしたいという思いは、ずっと村松先生の胸の内にあり、3年目に初めて専門の世界史を任された時、自分の授業を変えるための思い切った挑戦に踏み出したのである。

毎回の授業のスタイルを、①概要の説明→②学習課題の提示→③グループワーク→④全体での共有→⑤プリントでの学習内容の確認、というものに組み替え、子どもたちの学びを中心に据えることを試みた。ところが、このスタイルの授業の導入後、初めのうちは子どもたちの学びが盛り上がったものの、次第に尻すぼみになってきた。そして、定期試験の出題内容の多くがプリントの内容からのものであったため、子どもたちはプリントを機械的に暗記するようになっていた。村松先生は子どもたちの日々の学びの様子と答案を前に、自分自身の授業のあり方と向き合うことになった。

この省察の結果、授業での子どもたちの活動が学びではなく作業になっており、自らが心に決めた理想とは大きく隔たっていることを突きつけられた。そして、「目の前の生徒の力を何としても伸ばしたい、その一心で、授業方法を大きく変える決断を」（金子・高井良・木村、2018、p.74）したのである。

　そこで、村松先生は、思い切って1年目から使ってきた穴埋め形式のまとめプリントを廃止することにした。これは大きな勇気がいることだった。なぜならば、教師のみならず、子どもたちもこのプリントに頼ることで、安心感を得ていたからだ。プリントを廃止することは、一時的にせよ、教師も子どもたちも寄る辺ない不安な状態に立たされることを意味していた。

　思い切った決断から生み出された新しい授業のスタイルは、①グループで資料を読んで問いを立てる→②グループで探究し問いに答える→③問いとその答えを全体に共有する→④各グループのキーワードを拾って学びをつなぐ、というものであった。子どもたちには、授業での学びをノートに記した上で定期試験に持ち込むことを認めた。毎回の授業は、子どもたちの疑問とそこからはじまる学びを中心に据えたものとなり、定期試験もより探究的なものとなった。

　その結果、子どもたちの教科書や資料の読みは以前よりも探究的なものになり、子どもたち同士の学び合いもより濃いものとなった。教科書や与えられた資料だけではなく、教室に置かれている資料を手にとって学ぶ子どもたちも出てきた。もちろん、すべてが順風満帆だったわけではない。子どもたちからは、以前の授業のほうが定期試験の準備が楽だったという不満の声も挙がった。しかしながら、授業のデザイン、カリキュラムのデザインの組み替えは、先輩教師の実践に学びながらも、2年間にわたってその構想を温めたものであった。そして、自らの信念、アイデンティティと深く関わるものであったから、村松先生には、これを貫く覚悟と実現するための見通しが準備されていた。教室のなかで、子どもたちの不満と向き合い、この授業のデザインに至った自らの思いと願いを伝えると、それを支持する声も出て、クラスの子どもたちはすっと学びに向かったのである。

　村松先生は、このような教職3年間の貴重な経験を経て、一人ひとりの子

どもたちの学びを保障する授業のデザイン、カリキュラムのデザインを準備する専門家として、その第一歩を踏み出している。

(3) 新任教師の学びをもたらしたもの

村松先生の学びは、先輩教師との出会いとそこからの学びに始まっている。新任教師にとって、高い次元の学びと出会うことは、成長の大きな契機となる場合が多い。先輩教師に触発された質の高い授業への憧れは、授業のデザイン、カリキュラムのデザインを深めたいというモチベーションを生み出している。

そして、そもそもすべての子どもたちが学び合い、探究する授業というものは、村松先生自身、漠然とした形であっても、心の深い部分で求めていたものであった。そのため、この憧れは、目指していた教職アイデンティティと調和するものであったといえる。そのため、付け焼き刃の知識ではなく、自分自身が納得し、子どもたちにその意味を説明できる知識に支えられた協働的な学びを実現する授業のデザインを準備することが可能になったのである。

新任教師の学びは、大別すると、目の前の子どもたちの学びが深まっていかないという葛藤から生じる場合と、質の高い授業との出会いと憧れから生じる場合がある。村松先生の事例では、後者の憧れから始まり、その途上で、前者の葛藤を経験し、それを乗り越えることによって、授業の改革を実現するという形で、経験されている。

教師にとって、変わらなくてはという思い、変わりたいと思う気持ちは、決定的なものである。新任教師の学びと成長は、こうした思いに支えられて、自分の授業を深く見つめ直すところから始まるのではないだろうか。

3 中堅教師の学びと成長

(1) 中堅教師の学びと成長

中堅期の教師の学びは、一人ひとりのこれまでの経験に対応して多様性を

帯びている。これまでの学びの延長上にさらなる学びが展開することもあれば、仕事のルーティン化により停滞と危機が生じてそこから新たな学びが不可欠になる場合もある。さらには、すでに教職アイデンティティを確立した教師であっても、新しい学校への異動、新しい子どもたちとの出会いなど、これまでの方法では通用しない状況に直面して、自らの教育実践のスタイルの変容を余儀なくされる場合もある。

　教職生活の後半においても成長し続けている教師たちは、中堅期において深い省察と変容を経験している場合も多い。キャリアの途上での授業観、子ども観の再構築は、教師としての成長と熟達において欠かせないものである。これから中堅教師の学びの世界の一例を垣間見ることにしたい。なお、ここではおおよそ30代～40代前半（あるいは教職経験10～25年程度）の時期を中堅期と見なしている。

(2) 中堅教師の変容と探究

　1990年代にNHKで放映された『若き教師たちへ』は、青森県十和田市立三本木小学校の伊藤功一校長の教職生活における最後の一年間を追ったドキュメントである。伊藤校長は、哲学者の林竹二の影響を受けて、教師にとってもっとも大切なことは教えることよりもまず自らが深く学ぶことであるということを正面から受け止め、授業研究によって教師たちの成長を支えた人物であった。

　さて、『若き教師たちへ』では、授業づくりに試行錯誤する新任教師たちが登場する。新任教師たちは、授業で立ち往生したり、子どもたちとの関係に苦しんだりしながらも、教材研究を重ねて、教師としての自立を求めて、格闘している。

　ただ、子どもたちの学びの経験をより豊かなものにするために教師自身の学びが必要なのは、新任教師に限った話ではない。たとえ10年の経験を積んだ教師であっても、学ぶことを止めてしまうならば、たちまち子どもたちの学びを支えることができなくなってしまう。

　『若き教師たちへ』に登場する水口宏先生は、ちょうど教職10年目を迎えた時期に、三本木小学校において伊藤校長と出会っている。その出会いにつ

いて、水口先生は「この年は、私の教師としての授業を根本から問い直される一大転機となった。この頃、私は授業について何一つ確かなものを持っていなかった」（武田・伊藤、1994、p.339）と振り返っている。

伊藤校長と出会う前、水口先生は自分が授業について何一つ確かなものをもっていないと考えていたわけではなかった。むしろ「授業は目標を決め、発問を考え、ある知識を気づかせるなり理解させるなりして、一定の事を教えることを中心に行えばよい、授業というのは、ことさら小学校の授業はそんなに難しいものではない、と考えていた」（武田・伊藤、1994、p.355）というように、授業のノウハウを十分に習得しているという自己認識をもっていた。

「できない」から「できる」、「わからない」から「わかる」への移行が新任教師の学びだとすると、「できている」、「わかっている」と思っていたことをもう一度問い直し、教師としてのものの見方を深めていくことが、中堅教師の学びともいえる。中堅教師の省察には、自分自身のこれまでのわかり方や子ども観、学習観、世界観を、より高次のレベルから捉え直すことが含まれている。

それまで水口先生は、あらかじめ準備されていた授業案を用いた授業を行っていたという。そして、淀みなく授業が流れることを求め、これができれば教師の仕事として十分であると考えていた。そのため、大学の研究者が行った深い教材研究を伴った授業を参観した時、一体その授業の何がいいのか、さっぱりわからなかった、と自らを省察している。

しかし、伊藤校長の声かけで、校内研修において他の教師たちとともに教材解釈の学び合いを行うようになってから、一人ひとりの解釈のもつ多様性と豊かさに気づかされることになった。そして、「自分自身の教材解釈がないと、授業の創造ということもありえない」と考えるようになり、「これまでの授業を白紙に戻し、ゼロからスタートしよう」と決意したのであった（武田・伊藤、1994、p.344）。

借り物の授業では、子どもたちの深い学びを引き出すことができない。そして、単元を教える時に、教師自身のなかでカリキュラムのデザインの意図が明確でないと、子どもたちの学びは深まらない。このような気づきから、

水口先生はこれまですでに三度も教えてきた６年生の国語の「田中正造」の授業を、自らの教材解釈をもう一度見直した上で、全く違う角度から行ってみようと考えた。
　水口先生の第一回目の挑戦は「谷中遊水池化への抵抗の中から、正造が真に考えていたことは、人間が個人として尊重されることの回復、であったことに気づく」という学習目標を設定した授業デザインによって行われた。だが、この授業では、教師が「あれもこれも資料として与えたい」と考えたため、「授業を構造的に組み立てることができず、結果として学習を深めることができない」結果に終わった。それでも、水口先生は、ここで深みのある授業への挑戦を断念することはなかった。今度は、自らの疑問でもあった「谷中人民がとうてい人が住めないような苛酷な土地になぜ残留するのか」という一点の課題に焦点を当てて、田中正造の本を読み返し、同僚と議論を重ね、大学の研究者と話し合った（武田・伊藤、1994、p.349）。そして、ついに「憲法というのは、人民の権利を守るためにある」、「［その憲法を］政府が守らない時は、私達人民が守らなくてはならない」（武田・伊藤、1994、p.350）という谷中人民の思いにたどり着いたのであった。
　このような準備ののち、第二回目の挑戦を行った。今回も、淀みなく流れる授業になったわけではない。水口先生自身、「授業の後半は、難しかったのか子どもの反応は活発というものではなかった。また、授業の雰囲気も重苦しかった」（武田・伊藤、1994、p.352）と振り返るように、子どもたちの発言がたくさん出たわけでもなかった。しかしながら、授業後の感想文に、授業では一言も発言しなかった子どもが、田中正造の谷中村の人たちへのまなざしの変化を受け止めた深い意見を綴るなど、子どもたちの学びはたしかに深まっていた。このことは、水口先生にとっても驚きだった。
　この授業づくりの格闘を通して、ただ流暢に進む授業を求めるのではなく、教師が「常に疑問を持ち、問いかけ、深く掘り下げた時だけ見えてくる」（武田・伊藤、1994、p.354）学習課題を抱いて授業に臨むことの大切さを、水口先生は身をもって知った。このことに気づいた時、水口先生は、自らの壁を乗り越えて、教師としての新たなステージに立っていたのである。

(3) 中堅教師の学びをもたらしたもの

　水口先生は、中堅期において、新しい学校、そして尊敬できる校長と出会い、そこで教師の学びの宝庫である授業研究に導かれ、教科内容と子どもたちの学びについての探究を深めることによって、これまで依拠してきたありきたりな方法を乗り越えて、子どもたちの学びを支え、深めるための自分固有の方法を模索し、創出している。その学びの過程には、授業のデザイン、カリキュラムのデザインを指導できるリーダーシップをもつ校長の支えとともに、授業研究を通した**専門家の学習共同体**（professional learning community）の存在があった。同僚との学び、さらには新任教師のお手本でありたいという願いが、中堅教師を一つ上の次元へと導いたのである。

　専門家の学習共同体における学びと省察、そして自らの授業観、学習観、子ども観の変容を通して、水口先生は、教師でありつづけるための存在証明を得たのであった。

4　ベテラン教師の学びと成長

(1) ベテラン教師の学びと成長

　ベテラン教師の学びは、そのキャリアの幅に対応してさらに多様性を帯びている。生涯にわたって自らのテーマを追究し続けることにより学びの深みが研ぎ澄まされる場合もあれば、仕事に対するモチベーションが薄れて子どもとの距離が広がる場合もある。また、管理職に就くなどの学校内での役割の変化により、新しい学びを要求されることもある。さらには、自分自身の授業だけではなく、学年のカリキュラム、学校全体のカリキュラムを考えることも、ベテラン教師の課題となる。

　もちろん、授業観、学習観、子ども観の再構築は、どの時期にも求められることであるが、ベテラン教師の場合、自分自身の成長のみならず、新任教師、中堅教師の変容を支える役割も求められる。このような**メンター**、すなわち後進の指導者としての役割の受容やそこでの成長も、教師としての成熟

において欠かせないものである。それではベテラン教師の学びの世界の一端を垣間見ることにしよう。なお、ここではおおよそ40代後半～50代（あるいは教職経験25年以上）をベテラン期と見なしている。

(2) ベテラン教師の変容とケア

　日本史を専門とする高校教師である金子奨先生は、新任時代から創造的な教育実践に挑戦し、幅広い読書と深い教材研究に裏づけられたオリジナルなカリキュラムを開発してきた教師であった。「アルミ缶は電気のカンヅメ」という現代社会の授業は、子どもたちにとって身近なアルミ缶を教材として日本とアジアの関係を見つめ直したものであり、その教育実践記録は、依田彦三郎『ゴミは、どこへ行く？』（太郎次郎社）に掲載され、刊行されている。

　金子先生がオリジナルなカリキュラムを開発してきたのは、初任校が定時制高校であったことと深く関わっている。1980年代に公立高校の定時制に赴任した金子先生は、自分の言葉が子どもたちに届かないというリアリティ・ショックを経験している。歴史が好きで、大学においても専門的に学び、日本史の教師として教壇に立った金子先生だったが、赴任した定時制高校の子どもたちにとって、教科書の日本史の知識は、自らの生活世界とのレリヴァンス（関連性）が見えない、遠い世界の出来事であるように思われたのである（⇨レリヴァンスについては、第8章③(2)も参照）。

　授業の間、子どもたちからは冷ややかな眼差しを投げかけられ、時には露骨な反発を受けることもあった。このような厳しい状況のなかで、ある時、ふとしたことから人間の性の仕組みについて、子どもたちに語る機会があった。すると、子どもたちはいつもとは全く違った様子で授業に惹きつけられ、授業が終わった後、そのなかの一人が「オイみんな、今日はセンセイにいい事教えてもらったから、ちゃんとあいさつしようぜ」と言い、全員からこれまでにはなかった深い感謝の言葉を受けたのである（金子、1994）。

　この出来事に遭遇した金子先生は、初めて子どもたちに自分の言葉が届いたという嬉しさの反面、複雑な気持ちに包まれた。なぜならば、子どもたちは、普段の授業において、わけもなくただ反発しているのではないことがわ

かったからである。子どもたちは、金子先生のことを嫌っているわけでもなく、新任だからと見下しているわけでもなく、ただ授業を受ける意味がわからないのだということが明らかになったのである。こうして金子先生は、自らの授業を見直さざるを得なくなった。

　金子先生は、先輩の教師たちが綴った教育実践記録を読み、さまざまな教材を収集した。民間教育研究団体にも積極的に参加し、何とか生徒たちにとってレリヴァンスのある教材を提示できないかと人一倍の努力を重ねた。そして、日本史において絵画史料を提示し、その史料を読み解きながら、生徒たちに学習課題を考えさせるという教育の方法を伴ったオリジナルなカリキュラムを開発し、教科書を使わない授業を確立していったのである。これにより、新任期における授業のデザイン、カリキュラムのデザインの習得とこれに伴う教職アイデンティティの確立がなされたのであった。

　ところが、毎回の授業において、生徒たちに日本史の面白さを実感させるための工夫に富んだ授業を追究しながらも、金子先生は、何かしっくりとこないものを感じていた。どんなに面白い（と教師が考えた）教材を準備して授業に臨んでも、教室のなかには、必ず一人や二人、学びに参加しない生徒がいる。そのことが気になって仕方がなかった。

　また、このスタイルの授業では、教科書を使うことなく教科書の内容に対応しなくてはならないため、教師の準備はとてつもなく大変であった。これに対して、学びの主体であるはずの子どもたちは、今日はどのような面白いものを教師がもってくるのかと期待をしつつも、どうしても受け身になってしまう。そして、一旦、刺激に慣れてしまうと、さらに大きな刺激が準備されないと満足できなくなる。つまり、教師が奮闘するほど、子どもたちはより受け身になるというジレンマを抱えていた。

　こうした課題を抱えていた時、金子先生は、長期研修を取得して、大学で学び直すことになった。この時、授業参観のために訪問した静岡県の公立中学校において、初任の先生が一人残らずすべての子どもたちの学びを引き出している教室風景を観て、大きな衝撃を受けることとなった。教師が完璧でなくても、そして教科書を用いたオーソドックスな教育内容であっても、一人ひとりの子どもの学びを大切にすることで、すべての子どもたちの質の高

い学びを保障できることを突きつけられたのである。

この衝撃を受け止めたのち、金子先生の授業のデザインは大きく組み替えられることとなった。斬新な教材に比重を置いた授業から、子どもたちの気づきや問いに比重を置いた授業への転換がなされたのである。これまでの教職生活においてつくり上げてきたオリジナルなカリキュラムにこだわることなく、教科書を用いて、そこで子どもたちから生まれた気づき、問いから教室の学びを立ち上げることになった。毎回の授業では、少人数のグループによる協働学習をとり入れて、子どもたちが学び合いによって、自ら気づき、発見する授業のデザインを基本とした。その結果、金子先生にとってのカリキュラムとは、教師があらかじめ準備した授業計画から、教師のデザインを前提としつつも一人ひとりの子どもが多様なかたちで紡ぎ出す学びの物語へと再定義されたのであった（⇨第1章5(4)参照）。

さらには、この頃から、金子先生は学年主任を任されて、学年全体の学びをフォローするようになった。まずは学年での授業研究会を組織し、続いて、学校全体で公開授業研究会を企画し、学校全体のカリキュラムのデザインが子どもたちの学びを支えるものになるように、下支えを行った。同時に、若い教師たちの授業のデザイン、カリキュラムのデザインづくりを支えるメンターの役割も担うようになった。実は、先述した新任教師の村松先生にきっかけを与え、変容を導いた先輩教師とは、この金子先生だったのである。

金子先生は、自らが立ち上げた授業研究会が軌道に乗り始めると、若い教師たちを前面に押し立てて、自分自身は裏方として学校改革を支えるようになった。村松先生は、今、授業研究会の主要な担い手の一人となっている。

(3) ベテラン教師の学びをもたらしたもの

ベテラン教師の学びは、新たな挑戦としての側面と初心あるいは基本に戻るという側面の両面をもっている。金子先生が、ベテランの域に達したところで、テキスト（教科書）に立ち戻ったというのも、興味深い。学び合いを通して、教室に多様な学びを生み出し、それをつなげて、交響する学びを創造するというのは、新たな挑戦であったが、一人ひとりの子どもたちがテキスト

をしっかりと読み込むというのは、初心あるいは基本に戻ることであった。

また、ベテラン教師の学びは、ベテラン教師自身の専門家としての成長を支えるだけでなく、後輩の教師たちの学びと成長に大きな影響を与えるものである。その学びが生み出す影響は、自分自身の教職アイデンティティの組み替えと後輩の教師たちの教職アイデンティティづくりの支援という二つのベクトルに広がっている。

ベテラン教師の学びは、自分自身の教室、学校とは異なる新しい世界との出会いや、若い教師たちとの出会いをはじめとする異世代間の交流によってもたらされることが多い。そして、その学びはこれまで培ってきた数多くの経験を編み直しながら、それらを一つの軸の下に収斂させる働きをもっている。このようにして生成されたベテラン教師の知識と見識は、子どもたちの学びや後輩教師の学びを支えるとともに、さらなる学びを促すものとして、学校において欠かせないものとなるのである。

5 専門家としての教師を支える学びと研修

旧教育基本法（1947）の第6条には「法律に定める学校の教員は、全体の奉仕者であって、自己の使命を自覚し、その職責の遂行に努めなければならない」と記されていた。そして、改正教育基本法（2006）の第9条には、教師[1]は「自己の崇高な使命を深く自覚し、絶えず研究と修養に励み、その職責の遂行に努めなければならない」とあり、「その使命と職責の重要性にかんがみ、その身分は尊重され、待遇の適正が期せられるとともに、養成と研修の充実が図られなければならない」と記されている。

このように、教師とは、法律上で高い使命をもつ職業であることが明記され、その職責の遂行のために研究と修養の権利が保障されている特別な職業である。研究と修養とは、学びという言葉で大きく包括することができるが、絶えざる学びこそが、**専門家としての教師**であるための必要条件である

---

(1)「教育基本法（2006年改正）」には「法律で定められた学校の教員」とあるが、教職を専門職と位置づけるという意味を込めてここではあえて「教師」と記した。

といえる。

　さて、専門職としての教師の社会的地位についての国際的な基準を定めたILO／ユネスコの「教員の地位に関する勧告」（1966）には、「教育の仕事は専門職とみなされるべきである。この職業は厳しい、継続的な研究を経て獲得され、維持される専門的な知識および特別な技能を教員に要求する公共的業務の一種である。また、責任をもたされた生徒の教育および福祉に対して、個人的および共同の責任感を要求するものである」とあり、「教育職は専門職としての職務の遂行にあたって学問上の自由を享受すべきである。教員は生徒に最も適した教材および方法を判断するための格別の資格を認められたものであるから、承認された計画の枠内で、教育当局の援助をうけて教材の選択と採用、教科書の選択、教育方法の適用などについて不可欠な役割を与えられるべきである」とも記されている（文部科学省による訳「教員の地位に関する勧告（抄）」）。

　つまり、教師は専門職として、教育課程の作成、教材の選択、教育の方法において、自律性が認められるべきであると記されているのである。その上で、この勧告でも、学びこそが教師が専門職と位置づけられるための鍵であるとして、次のように記されている。

　　すべての教員は、専門職としての地位が教員自身に大きくかかっていることを認識し、そのすべての専門職活動の中で最高の水準を達成するよう努力しなければならない（同上訳）。

　教師は、必要な資格を取得して採用試験に合格し教壇に立つことで、専門家であることを保障されるというものではなく、絶えず学び続けて、自らの専門的な知識と技能を向上させ続けることによってのみ、専門家であり得ることが、ここに示されているのである。つまり、教師にとっての学びと成長は、専門職としての教師に保障されるべき権利であるとともに、教師が子どもと保護者、さらには社会に対して負っている責任であるといえる。

　教師であり続けるということは、その教職人生において学び続けることを意味している。その学びにおいては「指導される「スタイル」をそのまま言われたとおりに受け入れるのではなく、それにしっかりと耳を傾けたうえ

で、自らの教育実践研究を通して、よりよいものを創るという意識を持つこと」（古屋、2018、p.172）が求められる。すべての教師がそれぞれのもつ固有の経験やキャリア・ステージによって異なるかたちで立ち現れる課題と向き合い、同僚とともに省察を深め、固有の教室の学びの文化の創造に向かうことで初めて、すべての子どもたちの学びと成長を保障する教育が実現するのである。

（高井良健一）

―――引用参考文献―――――――――――――――――――――
ILO/ユネスコ（1966）「教員の地位に関する勧告」（文部科学省による抄訳）（http://www.mext.go.jp/b_menu/shingi/chukyo/chukyo8/gijiroku/020901hi.htm〔2019年2月10日取得〕）

＊秋田喜代美・佐藤学（2015）『新しい時代の教職入門 改訂版』有斐閣

解説教育六法編修委員会（2018）『解説教育六法2018 平成30年版』三省堂

金子奨（1994）「J・デューイのつまみ食い」『未来をひらく教育』98号、全国民主主義教育研究会、81-86頁

金子奨（2008）『学びをつむぐ』大月書店

＊金子奨・高井良健一・木村優（2018）『「協働の学び」が変えた学校』大月書店

佐藤雅彰・佐藤学（2003）『公立中学校の調整―授業を変える学校が変わる』ぎょうせい

＊佐藤学（2009）『教師花伝書』小学館

Shulman, L., (1987) Knowledge and Teaching : Foundation of New Reform, *Harvard Educational Review*, 57 (1), pp.1-22.

＊Schön, D., (1983) *The Reflective Practitioner : How Professionals Think in Action*, Basic Books.（=〔2001〕佐藤学・秋田喜代美訳『専門家の知恵－反省的実践家は行為しながら考える』ゆみる出版、〔2007〕柳沢昌一・三輪建二訳『省察的実践とは何か―プロフェッショナルの行為と思考』鳳書房）

＊高井良健一（2015）『教師のライフストーリー――高校教師の中年期の危機と再生』勁草書房

武田忠・伊藤功一（1994）『教師が変わるとき・授業が変わるとき』評論社

八田幸恵（2008）「リー・ショーマンのPCK概念に関する一考察：「教育学的推論と活動モデル」に依拠した改革プロジェクトの展開を通して」『京都大学大学院教育学研究科紀要』54、180-192頁

＊古屋和久（2018）『「学び合う教室文化」をすべての教室に―子どもたちと共に創る教室文化』世織書房

依田彦三郎（1993）『ゴミは、どこへ行く？』太郎次郎社

第7章

教育評価の課題と可能性

―― 本章のねらい ――

教育評価というと、学校の5段階評定や模擬試験の偏差値が思い起こされるかもしれない。たしかにそれらも評価の一つではあるが、教育評価とは、子どもや教師、学校、教育システムなどさまざまな対象に対する価値づけを指す広い概念である。そこで本章では、教育評価にはどのような評価があるか、教育評価がどのような歴史的文脈で生まれたのかを見てみよう。その後、近年注目されているパフォーマンス評価とルーブリックの具体的なあり方とメリットを見ていこう。

1 さまざまな教育評価

教育評価には、**選抜のための評価**と**教育の改善のための評価**があり、後者には、教育システムなどの大きなシステムの改善のための評価、個別の学校の改善のための評価、個々のクラスや子どもの学習状況の改善、つまり**指導の一環として行われる評価**がある。これらのなかで、教師の日々の仕事で最も重要であるのは、最後の指導の一環として行われる評価である。そこで、選抜のための評価に関わる問題は後述するとして、まずは学習指導として行われる評価に絞って話をしていこう。

(1) 総括的評価と形成的評価

指導の一環として行われる評価は、子どもの学習が当初の見通し通り進んでいるかどうかを見極め、子どもに今後の学習の示唆を与えるために行われ

るものである。定期テストのように一定の範囲の学習が終わった後に行われるものも評価である。これを**総括的評価**と呼ぶ。しかし本来、評価はごく日常的に行われるものである。適宜行われる小テストや子どものノートの確認、子どもの発表や作品へのコメント、授業中の子どもの観察も重要な評価活動である。これを先の総括的評価に対して**形成的評価**という[1]。今日、授業のプランを示す学習指導案には、「知識及び技能」や「思考力、判断力、表現力等」などの観点に沿って評価の計画を記すことになっている。これは、授業中あるいは授業後に行う形成的評価を指している。

単元の学習が終わった後の総括的評価に対して、形成的評価の考え方が生まれたのはなぜか。その理由は、評価が往々にして、学習が終わった後のテストや5段階評定と同一視されるという問題が認識されたためである。評価の本来の目的は子どもの学習活動を支援することであって、子どもの到達度の点数化や評定ではない。**評定**とは、評価した結果を数値やA、B、Cなどの一次元的な段階で表示したものであり、評価とは異なる。評定は評価の一つの表現であるが、子どもの学習を支援する働きの点では、評定よりも改善に向けた働きかけの方が有効であることが多い。

改善のための働きかけは、具体的には、形成的評価において到達度が十分でなかった子どもに対しては、それまでの学習を振り返り補填する機会（**補充的な学習**）を与え、到達度が十分であった子どもにはさらなる高度な学習をする**発展的な学習**の機会を与えるものになるだろう。この両者については、到達度の段階によって子どもを振り分けるという機械的な発想ではなく、それぞれの子どもにとって必要な手立てを考えるというものと、柔軟に捉えておきたい。重要なことは、テストを行った後の次の対応の見通しがなければ、テストは学習指導のなかで行われる評価としては不十分であるという点である。指導の一環として行われる評価においては、いつどのような方法で何を評価するか、また評価した結果をどのように子どもに伝えるかということを含め、子どもの学習をどのように支援するかという観点から、評価のあり方を考えることが必要である。

---

[1] その他、授業に先立って子どもの学習の状況を確認する診断的評価がある。

以上の通り、学習指導の一環として行われる評価においては、評価結果をどのように子どもに示すかという点も重要であった。そこで、子どもの今後の学習に対する示唆の示し方の点から、いくつかの評価の特徴を見てみよう。

(2) 相対評価

相対評価は、評価対象の子どもが、子どもの集団において相対的にどのような位置にあるのかという情報を子どもに示す評価である。評価規準を集団に置くことから、**集団準拠評価**とも呼ばれる。40人のクラスのなかでの順位を示す評価や、上位10%までをA評価とするなど集団全体に対する割合によっていくつかの段階に割り当てる評価がそれにあたる。学年全体の得点の分布をヒストグラムで示したり、学年全体の得点の平均を示すことも、集団に対する当人の相対的な位置を示す点では相対評価と同じ機能をもっている。

相対評価の代表例は**偏差値**であろう。偏差値は、集団の平均値を50とし、点数のばらつきを表す標準偏差が偏差値の10の幅に相当するように、点数を標準化した値である。模擬試験を受ける子ども（母集団という）が相当数おり、その層が上級学校の入学試験を受ける層とあまり変わらない場合、模擬試験の偏差値は上級学校の入学試験の合否を予想する資料として有効性をもつ。そのため、高校入試が大衆化した1960年代以降、中学校での進路指導のツールとして偏差値が活用されるようになり、今日に至っている。

今日学期末の評定が偏差値で示される例は聞かないが、かつては事実上、偏差値の考え方で5段階評定が行われた。偏差値65以上が評定5、65から55までが評定4、55から45までが評定3、偏差値45から35までが評定2、35未満が評定1とされたのである。具体的には、100枚のコインを同時に投げた時に表の出る枚数がおおよそ50枚になり、100枚とも表が出ることはきわめてまれであるといった現象をモデル化した正規分布（図7−1）において、偏差値65以上の者の割合が集団全体の7％にあたることから、集団の上位7％が評定5と定められ、それに続く24％の子どもが4、以下、38％の子どもが3、24％の子どもが2、残り7％の子どもが評定1とされた。

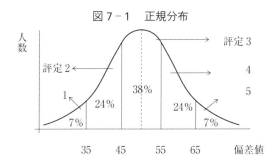

図7-1　正規分布

　ただし、テストの点数が正規分布に従うというのはあくまで仮説にすぎない。子どもの点数が平均の回りに多く分布することは経験的な事実であるとはいえ、人数の分布が上位層と下位層に分かれたいわゆるふたこぶラクダの形になることもある（図7-2参照〔次頁〕）。点数の分布は、当然ながら出題される問題や配点、子ども集団の学習歴によって異なってくるものであり、点数は子どもの内的な本質を表すというよりは、テストを作成した教師の学力観と子どもの状態の関係を表す社会的な量と見なければならない。

　また、集団において自分が上位何％の位置にいるかという情報が与えられても、次の学習の手がかりは得られない。相対評価は、子どもの競争心をあおることはあっても、子どもの学習のつまずきを具体的に示したり、学習の課題に対する対応策を子どもが考える指針とはなりにくいのである。つまり相対評価は、学習を支える評価としての意義が乏しいといわざるを得ない[2]。これらの事実が理解されるとともに、学校での評価は子どもの学習を支えるものでなければならないという評価の本来の意義が再確認された結果、今日相対評価による評定は、後述する到達度評価による評定に変わった。

　それでも、学校において相対評価が意味を失ったわけではない。子どもに対する直接的な示唆ではないが、子どものテストの点数の分布から教師の学習指導のあり方を反省する資料が得られることがある。例えば、テストの点

---

[2] その他、相対評価に対する批判としては、クラスの人間関係に階層的関係をもち込み、共同的な関係の構築を阻害するという批判や、評価が集団の平均に準拠して行われるため、子ども個々人の努力が評価されにくいという批判がある。

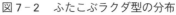

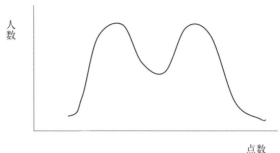

数の分布が前述のふたこぶラクダ(図7-2)になっている場合、子どもの学力が上位層と下位層に分離していることがわかる。このような場合、学習指導に何らかの問題があり、下位層の子どもへの支援が十分に行われていないことが示唆される。テストの設問ごとの正答率についても、教師の指導の不十分な点を見つけ、次の対応を考える材料になるだろう。また、知能指数の算出に相対評価が用いられている通り、学習障害などの診断において相対評価は一定の意義を有している。

(3) 絶対評価

　現在、相対評価の問題点を克服するために、子どもの在学中の学習状況の公簿である指導要録(⇨本章4)では**絶対評価**による評定が用いられている。相対評価が評価規準を集団におく集団準拠評価であるのに対し、絶対評価は評価規準を集団におかない評価といってよい。

　評価規準を集団におかない評価である絶対評価は、長い歴史をもっている。今日の指導要録の前身にあたる学籍簿は1900年に導入されており、そこでは「〜に関心を持つ」「〜の態度を養う」といった子どものあるべき方向性を示す方向目標に照らして学業成績が評価された。もっとも、当時は評定を定める明確な規準がなかったことから、教師個人の恣意的な評価に陥る危険性があった。ここでの戦前の評価は、前述の相対評価とは異なり、公共の場で吟味された評価規準を有する評価法でもないため、**戦前型の絶対評価**

（あるいは認定評価）と呼ばれる。相対評価は、この戦前型の絶対評価の恣意性を克服するために、戦後導入されたものである。

　戦前型の絶対評価と異なり、今日の絶対評価は、学習課題に対する到達度の度合いで学習を価値づける**目標準拠型評価**（**到達度評価**）である。特に、評価の観点が事前に定められているため、**観点別学習状況の評価**と呼ばれる。

　ここでの評価の観点とは、それぞれの授業で子どもが学ぶべき知識や態度に即して教師が設定するものであるが、特定の観点への傾斜を避ける趣旨から、共通の枠組みが設定されている。新学習指導要領においては、「何を理解しているか、何ができるか」を評価する「知識・技能」、「理解していること・できることをどう使うか」を評価する「思考・判断・表現」、および「主体的に学習に取り組む態度」の三つの観点が設定されている（中央教育審議会、2016）。表7-1は観点のイメージである。

表7-1　各教科等の評価の観点のイメージ（案）

観点 （例） ※具体的な観点の書きぶりは、各教科等の特性を踏まえて検討	知識・技能	思考・判断・表現	主体的に学習に取り組む態度
各観点の趣旨のイメージ （例） ※具体的な記述については、各教科等の特性を踏まえて検討	（例） ○○を理解している／○○の知識を身に付けている ○○することができる／○○の技能を身に付けている	（例） 各教科等の特性に応じ育まれる見方や考え方を用いて探究することを通じて、考えたり判断したり表現したりしている	（例） 主体的に知識・技能を身に付けたり、思考・判断・表現をしようとしたりしている

（「学習評価の改善に関する今後の検討の方向性」〔教育課程部会　総則・評価特別部会〔第6回〕配付資料、2016年 http://www.mext.go.jp/b_menu/shingi/chukyo/chukyo3/061/siryo/1368746.htm 2018年9月19日取得〕）

これらの三つの観点に関して、学校が評価の規準を設定した上で、「十分満足できる」と判断されるもの、「おおむね満足できる」と判断されるもの、「努力を要する」と判断されるものの3段階で評価することとなっている。評価の観点は学校種や教科によって若干異なることがあり、学習指導要領の改訂に伴って、あるいは年度によっても多少変更されることがあるため、『評価規準の作成、評価方法等の工夫改善のための参考資料』（国立教育政策研究所）を適宜参照しておくことが求められる。なお、評価規準と評価基準という二つの用語があるが、これらは別の概念である。評価規準が評価の準拠枠を指すのに対し、評価基準は規準を段階的に具体化したものを指している。

　前述の通り、今日指導要録は事前に定められた観点別に記すことになっている。そのため、授業プランを記す学習指導案（⇨第5章③(3)）についても、観点別学習状況の評価による評価の計画を立てることが必要になっている。

(4) 個人内評価

　相対評価は集団、つまり他の子どもを規準とし、今日の絶対評価は目標に対する到達度、すなわち文化の水準を規準としている。それに対し、子ども自身の学習歴においてある内容の学習がどのような意味や価値をもつかを評価するのが**個人内評価**である。前年度に比べ、どのような認識の深まりがあったか、学習に向かう姿勢にどのような変化があったかなど、個人内評価は、子どもの学習や学校での生活をよく知る担任の教師によって行われることが多い。

　学校は、個々人の学習を支えるとともに、子どもを社会に送り出す機能を有している。生涯にわたる子どもの学習を支える上で、学習に対する子ども自身の意味づけや取り組みを見守り、今後の学習に示唆を与える教師の存在が必要である。その際の評価が個人内評価である。一方、子どもを社会に送り出す機関としての学校という点では、社会生活を有意義に送る上で必要な基本的なリテラシーを子どもに与え、学習権を保障することが求められている。それを支えるのが到達度評価、すなわち今日の観点別学習状況の評価である。

2　評価に関する諸問題

相対評価の問題にはすでに触れたため、ここでは、①選抜のための評価と指導の一貫として行われる評価の混同と②今日の絶対評価に関する問題に絞って、評価に関わる問題を述べておこう。

(1) 選抜のための評価と指導の一貫として行われる評価の混同

選抜のための評価と学習指導の一環として行われる評価は、本来の目的が異なるため、求められる要件も異なってくる。選抜のための評価は、合否の差をつけることが本来の目的であり、そこでは採点者の恣意的な判断を排した**公平性**が強く求められる。それに対し、学習指導の一環として行われる評価は、子どもに一定水準の学力を保障することが本来の目的であり、そこでは学習が行われる教室と子どもの学習歴という文脈に即した**妥当性**が強く求められる。選抜のための評価が子どものその後の学習に示唆を与えることを直接の目的としないのに対し、学習指導のための評価はその示唆が本質的に重要である。近年選抜のための評価においても結果の開示が行われることがあるが、それは受験者の今後の学習への示唆を提供する目的ではなく、選抜が、受験者の社会階層や性別などの属性によらず公平に行われたことを示す説明責任の要請に応えたものである。

以上の通り、選抜のための評価と指導の一貫として行われる評価は本来まったく異なるものでありながら、実際には両者が混用されてきた。例えば中学校の定期テストは、子どもの学習を支援する評価でありながら、選抜のための評価という側面を持っている。成績は調査書の5段階評定（いわゆる内申点）に反映されて、高校入試の資料になるからである。

これは、評価が相対評価であるか絶対評価であるかに関わらない、評価の原理的な問題である。というのも、選抜のための評価に求められる公平性を追求すれば、定期テストの問題は、子どもの個々の学習の文脈から離れた一般的な内容にすべきということになり、学習を支援する評価の機能が損なわれる。逆に、指導の一環としての評価に求められる妥当性を追求すれば、あ

る子どもの評定3が別のクラスや別の学校で与えられた評定3と同じ重さをもってよいかという公平性の問題が生じる。今日の絶対評価に関する問題の多くもここに由来する。

(2) 今日の絶対評価に関する問題

今日、観点別学習状況の評価に対しては、さまざまな批判がある。主なものは、①関心や意欲などの情意面の評価に関する問題、②教員の負担の問題、③学習を支援する機能に関する問題、および④観点別学習状況の評価の妥当性の問題の四点である。

① 情意面の評価に関する問題

「新しい学力観」が提唱された1991年版の指導要録では、「関心・意欲・態度」という情意面の評価項目が特に重視された。しかし、それの評価方法について、心理学者や教育学者の間で議論が熟していたわけではなかった（藤岡、1994）。その結果、授業中の挙手の回数、忘れ物の数、提出物を出したかどうか、ノートをきれいに取ったかどうかなど、学校現場でさまざまな評価方法が試行されてきた。しかしいずれの方法も、関心や意欲などの内面を測るには不十分である。例えば、発達障害を抱えた忘れ物の多い子どもは、いずれの教科に関しても関心・意欲・態度が不十分と評価されることがある。内面の評価を客観的に行おうとしたところに原理的な問題がはらまれていたというべきだろう。これらの批判を受けて、新学習指導要領では、「関心・意欲・態度」の観点が「主体的に学習に取り組む態度」に変わり、それの評価方法についても以下の注意がなされている（中央教育審議会、2016、p.62）。

> 評価の観点のうち「主体的に学習に取り組む態度」については、学習前の診断的評価のみで判断したり、挙手の回数やノートの取り方などの形式的な活動で評価したりするものではない。子供たちが自ら学習の目標を持ち、進め方を見直しながら学習を進め、その過程を評価して新たな学習につなげるといった、学習に関する自己調整を行いながら、粘り強く知識・技能を獲得したり思考・判断・表現しようとしたりしているかどうかという、意思的な側

面を捉えて評価することが求められる。

② 教員の負担の問題

観点別学習状況の評価では、観点ごとに評価の資料を準備することが教員に求められる。しかも、中学校の評定は高校入試の資料とされることから、**説明責任**を果たすことが強く求められ、教師は強いプレッシャーを受けている。ある教師は、「いま、僕らは明らかに後で親から、子どもから、クレームが来た時の説明責任のためのアリバイづくりを毎日している」と語っている（綿貫他、2011、p.9）。実際に学習状況の評価資料の収集や分析に負担を感じると答えた教師は、小学校で約59％、中学校で約66％、高校で約63％に達している（日本システム開発研究所、2010、p.19）。そのため、現在中央教育審議会では、新学習指導要領に対応した指導要録の作成の準備として、教科内容に応じて評価の観点を減らすなどの負担軽減策が検討されている。

③ 学習を支援する機能に関する問題

より根本的な批判としては、観点別学習状況の評価が子どもの学習を支援する機能をどの程度もっているのかというものがある。情意面での評価方法が未成熟であるという問題が残されている通り、議論はいまだ何をどのように評価するかという評価の対象と方法にとどまっており、評価した結果をどのように次の指導に生かすかという課題は学校現場に委ねられている。指導に生かす見通しがないままで評価が行われるのであれば、現行の到達度評価といえども、評定を選抜の資料にすることによって、学習指導要領の定める目標の達成に向けて子どもを駆り立てる仕組みという批判は免れないだろう。

また現行の評価のもとで、教師の授業づくりが制約されるという批判もある。観点別学習状況の評価では、教育内容のまとまりではなく情意面や知識面など、知的な働きで観点が設定されていることから、教育内容に即した学習経験の全体的な評価が難しくなっている（綿貫他、2011）。子どもの学習経験の全体像を見渡すことは授業のデザインにおいて必要であり、観点の設定によって教師の授業の構想力が制約されないよう、実践者の知見の共有が求められている。

④ 観点別学習状況の評価の妥当性の問題

　今日の絶対評価においても、戦前型の絶対評価と同様、教師の恣意的な評価に陥る危険性は残されている。「十分満足できる」「おおむね満足できる」「努力を要する」の三つの段階を割り当てる科学的な原理がないためである。むしろ、その三つの段階は、子どもを前にした教師たちの協働的な教材開発や授業研究の過程で、学校や子どもの学習の文脈に即した形で公共的につくられるべきものである。「おおむね満足できる」という段階が、教室の文脈から離れて決定されれば、子どもの実態から離れた形骸化した評価が行われることになり、教師の開かれた協議の場から切り離されて、個人的な見解によって決定されれば、評価は公共性を失い、戦前の恣意的な評価と変わらなくなる。いずれも子どもの学習を支える実質的な意味が失われる。「おおむね満足できる」段階をどこに置くかという議論は、「努力を要する」と評価された子どもへの示唆や、「十分満足できる」と評価された子どもへの示唆の見通しと一体である。学習支援のための評価は、同じ子どもたちを前にした教師たちの協働的な活動のなかにおいて意味をもつといってよい。

3　教育評価の思想と歴史

(1) 教育評価の思想とタイラー原理

　教育評価は、カリキュラムと同様、戦後直後にアメリカから移入された概念である。アメリカにおける教育評価の概念は、1920年代に広まった**教育測定運動**に対する批判として、1930年代に**タイラー**（Tyler, R.W., 1902-1994）によって確立された。

　教育測定運動では、採点者による小論文の評点のばらつきの大きさが問題視され、採点者の恣意によらない客観的な評価方法が求められた。その文脈のなかで標準テストが開発されると、それは、第一次大戦に従軍する多数の兵士をいわば適切な部隊に編入するために用いられるなど、学校教育を超えて広がった。一方で、学校教育では、子どもの成績を統計処理する手法の開発に関心が焦点化し、測定が自己目的化する傾向に陥っていた。

そこでタイラーは、評価の本来の意義が見失われがちになった現状を批判し、それぞれの教科の教育目標に到達する度合いを測定する道具としてテストを捉えなおすとともに、評価の過程を組み込んだ教育改善システムを構想した。のちにカリキュラムの**タイラー原理**と呼ばれるものである。最初に、学校が達成すべき教育目標を特定し、次に、その目標を達成するために必要な教育的経験を選択し、続いて、その教育的経験の組織の方法を検討し、最後に、学習経験の効果を評価する方法を考察するというものである。

この一連の思考法は今日常識化しているといってよいだろう。ここでは、テストの評点や5段階評定が教育評価の目的ではなく、教育評価があくまで教育活動の一貫としてカリキュラムを改善する一つの過程に位置づけられている。

タイラーの思想はアメリカで広く受け入れられ、弟子の**ブルーム**（Bloom, B., 1913-1999）によって形成的評価による**完全習得学習**の考えに発展している。その一方で、教育目標の特定が第一義的に優先されている点や、目標においてとりわけ「○○できること」で表現される**行動目標**が重視される傾向がある点に対して、批判もなされている（佐藤、1985；佐藤、2004；クリバード、1997）。

教育目標や教育的価値の選択が諸々の利害集団の妥協の産物であることを想定すれば、教育目標を特定し、それを達成する教育方法を選択し、効果を測定するというタイラーの直線的ともいえる思考法は、価値の多元的な現代社会にふさわしくない、単純すぎる思考だと思われるかもしれない。ただし、タイラーの思想は、教育目標に関する根源的な議論を避けて、教育方法や教育評価の効率性を求める議論ができないことを現代に伝えているものと思われる。

(2) 指導要録の歴史

タイラーの教育評価の思想は、1947年と1951年の学習指導要領一般編（試案）（⇨第3章②(1)(2)）によって日本に紹介された。戦後最初の**学籍簿**（1948）は、学校の戸籍簿に過ぎなかった戦前の学籍簿を一新し、子どもの発達と指導過程を継続的累積的に記録し、教育指導に役立てるものに変わっ

ている。この時、行動と学習に関して評価の観点も設定された。例えば、小学校の国語については、聞く、話す、読む、書く、作るの五つの観点、社会科と算数に関しては理解、態度、技能、理科に関しては理解、態度、能力の三つの観点が置かれている。一方で、優良可などの戦前の評定について、基準があいまいであり客観性が乏しいという問題も認識されていた。そのため、評定に関しては正規分布を前提とした5段階相対評価が用いられた。1950年には指導要録に改称されている。

　1955年の改訂では、指導要録の作成、送付、保管などの詳細な手続きが学校教育法施行規則に定められ、指導要録に関して従来の**指導機能**に加えて外部に対する**証明機能**が強まっている。各評定の厳密な割合の規定は省かれたものの、相対評価の原則は変わっていない。続く1961年の改訂は、1958年の学習指導要領改訂に伴って行われた。この時、学習指導要領の内容に沿って評定の基準が定められるなど、学習指導要領と指導要録の関連性が強まった。

　指導要録における相対評価の原則は1971年に一部見直された。この時、「絶対評価を加味した相対評価」という規定がなされ、5段階評定について事前に定めた比率に子どもを割り振ることがないよう留意するという注意が加わった。さらに、1980年改訂版指導要録では、5段階評定は維持されたものの、所見欄が「観点別学習状況」に改められ、学習指導要領に示す目標の達成状況を観点別に3段階で評価することとなった。

　さらに、1991年改訂版では、学習の記録が観点別学習状況の欄とされ、観点別に設定された目標について、3段階で絶対評価されることとなった。評定欄については、小学校低学年では廃止され、中高学年では3段階の絶対評価を加味した相対評価、中学校では5段階（選択教科は3段階）の相対評価とされた。評価の観点は教科によって多少異なるが、「関心・意欲・態度」「思考・判断」「技能・表現」「知識・理解」の四つが標準的であり、「関心・意欲・態度」はすべての教科に共通な観点として重視された。この時提示された「新しい学力観」は、1993年には『新しい学力観に立つ教育課程の創造と展開』（文部省）で展開された。そして、2001年の改訂版で評定からも相対評価が除かれて、今日に至っている。

以上の通り、戦後の指導要録（学籍簿）の変化は、相対評価から絶対評価（到達度評価）への変化として捉えられる。一つの画期は1971年における「絶対評価を加味した相対評価」の導入である。なぜ、1971年に部分的ながらも絶対評価が導入されたのだろうか。

　ここには、いくつかの事情が関わっている。まず、ベビーブーマーの進学希望によって新制高校の入学試験が激しくなった際、受験競争の緩和策として学力試験よりも調査書を重視する指導が国によって行われた点がある。1963年のことである。これによって、クラスの平均的な学力水準のいかんにかかわらず、40人学級で２〜３人（７％）はかならず評定１が付くという、相対評価のゆがみが表面化した。相対評価では子どもの努力が正当に認められないという保護者の不満も募った。

　1969年には、保護者の投書をきっかけにテレビのワイドショーでこれらの問題がとり上げられ（「通信簿論争」）、1972年には立川二中の「オール３」問題に発展した。それらは、いずれも通知表に関する議論であったが、当時の保護者にとって公簿である指導要録、準公的な性格を持つ調査書、および学校に委ねられた通知表の違いは不明確であった。これに対し、文部省は、公簿である指導要録とは異なり、通知表は法的な文書ではなく、内容や形式は学校の裁量によって定めてよいことを明らかにしたが、これも指導要録と通知表の二重帳簿（調査書を加えると三重帳簿）の状態を確認したのみで、問題の解決には至らなかった。保護者と子どもの主たる関心は調査書の評定にあったからである。

　こうして、指導要録における相対評価による評定は順次改められ、狭いクラスのなかで評定をめぐって子どもが競う状況は改められた。しかし、絶対評価の導入によって、今度は評定の公平性に疑問が付されることになった。各自治体は、評価の信頼性・客観性に関する説明責任を果たすため、さまざまな対応に追われている[3]。

───────────────

(3) 例えば、東京都教育委員会では、学校名を隠した状態で都内全中学校の３年生の５段階評定の割合を公開している。東京都教育庁「都内公立中学校第３学年及び義務教育学校第９学年（平成29年12月31日現在）の評定状況の調査結果について」［2018年］（http://www.metro.tokyo.jp/tosei/hodohappyo/press/2018/03/22/27.html〔2018年９月20日取得〕）。

4　指導要録

　評価に関する文書には、指導要録、調査書、通知表などがあるが、もっともなじみがあるのは、通知表であろう。通知表には評定が書かれているほか、生活上のルールを守ったかどうかといった学校生活の様子が記されている。前述の通り、この**通知表**には法的な根拠がなく、学校によって様式・呼び名もさまざまである。また、公立高校の受験をした者は、内申書における各教科の評定である内申点を気にしたであろう。この内申書の正式名称が調査書である。**調査書**は、学校教育法施行規則で定められた公的な文書であり、中学校長は子どもが進学する高校などに送付することになっている。これら通知表と調査書の原簿であり、学校教育法において「当該学校に在学し、又はこれを卒業した者の学習及び健康の状況を記録した書類」（第31条）とされているのが**指導要録**である。

　本節では、評価に関する教師の実務に関わる指導要録の概要を述べておきたい。なお、指導要録は、小学校・中学校・高校によって多少様式が異なっている。本節では中学校のものを例としている。また、新学習指導要領に対応する指導要録は現在作成中であるため、以下では、特に断らない限り旧指導要録の解説によっている（文部科学省、2010）。

　前述の通り指導要録は、ある子どもが一定期間学校に所属したことを示す記録であり、在学中の学習と健康の状況を記した記録でもある。**学籍に関する記録**と**指導に関する記録**に分かれている。様式は学習指導要領の改訂の際に見直され、その度に指導要録の様式の参考案が文部科学省において示される。あくまで参考案であるが、ほぼすべての学校現場でこの参考案の様式が用いられている（「指導に関する記録」の参考案を資料7-1に付した）。保管期間は、かつては20年間であったが、現在指導に関する記録のみ5年に短縮された。**個人情報保護**の観点、および本人ないし保護者からの**情報公開請求**が相次いだためである。現在指導要録は、保護者への全面開示を前提とするものに変わっている。

　学籍に関する記録は、子どもの氏名、性別、生年月日および現住所、保護

者の氏名および現住所、入学前の経歴のほか、入学・編入学などの年月日（ないし事由）、卒業年月日、進学先・就職先の名称と所在地などで構成されている。以下では、指導に関する記録の各項目の概要を述べておこう。

指導に関する記録は、「各教科の学習の記録（「観点別学習状況」および「評定」）、「総合的な学習の時間の記録」、「特別活動の記録」、「行動の記録」、「総合所見及び指導上参考となる諸事項」、「出欠の記録」などで構成され、学年ごとに作成することになっている。

各教科の「評定」については、中学校学習指導要領等に示す各教科の目標に照らして、その実現状況を「十分満足できるもののうち、特に程度が高い」状況と判断されるものを5、「十分満足できる」状況と判断されるものを4、「おおむね満足できる」状況と判断されるものを3、「努力を要する」状況と判断されるものを2、「一層努力を要する」状況と判断されるものを1のように区別して評価を記入することになっている。現在の指導要録の評定が相対評価ではなく絶対評価であるとは、ここでの各評定の子どもの割合が規定されていないことを意味する。

「総合的な学習の時間の記録」と「特別活動の記録」については、各学校が評価の観点を定めることになっている。総合的な学習の時間に関しては、学校が定めた観点に照らして子どもの学習活動に顕著な事項がある場合、その特徴を文章で記すことになっている。特別活動の記録については、同じく学校が設定した観点に照らして、十分満足できる活動の状況にあると判断される場合に○印を記入することになっている。「行動の記録」については、学校生活全体にわたって認められる子どもの行動について項目を設定し、その項目に関して十分満足できる状況にあると判断される場合に○印を記入することになっている。

最後に「総合所見及び指導上参考となる諸事項」に関しては、各教科の学習に関する所見などのほか、進路指導に関する事項や子どもの特徴・特技、部活動、学校内外のボランティア活動など、および子どもの成長の状況に関わる総合的な所見を記すことになっている。ここでは、「学級・学年など集団の中での相対的な位置付けに関する情報も、必要に応じ、記入する」とされている。相対評価は、指導要録の評定欄からはなくなっているが、必要に

資料7-1　中学校の「指導要録」様式2（指導に関する記録）〔参考様式〕

様式2（指導に関する記録）

生徒氏名		学校名		区分 \ 学年	1	2	3
				学級			
				整理番号			

各教科の学習の記録

I　観点別学習状況

教科	観点 \ 学年	1	2	3	教科	観点 \ 学年	1	2	3
国語	国語への関心・意欲・態度								
	話す・聞く能力								
	書く能力								
	読む能力								
	言語についての知識・理解・技能								
社会	社会的事象への関心・意欲・態度								
	社会的な思考・判断・表現								
	資料活用の技能								
	社会的事象についての知識・理解								
数学	数学への関心・意欲・態度								
	数学的な見方や考え方								
	数学的な技能								
	数量や図形などについての知識・理解								
理科	自然事象への関心・意欲・態度								
	科学的な思考・表現								
	観察・実験の技能								
	自然事象についての知識・理解								
音楽	音楽への関心・意欲・態度								
	音楽表現の創意工夫								
	音楽表現の技能								
	鑑賞の能力								
美術	美術への関心・意欲・態度								
	発想や構想の能力								
	創造的な技能								
	鑑賞の能力								
保健体育	運動や健康・安全への関心・意欲・態度								
	運動や健康・安全についての思考・判断								
	運動の技能								
	運動や健康・安全についての知識・理解								
技術・家庭	生活や技術への関心・意欲・態度								
	生活を工夫し創造する能力								
	生活の技能								
	生活や技術についての知識・理解								
外国語	コミュニケーションへの関心・意欲・態度								
	外国語表現の能力								
	外国語理解の能力								
	言語や文化についての知識・理解								

II　評定

学年 \ 教科	国語	社会	数学	理科	音楽	美術
1						
2						
3						

学年 \ 教科	保健体育	技術・家庭	外国語
1			
2			
3			

総合的な学習の時間の記録

学年	学習活動	観点	評価
1			
2			
3			

特別活動の記録

内容	観点 \ 学年	1	2	3
学級活動				
生徒会活動				
学校行事				

（文部科学省、2010）

第7章 教育評価の課題と可能性

生 徒 氏 名

行　動　の　記　録

項　目 \ 学　年	1	2	3	項　目 \ 学　年	1	2	3
基本的な生活習慣				思いやり・協力			
健康・体力の向上				生命尊重・自然愛護			
自主・自律				勤労・奉仕			
責任感				公正・公平			
創意工夫				公共心・公徳心			

総合所見及び指導上参考となる諸事項

第1学年	
第2学年	
第3学年	

出　欠　の　記　録

区分 \ 学年	授業日数	出席停止・忌引等の日数	出席しなければならない日数	欠席日数	出席日数	備　考
1						
2						
3						

応じて活用されることになっているといえる。通級による指導を受けた子どもに関しては、指導を受けた学校名や時数・期間・内容などを記すことになっており、通級による指導を受けていない子どもにおいても効果のあったと思われる指導方法や配慮事項を記入することになっている。

　以上は旧指導要録に沿った説明である。新指導要録では、これらに加えて、「特別の教科　道徳」の評価を文章で記載することになっている。詳細については文部科学省の新学習指導要領のサイトなどで確認しておきたい。

　前述の通り、指導要録には「観点別学習状況」の欄があり、そこでの観点は学習指導要領の改訂の際に見直される。そこで、法的な性格と内容、作成主体、および文部科学省の関与の点から、学習指導要領、指導要録、評価規準、通知表の関係を整理しておこう。表7-2にある通り、評価規準は校長の裁量となっている。教育課程は学校がつくるものであり、その教育課程で設定した学校の教育目標がどの程度達成されたのかを測る「ものさし」が評価規準であるから、評価規準を学校がつくるという原則は、学校が教育課程を定めるという原理に即したものといえる。

5　新しい評価法──パフォーマンス評価とルーブリック──

(1) パフォーマンス評価とルーブリックの概要

　アメリカでは、1970年代における子どもの学力低下やドロップアウト率の高まりへの対応として、1980年代には州レベルで**教育スタンダード**（共通目標）を設定する動きが広まった。この動きは、本来子どもの学力を保障する可能性をもっており、教科教育の団体が作成したスタンダードには高次の学力も示されていた。しかし、スタンダードの達成度を測定する標準テストでは、断片的な知識の有無など、多肢選択式のテストで測りやすい箇所が対象とされた。さらに、2002年の「どの子も置き去りにしない法」（No Child Left Behind〔NCLB〕Act）において、標準テストの成績で教師と学校をコントロールする競争的な説明責任のシステムが構築されると、スタンダード運動はテストで結果を出しやすい教育に矮小化した（石井、2017）。

第 7 章　教育評価の課題と可能性

表 7-2　学習指導要領・指導要録・評価規準・通知表

区分	法的な性格と内容	作成主体	文部科学省の関与
学習指導要領	「学校の教科に関する事項は、文部科学大臣が定める」との学校教育法や学校教育法施行規則（省令）の規定を受け、制定されている、学校の教育課程の大綱的な基準（文部科学大臣告示）。各教科等の目標や内容を定める。	文部科学大臣	文部科学大臣が作成。
指導要録	在学する児童・生徒の学習及び健康の状態を記録した書類の原本。学校に作成・保管義務（学校教育法施行規則、保管は原則 5 年。学籍に関する記録は 20 年）。	指導要録の様式を定めるのは設置者の教育委員会（地教行法）。作成は校長の権限。	文部科学省は学習指導要領の改訂ごとにその趣旨を踏まえた「指導要録の様式の参考案」を提示。あくまでも「参考案」。ただし、転出入児童・生徒の便宜等の観点から多くの自治体で参考例をもとに様式を作成。
評価規準	指導要録における評価の規準（ものさし）。法的な根拠はなし。	作成、内容等はすべて校長の裁量。	国立教育政策研究所で各学校における規準作成のための参考資料を作成。
通知表（通信簿）	保護者に対して子どもの学習指導の状況を連絡し、家庭の理解や協力を求める目的で作成。法的な根拠はなし。	作成、様式、内容等はすべて校長の裁量。自治体によっては校長会等で様式の参考例を作成している場合も。	

注　下線は原文のまま
（文部科学省「学習指導要領・指導要録・評価規準・通知表について」〔http://www.mext.go.jp/b_menu/shingi/chukyo/chukyo3/004/siryo/attach/1399695.htm 2018 年 9 月 5 日取得〕）

　このスタンダード運動の過程で、1980 年代末には標準テストに対する批判が起こるとともに、断片的な知識ではない高次の学力をどのように測るかという課題が浮上した。本節では、この文脈のなかで現れた**パフォーマンス評価**と**ポートフォリオ評価**を紹介する。
　パフォーマンス評価は学習者の振る舞いや作品（パフォーマンス）を手がかりに、概念理解の深さや知識・技能の総合的な活用力を質的に評価する方法である。評価の対象は、作文、レポート、物語、詩、新聞などの作品や、口頭発表、口頭試問、運動技能、実験の計画・実施と報告などの実演があ

る。子どもにとって不自然で人工的な文脈ではなく、必然性のある現実的な文脈のなかで生み出されるパフォーマンスを評価対象とすることから、**真正の評価**とも呼ばれる。客観テストが課題の達成の基準をテストの前に設定するのに対し、パフォーマンス評価ではパフォーマンスに応じてそれの熟達レベルを質的に識別する**ルーブリック**を作成する。ルーブリックは、熟達レベルをいくつかの段階に分け、それぞれの段階に対応する認識や行動の特徴を記したものである。それぞれの段階の特徴を示した典型的な作品（アンカー作品）を添付することが多い。

ルーブリックは、実際の子どもの作品群をもとに、複数の評価者の点数とその根拠のすり合わせを通して作成される。完成したルーブリックは、子どもの作品が集まることで再検討される。ルーブリックを作成する関心で評価者の評価の観点や採点結果をすり合わせるコミュニケーション過程（モデレーション）は、評価の信頼を高めると同時に、教育における価値を協働的に問い直す重要な教員研修の機会となる。

口頭発表や実験ノートの評価において、パフォーマンス評価とルーブリックは特に重要な役割を果たす。これらの評価では、正解を答えさせるテストの有効性が限られるためである。また、教師が個人的に評価をした場合、評価者の個人的見解によって作品の評価に差が生じやすい。パフォーマンス評価の有効性は、子どもの作品を前にしてルーブリックをつくる過程で教師の同僚性を再構築する可能性に委ねられている。

以上の通り、パフォーマンス評価は、評価の枠組みを事前につくった上でそれに対する達成度を測定する従来の評価を超える可能性をもっている。またパフォーマンス評価は、ルーブリックという形で目標とするパフォーマンスの質を明示できる点で、子どもに明確な学習の目標を与え、自己評価を容易にする長所もある。とはいえ、パフォーマンス評価にしても、評価を子どもの学習の支援にどのように活かすかという課題は残されている。高い目標や優れた作品を前にしても、すべての子どもがその目標に向けて努力するとは限らないからである。ルーブリックやそれを軸としたパフォーマンス評価は、子どもの学習の質を読み取り、それに応答する教師の実践的判断を育てる一つの提案として考えるべきだろう。

なお、パフォーマンス評価の一形態にポートフォリオ評価がある。**ポートフォリオ**とは、もともと作品などを束ねる紙ばさみを意味している。子どもは、作品、作文、レポート類、客観テストや自由記述式のテストを紙ばさみに束ねて教師に提出することから、ポートフォリオ評価と呼ばれる。子どもの作品群から学習の履歴が評価される。

パフォーマンス評価やポートフォリオ評価をはじめとするさまざまな評価方法の特徴は、図7-3の通りである。

図7-3　さまざまな評価方法

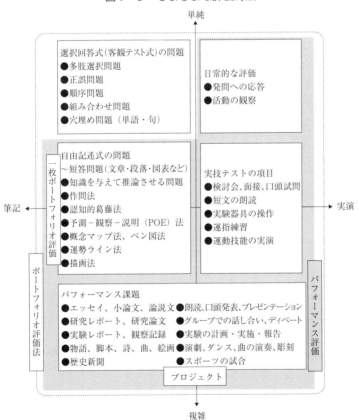

（西岡他、2015、p.123）

(2) パフォーマンス評価の具体例

以下では、パフォーマンス評価の具体例を二つ見てみよう。

① 中学校社会科（地理的分野）第1学年「よりよい地域を提案しよう！」

単元「身近な地域の調査」（全13時間）では、子どもが教室で学んだ地図記号や縮尺、方位を活用して調査に出かける活動が行われる（三藤他、2010）。子どもは最初の授業で、単元の趣旨とともに資料7-2のパフォーマンス課題を提示される。第2時から第4時にかけて新旧の地形図の比較などの具体的な活動が行われる。そして、宿題としてパフォーマンス課題の下書きを準備した後、第5時～第7時においてグループ内で発表の仕方などを相談する。第8時から他の班の発表を聴く活動、レポートの清書、班内でのプレゼンテーションを行い、それらを経て、全体に報告する。活動の振り返りでしめくくりとなる。

資料7-2　中学校社会科のパフォーマンス課題「よりよい地域を提案しよう！」

> あなたは、都市計画の研究者です。この度、神奈川県庁から、よりよい地域を作るためのアドバイスを求められました。あなたの住んでいる町（または区や市）の特色をとらえた上で、なぜそのような特色があるのかを説明してください。そして、よりよい地域（町や区や市）を作るための提言レポートをまとめた上で、県庁で行われる会議で報告してください。
> 　それには現在どんなことが問題としてあって、どのようにしていったらよりよくなるのかアイディアを考えてください。
> （例）「若い人が暮らしてくれるような町づくり」「地元の商店街の活性化」「ベッドタウンの継続的な発展」「災害に強い町づくり」など

（三藤他、2010、p.7）

子どもの作品例を見てみよう（資料7-3参照）。ここでは、岩崎町付近で国道1号線が渋滞する原因について、仮説を立てた上で議論がなされている。子どもは当初、渋滞が車の交通量の多さによって引き起こされるという仮説を立てていた。しかし実際の調査から、渋滞の原因には他にも地域の南北をつなぐ道が限られている点があることが明らかとしている。作品は、渋滞の解消に向けた提案にも踏み込むものとなっている。

第7章 教育評価の課題と可能性　175

資料7-3　「よりよい地域を提案しよう！」の作品例

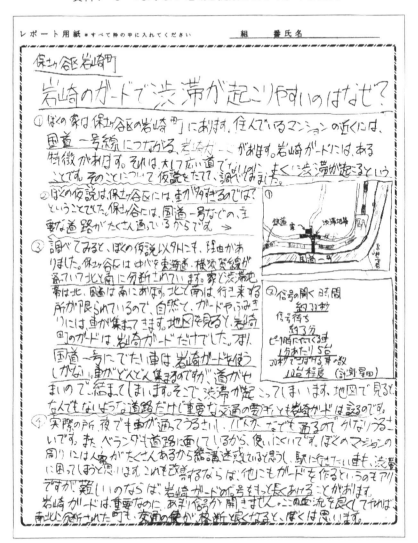

（三藤他、2010、p.12）

パフォーマンス課題を評価するルーブリックは、資料7-4の通りとなっている。このルーブリックを事前に示すことで、学習の到達目標が明確になっている。

資料7-4　パフォーマンス課題「よりよい地域を提案しよう！」のルーブリック

レベル	パフォーマンスの特徴
4 良い	・地理的条件の例から特色に見合った身近な地域の特色を説明している。 ・その地域の特色について、「なぜそのようなことが起こっているのか」について仮説が複数立てられている。 ・仮説をもとに改善点を考え、筋道が通っていて建設的な提案がされている。 ・レポートの内容に適した資料を選んで説明している。
3 合格	・地理的条件の例から身近な地域の特色を説明している。 ・その地域の特色について「なぜそのようなことが起こっているのか」について仮説を立てている。 ・仮説をもとに改善点が考えられている。 ・資料を用いて説明している。
2 もう一歩	・身近な地域の特色を説明しているが、地理的条件の観点が抜けている。 ・その地域の特色について「なぜそのようなことが起こっているのか」について仮説を立てているが、説明が不足している。 ・資料を用いているが活用の仕方がもうひと息である。
1 かなりの改善が必要	・身近な地域の特色がつかみきれていないため、あいまいである。 ・その地域の特色について「なぜそのようなことが起こっているのか」がなく、地域の事実を並べたものになっている。 ・資料を用いていないか関係ない資料を用いている。

（三藤他、2010、p.14）

②小学校算数第6学年

先の例が実際の中学校で用いられたパフォーマンス評価であったのに対し、こちらは標準テストでは測りにくい学力を評価する方法を開発する研究の一貫として行われたパフォーマンス評価である（松下、2007）。子どもには20分で資料7-5の課題に取り組んでもらい、自由記述式で回答してもらった。

評価は次の手順で行われた。採点が恣意的・独断的になるのを避けるため、採点は3人で行われた。まず課題分析が行われ、予想される解法がリス

資料7‑5　算数の課題のルーブリック

　子ども会でハイキングに行ったところ、ある地点でコースが二手に分かれていました。さつきコースが全長3kmで、けやきコースは全長5kmです。どちらのコースをとってもレストハウスへ行けます。そこで2つのグループに分かれて、レストハウスで合流することにしました。ゆう子さんのグループは、さつきコースにしました。あきお君のグループはけやきコースにしました。
　10時に二手に分かれて、ゆう子さんのグループがレストハウスについたのは11時でした。その時、あきお君たちのグループはまだ到着していませんでした。「距離が長いから当然だね。あきお君たちが着くまでどのくらいの時間がかかるかはかってみよう。」ということで、時間をはかっていたら、30分後にあきお君のグループがレストハウスに到着しました。ゆう子さんはあきお君に「どこかで休憩していたの？」と聞きました。あきお君は「休憩なんかしてないよ。ずっと歩いていたんだよ。」と答えました。どちらのグループも休憩したりせず、一定の速さで歩いていました。
　そこで、みんなはどちらのグループのほうが速く歩いたのか知りたくなりました。あなたは、どちらが早く歩いたと思いますか。考えたこととその理由を書いてください。
※（原文につけられているふりがなは略した。）

（松下、2007、pp.24-25）

トアップされた。この問題の場合、速さで比べる解法や、1km歩くのにかかった時間で比べる解法、歩く時間をそろえて比べる解法など8通りの解法が予想された。この予想に基づき、採点に先立って、採点者によってルーブリックの素案がつくられた。そして、個別に採点が行われ、その過程でルーブリックがさらに具体化されていった。続いて、採点者3人による採点結果のつき合わせ作業を通して、得点が採点者間ですり合わせされた。それと並行して、ルーブリックが修正・加筆された。こうして完成したルーブリックが次頁の資料7‑6である。そして、完成したルーブリックに従って採点が見直され、得点が確定した。最後に、ルーブリックの説明や解答傾向の分析に役立つように、特徴的な採点事例が抽出された（松下、2007）。

　松下（2007、p.29）によると、「パフォーマンス評価の手続きは、子どもたちの解答とルーブリックと採点結果との間の往復」であり、「何枚もの解答を共同で読み解いていくうちに、だんだん、その背後にある子どもの思考プロセスや表現の特徴が読み取れる」ようになる。そして「教育的鑑識眼」が培われるという。

　ルーブリックの完成に至るプロセスについては、煩雑さが免れないかもし

資料7-6　算数のルーブリック

	概念的知識	手続き的知識	推論とストラテジー	コミュニケーション
観点の説明	問題が理解できている。 速さ・時間・距離の関係が正しく理解できている。	解法の手続きを正しく実行できている。 解を導くために必要な計算が正しくできている。	数学的に筋道だった考え方をしている。 二つの内包量（速さ）を正しく筋道立てて比較できている。	自分の考え方を数式、ことば、図、絵を使ってきちんと説明できている。 速さをどう比較したかを数式、ことば、図、絵を使ってきちんと説明できている。
3	a)時間、距離に関する情報が正しく取り出せている。 b)時間、距離、速さを正しく関係づけられている。	a)解を導くために必要な計算が正しくできている（分数・小数を含むかけ算・わり算の計算、単位換算など）。	a)どんな量や比で比較するか正しく選択できている。 b)比較の仕方に一貫性と順序性がある。 c)手続きの結果を題意にてらして吟味できている。	a)考え方（プロセスと答え）が数式や言葉などを使ってきちんと書かれており、しかも、その根拠が十分に説明されている。
2	a)時間、距離に関する情報は正しく取り出せているが、それらの関係づけに一部誤りがある。 b)速さの概念に部分的な誤りがある。 c)時間、距離に関する情報に正しく着目しているが、見落としや誤記がある。	a)解を導くために必要な計算を行っているが、小さなミスがある。 b)解を導くために必要な計算ではないが、計算そのものは正しく行われている。 c)解を導くために必要な計算が部分的にしか行われていない。	a)どんな量や比で比較するかを正しく選択できているが、比較の仕方に一貫性や順序性が欠けていたり、不十分さがみられる。 b)手続きの結果を題意にてらして吟味していない。	a)数式と答えはきちんと書かれているが、それについての説明が不十分であるか、誤っている。 b)考え方の説明に部分的な欠落がある。 c)数学的言語の使い方が不十分である。 d)説明部分と下書き部分がきちんと区別されていない。 e)説明が途中で終わっているが、書こうとした内容が十分予想できる。
1	a)時間と距離に関する情報に着目しているが、正しく取り出せていない。 b)時間と距離に関する情報は正しく取り出せているが、関係づけが行われていない。 c)速さの概念に重大な誤りがある。	a)解を導くために必要な計算を行っているが、重大な計算ミスがある。 b)解を導くために必要な計算ではなく、計算そのものも誤っている。 c)計算はしていないが、何らかの数学的操作は行っている。 d)演算が完全に間違っている。	a)どんな量や比で比較するかを正しく選択できていない。 b)比較の基準が不明である。 c)比較の基準が複数書かれていて、その間に矛盾や齟齬がある。 d)定性的判断しか行っていないか、概念を誤って適用している。	a)説明が断片的で関連付けられていない。 b)数式や答えがきちんと書かれていない。 c)絵・図のみで言葉や数式での説明がない。 d)説明の重要部分が欠落している。 e)結論がない。
0	a)時間と距離の一方にしか着目できていない。 b)時間あるいは距離の概念に重大な誤りがある。 c)意味のある情報がみられない。 d)空白	a)解法を示す数式や言葉がみられない。 b)数学的操作がまったく行われていない。 c)空白	a)速さの比較が行われていない。 b)空白	a)考え方の説明がない。 b)絵・図・数式などが書かれているが、まったく意味をなしていない。 c)空白

(松下、2007、pp.24-25)

れない。しかし、同じ子どもの作品や解答を前に複数の教師が意見を交換する経験は、教師の成長にもつながる重要な経験になるだろう。子どもに課す課題を共同で作成し、その答案を読み合う経験は、同僚性を構築する現職教育の柱として意義を有している。

(佐藤英二)

──引用参考文献一覧──

＊天野正輝（1993）『教育評価史研究』東信堂
　石井英真（2015）『現代アメリカにおける学力形成論の展開（増補版）』東信堂
＊石井英真（2017）「学校改革とカリキュラム変革の歴史と現在」秋田喜代美編『岩波講座　教育　変革への展望5　学びとカリキュラム』岩波書店、135-162頁
　クリバード, H., M.（1997）「第4章　いわゆる"タイラー理論"なるものを再考する」高浦勝義編著『総合学習の理論』黎明書房、43-57頁
＊佐藤学（1985）「第四章　カリキュラム開発と授業研究」、安彦忠彦編『カリキュラム研究入門』勁草書房、88-122頁
　佐藤学（2004）『岩波ブックレットNo.612　習熟度別指導の何が問題か』岩波書店
＊田中耕治（2008）『教育評価』岩波書店
　田中耕治編（2009）『よくわかる教育課程』ミネルヴァ書房
　中央教育審議会教育課程部会（2010）「児童生徒の学習評価の在り方について（報告）」
　中央教育審議会（2016）「幼稚園、小学校、中学校、高等学校及び特別支援学校の学習指導要領等の改善及び必要な方策等について（答申）」
＊西岡加名恵他編（2015）『新しい教育評価入門』有斐閣
　日本システム開発研究所（2010）『平成21年度文部科学省委託調査　学習指導と学習報告に対する意識調査』(http://www.mext.go.jp/b_menu/shingi/chukyo/chukyo3/004/siryo/__icsFiles/afieldfile/2010/02/19/1289879_1.pdf〔2019年2月10日取得〕)
　藤岡秀樹（1994）『学力・能力・適性の評価と指導』法政出版
　松下佳代（2007）『日本標準ブックレットNo.7　パフォーマンス評価』日本標準
　三藤あさみ他（2010）『日本標準ブックレットNo.11　パフォーマンス評価にどう取り組むか』日本標準
　文部科学省（2010）「小学校、中学校、高等学校及び特別支援学校等における児童生徒の学習評価及び指導要録の改善等について（通知）」(http://www.mext.go.jp/b_menu/hakusho/nc/1292898.htm〔2018年9月20日取得〕)
　綿貫公平他（2011）「座談会「観点別評価」は子どもと教師に何をもたらしたか」『教育』第791号、国土社、4-18頁

第 3 部
子どもたちによって経験される カリキュラム

第8章
教師と子どもたちによってつくられる単元学習

―― 本章のねらい ――

人類が蓄積してきた知的文化的遺産を子どもたちに伝達することに重きを置く教科カリキュラムに基づいた単元学習とは異なり、経験カリキュラムに基づいた単元学習では、子どもたちの実生活における興味や関心、疑問に関連する問題を解決する過程を通じて、必要な知識や技能を子どもたちが獲得できるように、教師は単元学習をデザインしようとする。したがって、子どもたちの興味や関心、疑問によって単元学習は異なり得るのであるから、経験カリキュラムでは、教師と子どもがともに単元学習をつくっていると見ることができる。本章では、社会科と総合学習における経験カリキュラムに基づいた単元学習が、教師と子どもたちによってどのようにつくられるのかを、映像資料に即して検討していくこととしたい。

1 カリキュラム編成の類型

子どもは教師の想定通りに学ぶこともあれば、教師が想像もしていなかった箇所に躓いたり、予想していなかった発言をしたり、教師が提示する課題に魅力を感じなかったり、授業前の出来事を引きずって授業に参加しなかったりする結果、想定通りには学ばないこともある。実際には、想定通りに学ばないことが多いのかもしれない。いいかえれば、教師は制度化されたカリキュラムを、単元や授業を通じて子どもたちのよりよい学びの履歴としてのカリキュラムに変換しようとしているが、思い通りには変換できないことが多いのである。もちろん、想定通りに変換できないことが、単元や授業の内容や方法、そして子どもの学びに関する教師の理解を蓄積していくための足

場となり得るし、またたとえその変換過程を統制し切ることができないとしても、教師はよりよい学びの履歴としてのカリキュラムを子どもたちが形成することを支援しようとしている。

ところで、子どもたちが獲得することが期待される知識や技能を学校教育のカリキュラムに編成する類型には、**教科カリキュラム**（subject curriculum）、**相関（関連）カリキュラム**（correlated curriculum）、**融合カリキュラム**（fused curriculum）、**経験カリキュラム**（empirical curriculum, experience curriculum）、**広領域カリキュラム**（broad field curriculum）、**コア・カリキュラム**（core curriculum）などが存在している。

本章では、経験カリキュラムを例として、教師が授業や単元を通じて、子どもたちがよりよい学びの履歴としてのカリキュラムを形成していくことを、どのように支援しようとしているのかについて考えるが、その前にそれぞれのカリキュラム編成類型の違いに簡単に言及しておくこととしたい。

教科カリキュラムとは、背景となる学問分野の領域・構造に基づいて諸教科が並立したものであり、相関カリキュラムとは、教科カリキュラムの枠を維持したまま教科間の相互連関を図ったものであり、融合カリキュラムとは、相関カリキュラムの考えを突き詰めて、関連性の大きい教科間の壁を低くするか、取り払ってしまうものである。小学校の生活科、小学校・中学校の社会科や理科は融合カリキュラムに基づく教科であるといえる。

経験カリキュラムとは、子どもの生活経験を中心に据えてカリキュラムを構成しようとするものであり、その生活経験とは、科学や教科の存在を無視するものではなく、文化や社会生活、また学問について経験に基づきながら理解を深め、社会に参加していけるように導いていく目的的な経験である。

広領域カリキュラムとは、教科の枠を取り払い、学問の専門分野をより広い領域に統合することによって、教育内容・学問内容の細分化を克服し、あるテーマをより広い視野から探究しようとするものである。日本の学校教育でいえば、技術・家庭科や情報科などが該当する。

コア・カリキュラムとは、コアとなる中心課程とそれを支える関連内容領域の周辺課程から構成されるものである。前者で現実生活上の課題を解決しながら学習を進め、後者でその活動に必要な知識や技能を学習していくもの

であり（あるいは前者で共通の必要に応える必須学習、後者で各個人の必要に応える選択学習を行うものもある）、戦後の新しい教科である社会科の設置を一つの契機として広がりを見せたが、1958年に改訂された学習指導要領において科学性や系統性を重視する教科カリキュラムが重視されるようになって衰退した。

　以上はあくまでもカリキュラム編成の類型であり、実際の学校現場のカリキュラムでは、例えば数学といった教科カリキュラムに適合的な教科であっても、経験カリキュラムを通じて教えることもできる。したがって、一つの教科でも複数の編成類型でカリキュラムが構成されることもあり得るのであり、特定の教科のカリキュラムは特定の編成類型で構成するものと決まっているわけではない。

2　社会科における経験カリキュラムに基づく単元づくり

　ここでは、戦後新教育の花形教科であった**社会科**の実践を撮影した映画『はえのいない町』（村治夫演出、1950年）を検討することを通じて、戦後新教育の教科教育・学習において経験カリキュラムに基づく単元づくりがどのように行われていたのかを見ていくこととしたい。

　『はえのいない町』は、第3章の コラム3-1 「花形教科としての戦後初期社会科」で言及した**川口プラン**に基づく社会科の実践を記録した映画である。川口プランとは、教育学者と川口市が協力して、1947年4月の学習指導要領・社会科編（試案）刊行前の同年3月に発表したものであり、生活構成体の社会的機能が直面している問題の解決を、社会科における子どもたちの学習課題とするものであった。いいかえれば、「子どもが主体になり、地域社会の現実を自分の目で観察してデータを収集し、その問題解決をめざす」（中村、2014、p.67）プランであり、「「初期社会科」の理念を典型的に体現した実践であった」（同前）。

　『はえのいない町』は、『社会科教材映画大系』（原案は日本学校映画教育連盟）という1950年代前半に作成された学校教育映画シリーズに含まれるもので、岩波映画製作所の第一作であり、『社会科教材映画大系』で最もヒット

図8-1 『はえのいない町』タイトル

(岩波映像株式会社、以下同じく)

したものであった。

　付言すると、前述したコラムに記したように、丹羽美之・吉見俊哉編『記録映画アーカイブ2　戦後復興から高度成長へ——民主教育・東京オリンピック・原子力発電——』(東京大学出版会、2014年)に付属しているDVDで『はえのいない町』を視聴することができる。

(1)　『はえのいない町』の内容

　『はえのいない町』は、茨城県の水海道小学校で実践された、川口プランにおける「保健衛生」の社会的機能を学ぶ単元学習を撮影したものである。12分程度という短編映画であり、全体の流れを示せば、次のようになる。

①　単元学習の開始

　映画は、ハエが米粒を食べている場面、続いて子どもたちが教室で弁当を食べているところにハエがたかる場面から始まる。そして、以下のように次々と場面が切り替わり、女の子のナレーションが各場面を説明していく。

　ハエの多さをどうにかしようと、小学校の保健部が中心となって学校のハエ取りを計画する。みんなが手分けして学校中のハエを退治して回り、1万匹くらいのハエを取り、一時的に学校ではハエが見当たらなくなった。しかし、数日するとハエが出てくるようになったので、どこからハエがやって来るのかと探してみると、1人の子どもが校庭の隅にあるゴミ捨て場でハエが

タマゴを産んでいることを発見した。

保健部はタマゴを観察することとし、タマゴが半日で小さなウジに孵ること、ウジが腐ったもののなかでどんどん大きくなり、5、6日目にはサナギになること、その後3、4日経つとハエの成虫が出てくること、1匹の親バエが産んだ150あまりのタマゴが10日ほどで親と同じようなハエになること、そしてそれが繰り返されること、またハエは毛だらけの体にたくさんのバイ菌を付けて食べ物を探して弁当にたかること、これらのことを発見した。

図8-2　全校でのハエ退治

保健部がこの発見を学校委員会に報告すると、ハエに羽が生えてから追い回すよりも、固まっているタマゴやウジのときに殺すことが大事だとみんなの意見がまとまり、保健部を中心として、全校児童で公式のハエ退治に取り掛かることとなった。

子どもたちは、腐ったゴミなどを片づけること、ハエがタマゴを産み付ける場所をなくすこと、トイレやゴミ箱にはハエが入り込まないように蓋を取り付けること、タマゴやウジには薬をかけたり、お湯をかけたりすることを通じて、ハエを退治していった。

② 単元学習の拡張──学校外への学びの拡張──

しかし、学校の外を見ると、町では荷馬車が汚いゴミを落として平気で通っていくし、牧場にはハエがたくさんいて、牛のフンの上にタマゴを産み付けている。また、町外れのゴミ捨て場には、真っ黒に見えるほどハエがたかっている。1匹だけで何百万というバイ菌をもっていると思うと恐ろしくなる。

このような場所をなくしたいと思い、先生に相談して、子どもたちは近くの保健所にハエ退治を頼みに行くこととした。保健所は、町や村の衛生のた

図8-3　保健所訪問

めに衛生班を組織していること、また冬の間は発疹チフスを撒き散らすシラミ対策で大変だったが、夏になったのでハエ退治に全力を注いでいることを知った。そして衛生班と学校、子どもたち、町の人たちが協力して、町中のハエをなくすこととなった。

　学校では、普通のゴミと腐りやすいものを分別してゴミ捨て場に捨てるようにし、ウジが育つ場所を片っ端から除いていった。トイレは水洗式か改良式に直したいが、すぐにはできないので薬を撒いてウジを殺すこととした。町役場も、汚い場所の清掃を行い、きれいになった場所に衛生班が次々と薬を撒いていった。

　こうして町はすっかりきれいになり、ガラス戸や網戸が付いた魚屋や肉屋からはハエが1匹もいなくなった。牧場の牛の周りにもハエが見当たらなくなった。ところが、町の外から来た荷馬車がハエとフンを落としていくのだ。また、魚を積んできたトラックもたくさんのハエを運んでくる。

　自分たちの町では、よそから来たハエと毎日毎日戦っているが、これではいつまで経ってもハエを本当になくすことはできない。そして「もし、よその町や村にもすっかりハエがいなくなったら、どんなによいことでしょう。皆さんの町や村では、どのようにしてハエを退治していますか。日本中からハエをいなくする仕組みをみんなで考えましょう」と呼びかけるナレーションとともに映画は終わる。

(2) 『はえのいない町』に見られる単元学習

① 課題の継起

　『はえのいない町』は、ハエを身の回りから駆除したいという、学校生活から生じた子どもの関心を学習課題と設定するものであり、その課題に取り組みながら学校や地域の保健衛生の実態、課題を調査し、その解決を摸索す

る過程で地域社会における保健衛生の機能を学ぶ単元学習を映像化している。また、社会科ではあるが、子どもたちはハエの生態という理科的な知識を単元学習の過程で獲得している。さらに、ハエが身の回りに存在する一因は、自分たちの町と他地域を結ぶ流通や交通にあるということも、子どもたちは結果的に学んでいる。

　カリキュラムの観点からいえば、『はえのいない町』は、ハエを駆除したいという関心から学習課題が設定されて子どもたちの学びが始まり、ハエの駆除をめぐる諸活動が展開していく過程でさまざまな新たな課題に直面し、その新たな課題の解決を摸索するなかで、例えば、ハエについて、駆除について、地域の機関の役割について、また特定の地域だけでは問題を根本的には解決できないことについて学ぶ、という経験カリキュラムに基づく単元学習を映し出している。

　具体的に映画を踏まえて叙述すれば、食事を邪魔し、食べ物にバイ菌を付着させるハエをどうにかしたいという、子どもたちの学校での生活経験を踏まえた関心に基づき学習課題が設定され、単元学習の探究が開始されたのであった。

　単元学習が始まると、保健部が中心となってハエ取りが行われ、教室からハエがいなくなり、ハエの駆除問題は解決したように思えた。しかし、しばらくするとハエが再び現れるようになった。子どもたちはハエがどこからやって来るのかということに関心をもち、このことが新たな学習課題として設定され、教室を超えて学校全体を対象としてハエを探索する調査を開始し、校庭の隅にあるゴミ捨て場にハエのタマゴがあることを発見した。

　そしてこの発見は、子どもたちに新たな課題をもたらすこととなった。ハエを根本的に駆除するために、ハエのタマゴを観察するという新たな課題が設定されたのであり、この課題を保健部が探究することで、子どもたちは前述したような知識を獲得することとなった。すなわち、タマゴ——ウジ——サナギ——成虫というハエの生長の過程には10日ほどかかり、ハエは10日ほどで150倍の数になるといった知識である。

　保健部が発見した知識を学校委員会に報告すると、全校児童で公式にハエ退治に取り掛かるという新たな課題が設定された。この新たな課題に迫るた

めに、保健部の獲得した知識に基づいて子どもたちは、ハエが集まらないようにするために清掃を行ったり、タマゴを産み付けるような場所をなくしたり、ハエが入り込まないようにトイレやゴミ箱を修繕したり、タマゴやウジに薬剤を散布したり、熱湯をかけたりするといった作業に取り組んだ。

その結果、学校からハエが駆除され、子どもたちの学習は終わりを迎えたかと思われたが、学校の外にはハエが数多く存在することを子どもたちは見出し、その駆除について先生に相談し、保健所を訪ね、保健所の役割（保健衛生の社会的機能）を学習することとなった。子どもたちは保健所で学んだことを学校の衛生環境に適用し、学校でハエが繁殖しないように改めて学校の衛生環境を整備する課題に取り組むこととなった。子どもたちの取り組みに加えて、町役場の尽力などもあり、町ではハエが見当たらなくなった。

しかしながら、子どもたちはここで改めて新たな課題に直面する。すなわち、町の外部からハエが持ち込まれることをどうするのかという課題であり、最後の呼びかけが示唆するように、この課題は子どもたち、学校、町だけでは解決できない難問であることを子どもたちは認識したのであった。

② 螺旋を描く学びの軌跡

以上で見てきたような経験カリキュラムに基づく、子どもたちの関心を踏まえた単元学習の過程において、子どもたちは課題を解決するたびに、その課題を生み出しているより根本的な新たな課題に直面したのであり、子どもたちの学びは課題――解決――課題――解決――……という螺旋的な軌跡を描いていた。そして、子どもたちは次々と浮上する課題の解決に取り組むことを通じて、ハエの駆除を中心的な学習課題としながら、学習する対象・範囲を拡張してハエの生態、学校や町の衛生環境、衛生班の機能などに関する知識を蓄積し、また複数の事象を関連づけ、さらに地域の外部にも広がる社会に関する認識を深化させたのであった。

ここで見逃してはならないのは、子どもたちの意識にあったのはハエを駆除することであり、これらの知識を学ぶことであったわけではなかったということである。それにもかかわらず、ハエを駆除するための諸活動が必然的に／結果的にこれらの知識を獲得させたのであった。

それゆえ、経験カリキュラムに基づく単元学習は、何に出会うのか、どのような活動を試みるのかによって、子どもたちの学ぶ知識が異なったものとなり得るのであり、ハエを駆除しようと活動したからといって、『はえのいない町』に映像化されている学びが生じるわけではない。したがって、子どもたちの関心を踏まえながら、どのような人やモノと出会わせ、どのような活動をさせるのかを支援する教師が重要な役割を果たすということができるのであり、子どもたちの興味や関心、疑問を重視する経験カリキュラムにおいても、教科カリキュラムをはじめとする他のカリキュラム編成類型と同様に、教師の単元学習のデザインが子どもたちの学びの軌跡を左右するのである。

　ところで、経験カリキュラムに基づく戦後社会科カリキュラムのモデルを果たそうとした映像資料であるという性格のためであろうか、『はえのいない町』には、子どもたちを保健所へと連れて行く場面以外では教師の姿は登場しない。しかし、観察の方法の習得、保健所の訪問をはじめとして、教師はさまざまな支援を通じて、子どもたちの経験が、単なる経験にとどまらない目的的な経験となるように支援していたものと想像することができる。

　次節では、『はえのいない町』よりも教師の姿が頻繁に登場する映像資料を通じて、経験カリキュラムと教師の関わりについて検討しよう。

コラム 8 - 1

我々の教育観

　我々が有している教育観は、技術的教育観、社会変革的教育観、人間主義的教育観、学問的教育観の四つに大別することができる（McNeil、1981）。

　技術的教育観は、教育を実用的な目的に資するものであり、個人や社会が必要とする知識や技能を与えるものと捉えるものである。社会変革的教育観は、教育を社会にとって望ましい変化をもたらすものであり（誰にとって望ましいのかという点には注意を要する）、特定の価値観や思想、行動を促すものと捉えるものである。人間主義的教育観は、教育を個々人の自己実現と成長とを促すものと捉えるものであり、学問的教育観は、教育を特定の学問分野に関する知識や理解を維持し、伝承し、発展させるためのものと捉える

ものである。

　各教師の願いの基底を構成する教育観は、実際には四つの教育観が融合したものであるが、四つのうちのどの教育観を重視するのかによって、教師が子どもたちに何のために教えるのか、どのような支援を提供するのかといった点は異なるものとなる。

(岩田一正)

3　総合学習における経験カリキュラムに基づく単元づくり

　現在では映画監督として知られ、2018年に第71回カンヌ国際映画祭において監督作『万引き家族』がパルム・ドールを受賞した是枝裕和が、かつてドキュメンタリー番組を制作していた時期に取材、構成、プロデュースした『もう一つの教育～伊那小学校春組の記録～』(フジテレビ「NONFIX」1991年5月28日放送、演出：是枝裕和、製作著作：テレビマンユニオン)を参考としながら、経験カリキュラムに基づく単元学習において、子どもの学びや経験を教師がどのように支援しているのかということを検討することとしたい。

　この番組の舞台となっている長野県伊那市立伊那小学校は、総合学習(総合的な学習の時間とは異なる)の伝統校であり、番組では、同小学校の春組による2年半という長期にわたる総合学習の実践が撮影されている。なお、以下における伊那小学校に関する記述は、番組に基づいたものである。

(1)『もう一つの教育』の内容

　『もう一つの教育』は約47分のドキュメンタリー番組であるが、ここでは簡単にその内容を概観しておくこととしたい。

　① 3年生の単元学習

　伊那小学校3年春組の子どもたちは、1年生のときに子牛を飼っていたが、もう1度牛を飼うかどうかについて10月に話し合いを行っていた。山梨県にあるキープ牧場から子牛(ジャージー牛)を貸してくれるという連絡が

第 8 章　教師と子どもたちによってつくられる単元学習　193

あったのだ。話し合いの結果、全員が子牛を飼いたいという意見でまとまった。

　ローラという名の子牛がやって来る前に子どもたちが最初に行った活動は、ローラを飼う小屋の建て直しであった。別のクラスが使用していた小屋をローラのために立て直したのである。次に、子どもたちは、ローラをどのくらいの期間にわたって飼うことができるのかについて見通しをもつために、餌代の計算、すなわち、1ヶ月にかかる餌代を5,190円として、1年でいくらかかるのかを求める課題に取り組んだ。子どもたちは掛ける数が2桁の計算をまだ習っていない段階で、この課題に挑戦することとなった。

図8-4　『もう一つの教育』タイトル

（フジテレビ「NONFIX」1991年5月28日放送、演出：是枝裕和、製作著作：テレビマンユニオン、以下同じく）

　最初に10ヶ月分を計算したが、1ヶ月分を次々と足す子ども、5ヶ月分を掛け算で出して2倍する子ども、9ヶ月分を掛け算で出してそれに1ヶ月分を足す子どもなど、さまざまな方法で子どもたちは計算した。10ヶ月分を計算した後に、1年分の餌代を計算することとなったが、その際に担任の百瀬先生は、いろいろな方法で計算できるが、速く計算するには筆算がいいということを子どもたちと確認し、課題に取り組ませている。

　子どもたちは筆算に取り組むが、掛ける数の10の位の数字を掛ける時、なぜその答えを左に1桁分ずらして10の位から書き始めるのかがわからなかった。これを理解したのは、餌代10ヶ月分を計算した時に、1ヶ月分を次々と足していった子どもであった。その子どもは、左にずらしているように見えるのは1の位に0を書いていないだけであることを発見した。そして百瀬先生は、その子どもの考えを、必ず0になるので書く必要がないため、左にずらしているように見えると補足した。こうして、子どもたちは掛ける数が2桁の筆算の方法を理解し、1年分の餌代を導出した。

図8-5　餌代の計算

　1年分の餌代を計算する過程について百瀬先生は、子どもたちは算数を学習しているという意識はなく、どれくらいの期間にわたってローラを飼うことができるのかを理解するために、いいかえればローラと自分たちの関わりのために餌代を計算しているのであり、子どもたちにとって意味のある必然的な学習になっていると語っている。

　次に行われた子どもたちの活動は、建て直した牛小屋に敷くための落ち葉を集めることであった。拾った落ち葉が何なのかを百瀬先生と子どもたちは事典で確認しながら、牛小屋に相応しいナラやケヤキの落ち葉を集めた。牛小屋については、子どもたちはいくつかのグループに分かれて、牛小屋の外壁を飾る絵を親子で描く活動にも取り組んでいる。

　11月末にはキープ牧場を見学し、貸してもらうローラと出会っている。そして翌年1月についにローラが春組にやって来た。子どもたちは合唱してローラを迎え、ここからローラと春組の子どもたちの生活が始まった。

　数多くの参観者を集めて2月に開催された公開学習指導研究会において、

図8-6　ローラを迎えて

春組はローラに与える餌をどうするのかについて話し合った。太りすぎると乳牛に育たないため、餌は重要な問題であり、話し合いにおいて子どもたちは、稲藁、オーチャードグラス、イタリアングラスといった種類の餌を、根拠を挙げながら述べていった。話し合いが進むなかで、ある子どもが自分たちの考

えはいろいろと出たが先生の考えはどうですかと百瀬先生に尋ねた。百瀬先生が子どもたちに対して、先生が答えた方がいいかどうかを尋ね返すと、子どもたちは自分たちで決めなければならないから答えない方がいいと述べ、百瀬先生は自分の意見を言わないこととなった。

② 4・5年生の単元学習

　4年生になると、子どもたちは、朝から牛小屋の掃除やローラの世話をしたり、ローラの様子や世話について記す日誌を書いたり、また畑の肥料となるローラのフンを集め、その肥料を使用して栽培したトウモロコシを収穫し、価格を付けて保護者に販売し、そのお金で農協から餌を買ったり、さらに草を刈って自分たちで餌をつくったり、ローラとの関わりを描いた作文を書いたりするといった多様な学習活動を展開した。

　5年生になると、4月にローラへの種付けが行われた。ローラの出産予定日は翌年の1月29日であった。これに合わせて、キープ牧場はローラの返却を出産予定後の3月まで延長してくれた。子どもたちは出産を楽しみにしていたし、百瀬先生は、ローゼルと名づけられる予定の子牛やローラと子どもたちとが関わりながら展開するさまざまな学習を計画していたことだろう。

　しかし、1月3日に誰もいない牛小屋でローゼルは死産した。このことについて、子どもたちは「もっと早く気づけば、せっかくの赤ちゃんだったのに。これから飼えると思って楽しみだったのに。もっと早く気づけばよかったのに。ローラは3月に返さないといけないのに」、「私は死が大嫌いです。憎らしくて殺してしまいたいくらいです」といった文章を綴っている。

　ローゼルは死産となったが、ローラからは乳が出るため、子どもたちの乳搾りが始まった。最初はうまく乳を搾ることができなかった子どもたちも、慣れた手つきで乳を搾れるようになり、搾った乳は給食の際に飲んだ。ある子どもは乳搾りについて、「ジャージャージャージャー、今日も乳を搾る。気持ちのよい音をさせ、みんなで乳を搾る。みんなはうれしい、そして悲しい。乳は搾れる。けれども、子どもはいない。悲しいけれど、乳を搾る」という作文を書いている。

　ところで、伊那小学校では通知表がない。その代わりとして、年度の終わ

図 8-7 返却するかどうかの話し合い

りの学習発表会において、1年間の学習の成果をまとめて保護者に発表している。映像化されている5年生の3月に行われた学習発表会では、子どもたちはリコーダーの演奏を行うとともに、牛の生殖、動物の体の仕組み、死とは何かといったことについて学んだことを発表している。

前述したように、ローラは3月に返却する予定であった。その期限が迫るなかで、春組ではローラを返却するかどうかの話し合いが連日行われていた。なぜローラを返さなければならないのかを話し合っている場面では、「飼いたいという気持ちはみんなあると思うけど、6年になってからは今までの学習とかをまとめていかなければいけないから」、「やっぱりローラは人の牛で、僕たちの牛ではなくてキープ牧場の牛だから、期間を延ばしてもらうわけにはいかないし、僕たちも6年生になってもっと忙しくなるから、今月いっぱいで返した方がいいと思います」などと考えを述べた。

これに対して百瀬先生は、「人の牛？」、「6年で忙しい」と板書した上で、「ローラは人の牛だから返すんですか。借りたから返すんですね。(中略)しかし、お前たちがローラと暮らしてきた2年間というものは、そんなもんだったんですか。それからもう一つ聞く。6年で忙しいから返すんですか」と子どもたちに問うた。

誰も何も言えなくなると、百瀬先生は「そんなつもりでいるんだったら、もう、なるべく早く返そう。そんなにあっさりしているもんだったらね。6年で忙しいという理由だったら、じゃあ、この2年間暇だったから飼ったのでしょうか、ということを言いたいの」、「ローラのことを考えていないじゃないか」と話し、子どもたちが自分たちの都合しか考えないでローラを返却しようとしていることを問題視した。

百瀬先生の発言を受け、どんな気持ちでローラを返すのかということを話

し合うこととなり、子どもたちは、人の牛として返すのではなく、また6年で忙しいから返すのではなく、キープ牧場にこれ以上迷惑を掛けられないから返すということ、キープ牧場との約束を破るわけにはいかないということ、春組だと自分たちが仲間代わりになることができるが、牧場には牛という本当の友だちがローラにいるから、ローラの本心としてはキープ牧場の方がいいのではないかということ、ローラから学んだことは数多くあり、これからもずっとローラと過ごしたいが、ローラにとっては自然のなかで他の牛と過ごすことが一番幸せだろうということ、ローラには牛の仲間もいないし、ローゼルもいないから、ローラのことが好きだから返してあげたいということなどを（子どもによっては泣きながら）語り、結果的に3月末にローラを返却することとなった。

続いて、ローラをキープ牧場の人へと引き渡す場面、他の学級の活動に使用するために取り壊された牛小屋、6年生になった子どもたちの様子が映し出され、番組は終了する。

(2) 『もう一つの教育』に見られる単元学習

『はえのいない町』とは異なり、『もう一つの教育』は、経験カリキュラムに基づく総合学習という、教科横断的総合的な単元学習を映像化したものであった。以下では、①においてこの2年半にわたる総合学習において、「牛を飼いたい、牛を飼う」という中心的な学習課題に迫りながら、子どもたちがどのように教科横断的総合的に学んだのかを、②においてその学びを教師である百瀬先生がどのように支援していたのかを検討することとしたい。

① レリヴァンスの大きな学習

中心的な学習課題に迫るなかで、子どもたちがどのような学習活動に取り組んだのかを振り返ると、次のようになる。

最初の牛を飼うかどうかについて話し合う場面は、牛を飼うことという学習課題に対する子どもたちの**レリヴァンス**（relevance：特定の状況、活動、プランを選び出すときに、それらに対して個人が付与する重要性）を大きくする契機であり、これ以降の総合学習で展開する諸活動を、子どもたちにとって

必然的なものとする役割を果たしている（⇨レリヴァンスについては、第6章④も参照）。

　教科カリキュラムの場合、レリヴァンスを大きくする機会を子どもに提供することをそれほど重視していない。例えば、『ごんぎつね』、『源氏物語』、分数の割り算、行列などを学ぶ際に、子どもたちのレリヴァンスを大きくする活動がどれほど行われているのかを想起すれば、このことは明らかなことであろう。

　話し合いに続いて、ローラが春組に来る前に、子どもたちは牛小屋を建て直したり、その牛小屋の外壁を飾る絵を描いたり、ローラの餌代を計算したり、牛小屋に敷く落ち葉を拾い集めたり、ローラと会うために牧場見学をしたりする活動に取り組んでいる。ここでは、図画工作科や算数科、理科、社会科に関連する知識や技能を学んでいると見ることができる。

　しかし、百瀬先生が餌代の計算について述べているように、子どもたちは図画工作科や算数科、理科、社会科を学んでいるという意識はなく、やって来るローラ（と自分たちの関わり）のために活動している。それにもかかわらず、結果的に図画工作科や算数科、理科、社会科の知識や技能を学ぶことができたのは、ローラのための必然的な活動であり、かつ図画工作科や算数科、理科、社会科の知識や技能に関する理解を深めることができる活動でもあるものを、百瀬先生が選択し、子どもたちに提供したからである。

　ローラが春組にやって来ると、子どもたちはローラのために合唱しているが、この合唱についても、子どもたちは音楽科を学んでいると考えているのではなく、自分たちのところにやって来てくれたローラのために歌うという思いで歌っている。

　3年生の3月に行われた公開研究会では、子どもたちはローラに与える餌について話し合っているが、ここでも理科、家庭科に関わる知識を学んでいるという認識がないなかで、ローラのために適切な餌を考えようとし、結果的に理科、家庭科に関わる知識を学んでいる。話し合いの課題設定は、百瀬先生によるものであろうが、その課題に子どもたちは、百瀬先生の力を借りないで自分たちで迫ろうとしている。

　4年生になると、子どもたちはローラを飼うことを中心的な課題としなが

ら、多様な学習活動を展開している。映像では、国語科、そして理科、社会科、家庭科（農業や商業、労働に関連する内容）に関わる子どもたちの多様な学習活動が捉えられている。これらの学習活動についても、子どもたちは各教科の内容を学ぶために取り組んでいるのではなく、ローラを飼うために取り組んでいる。

　5年生に関しては、ローゼルの死産とその後の乳搾り、学習発表会、ローラを返却するかどうかの話し合いが映像化されている。ローゼルの死産と乳搾りは、生と死に関する子どもたちの認識を深めることとなり、子どもたちはその認識を文章に綴った。学習発表会では、子どもたちは、ローラの種付け、ローゼルの死産を契機として学んだこと（保健体育科、性教育、理科、死に関わる事柄）を発表したのであった。

　ローラを返却するかどうかについての話し合いでは、百瀬先生の問いかけによって、子どもたちの倫理、道徳が問われることとなり、子どもたちは自分たちの振る舞い、ローラとの関わりを改めて省察し、よりよい振る舞い、ローラとの関わりについて話し合った。

　以上で概観したように、牛（ローラ）を飼う経験を中心としながら、子どもたちは意識せずに図画工作科、算数科、理科、社会科、音楽科、国語科、保健体育科、家庭科、倫理・道徳などに関わる教科横断的総合的な内容を必然的に学んでいたのであった。

② 経験カリキュラムにおける教師の役割

　『もう一つの教育』に見られる単元学習において見逃してはならないのは、子どもの興味や関心、疑問を踏まえながら、子どもたちが牛に付与するレリヴァンスを大きくし、教科横断的総合的な内容に関する学びを実現できるような活動を、百瀬先生が提示していたからこそ、牛をテーマとして教科横断的総合的な学び、かつ必然的な学びが実現できたということである。

　このことを敷衍すれば、子どもたちの興味や関心、疑問を生かし、学習対象へのレリヴァンスを保持しながら、文化や社会生活、また学問について学ぶことができる子どもたちの目的的な経験を、どのように組織できるのかという点に、経験カリキュラムに基づく単元学習のデザインにおける難しさが

あると見ることができる。

　教科カリキュラムに基づく単元学習においても、教師は課題の設定、課題の単元への翻案、実践、評価・省察という循環する過程を通じて単元づくりを行っているし、単元づくりの際には子どもたちの興味や関心、またこれまでの学びを考慮に入れている。したがって、経験カリキュラムと同様の作業に取り組んでいるということができる。

　しかし、教科カリキュラムの場合、子どもたちに獲得してもらいたい知識や技能が、学問によって明確に規定されているため、子どもの学びの実態に応じて、課題や単元の構成が影響を受けるとしても、最終的に目指すところ（授業や単元を通じて子どもたちに獲得してもらいたい知識や技能）が大きく変更されることはない。この点が経験カリキュラムと異なるところであり、経験カリキュラムの場合は、子どもと学習対象との関わりに応じて、めざすところが変容する事態が生じ得る。

　実際、『もう一つの教育』でも想定外の事態が生じている。ローゼルの死産がそれである。『もう一つの教育』には順組が飼っていたポニーが子どもを産む場面が収められているが、春組の子どもたちは、順組のポニーのように、ローラがローゼルを産むことを想定していたことであろうし、百瀬先生もそれを想定して、ローゼル誕生後の子どもたちの学習を構想していたと考えられる。例えば、ローラによるローゼルの世話を通して、自分と保護者との関わりを省察させ、それを文章化するといった子どもたちの学習活動を、百瀬先生は構想していたのかもしれないが、ローゼルの死産という事態によって単元構成は修正せざるを得なくなる。

　また、ローラの餌を決める話し合いにおいて、百瀬先生は自分の考えをいうことがなかった。『もう一つの教育』には、子どもたちの話し合いを通じて稲藁、オーチャードグラス、イタリアングラスのいずれに決まったのかが映されていないが、決まった餌は百瀬先生の考えとは異なったものであったのかもしれない。仮にそうであるならば、ローゼルの死産ほどの影響の大きさはなかったことであろうが、百瀬先生は、子どもの考えを踏まえてローラの餌、そして餌に関わる活動を変更しなければならなくなったことだろう。

　そしてこのような単元構成の絶えざる修正は、経験カリキュラムを通じた

子どもの学びの軌跡や最終的な到着地を、教師が事前に見通すことを困難にさせる。ここにも、教科カリキュラムに基づく単元構成との差異が存在する。

4 おわりに

　本章では、社会科と総合学習における経験カリキュラムに基づく単元学習を収めた映像資料を検討した。その検討からは、それぞれの単元学習において、子どもたちが自分たちの興味や関心、疑問に基づく学習課題の解決を図る活動に取り組むことで、次々と新たな学習課題が生じ、改めてその新たな学習課題に迫っていく探求が生じる、という循環的な学びの履歴としてのカリキュラムが構成されていること、そしてそのカリキュラムの構成には、子どもたちの興味や関心、疑問を、文化や社会生活、また学問に関わる知識や技能の獲得に接続し得る学習課題へと翻案していく教師の存在や活動が重要な役割を果たしていること、それゆえ教師の翻案によって、子どもたちの学びの履歴としてのカリキュラムは異なったものとなり得ることを認識することができた。

　また、教科カリキュラムに基づく単元学習において意識されることはあまりないかもしれないが、経験カリキュラムに基づくそれにおいては、子どもたちが学習課題や学習対象に付与するレリヴァンスの大きさを考慮しなければならないことにも言及した。本章で扱った事例に即していえば、ハエの駆除や牛を飼うことに付与する子どもたちのレリヴァンスの大きさがあればこそ、学習が継続したのであった。

　レリヴァンスが大きければ、子どもたちは必然的に学ぶということは、実際には教科カリキュラムにも妥当することである。2017年に改訂された学習指導要領（高等学校は2018年に改訂）においても、子どもたちが各教科を学ぶことの意義を実感できる環境を整備することが重要視されている。教科カリキュラムにおいて、子どもたちが学習対象・内容に与えるレリヴァンスの大きさに対して十分な配慮が払われていないとするならば、経験カリキュラムにおいて教師たちが、子どもたちが学習対象・内容に付与するレリヴァンス

をどのように大きくしようとしているのかということから学ぶことが多いのではないだろうか。

　この点について付言すれば、日本だけでなく先進諸国においてコンテンツ重視の教育課程からコンピテンシー重視の教育課程への移行が進みつつあるが（⇨日本については第3章5を参照）、本章の事例は、コンピテンシーの開発・獲得や子どもの学びの履歴としてのカリキュラムの形成にとって、コンテンツが重要な位置を占めているということ、いいかえれば、コンテンツに付与する子どもたちのレリヴァンスの大きさによって、子どもたちのコンピテンシーの開発・獲得や学びの履歴は異なるものとなり得るということを示唆している。

（岩田一正）

──引用参考文献──

*稲垣忠彦（2000）『総合学習を創る』岩波書店

*佐藤博昭（2008）『戦うビデオカメラ──アクティビズムから映像教育まで──』フィルムアート社

*東京大学教育学部附属中等教育学校（2010）『学び合いで育つ未来への学力──中高一貫教育のチャレンジ──［新版］』明石書店

　中村秀之（2014）「見えるものから見えないものへ──『社会科教材映画大系』と『はえのいない町』（一九五〇年）の映像論」丹羽美之・吉見俊哉編『記録映画アーカイブ2　戦後復興から高度成長へ──民主教育・東京オリンピック・原子力発電──』東京大学出版会、61-98頁

　McNeil, J. D. (1981) *Curriculum: A comprehensive introduction*, 2nd edition. Boston: Little, Brown and Co.

*丸山慶喜（2004）『人間まるごと学ぶ　丸さんの明るい性教育──大東学園の総合学習「性と生」の実践から──』澤田出版

第9章

子どもたちの多様性と学校での学びの経験

━━━━━ 本章のねらい ━━━━━

たとえ同じ教室空間で同じ教師による同一の教材を用いた授業に参加していても、子どもたちは誰一人として同じ学びを経験していることはない。その理由の一つには、子どもたちがさまざまな点で異なっており多様であることがある。本章では、子どもたちの多様性として、家庭の階層的要素（経済資本、文化資本）、文化的背景、セクシュアリティをとり上げ、こうした多様性が学校での子どもたちの学びの経験にどのように作用するかを検討する。その上で、子どもたちの経験する困難や不平等などを踏まえ、学校や教師は、子どもたちの多様性に対してどのように対応していくことが求められているかについて検討する。

1　子どもたちの多様性と教師によるカリキュラムづくり・実践

　子どもたちは学校で日々、定められたスケジュール（場合によっては、学校で定められた規定に沿って子ども自身が作成したスケジュール）に従って仲間とともに授業を受け、学んでいる。しかしたとえ同じ教室空間で同一の教師による同一教材を用いた授業に参加していても、子どもたちのうちに誰一人として同じ学びを経験している者はいない。それは、個々の子どもが知的能力や資質といった点で異なっているから、ということができるかもしれない。しかし子どもたちの学びが一様でない理由は、それだけにとどまらない。個々人は、身体的な特徴はもとより生育歴や文化的背景という点で異なり、これまで異なった教育を経験している。さらには、日々の生活においても学校から一歩外に出れば、それぞれ異なる地域で多様な人々との関わりを

経験し、それぞれの家庭で異なった生活を送っている。学校における個々の子どもの学びの経験には、学校の外の社会、いわば地域や家庭での経験も大きく関わっているのである。

　教師は子どもたちの多様性を考慮した上で、どのようにカリキュラムをつくり実践していく必要があるだろうか。本章ではまず、学びの経験に影響を及ぼし得る子どもたちの多様性として、子どもの属する社会階層に着目する。具体的には文化的再生産論をとり上げ、子どもの家庭の階層的要素は子どもの学びの経験としての学業達成に対してどのような影響を及ぼす可能性があるかについて検討する。その上で社会階層とは別に教師が考慮すべき子どもたちの多様性として、文化的背景、セクシュアリティについて検討する。子どもたちの多様性が教室での子どもの学びの経験に対して及ぼすさまざまな影響を踏まえた上で、教師はどのような役割を担うことが求められているのかについて考えていくことにしよう。

2 家庭の階層的要素と学校での子どもの学びの経験

　子どもの家庭の階層的要素と学校での学びの経験は、これまで教育における不平等の社会学的分析という文脈で扱われてきた。ここではフランスの社会学者ブルデュー（Bourdieu, P., 1930-2002）らによる**文化的再生産論**を参照しながら、子どもの家庭の階層的要素が子どもの学びの経験（ここでは、学業達成）に対して及ぼす影響について見ていく。文化的再生産論を支持する論者は、本来学校は、平等かつ民主主義の社会を実現する個人の育成を目指すよう機能すべきところ、現実には、親の世代の不平等を子の世代へと引き継ぐ（すなわち、再生産する）場として機能していると主張する。

(1) 文化的再生産論——家庭の階層的要素が子どもの学業達成に及ぼす影響——

　ブルデューは、家庭のなかで親から子へと継承されるさまざまな資本に着目し、それが学校での子どもの学業達成（学力、学歴）に影響を及ぼしていると指摘している。子どもの家庭の階層的要素とは、家庭内で引き継がれるこうした資本に他ならず、それには、**経済資本**（経済的な豊かさ）だけでな

く、**文化資本**（文化的な豊かさ）や**社会関係資本**（親の有する人的関係に関わる豊かさ）が含まれる。ブルデューによれば、このうち子どもの学業達成に決定的な影響を及ぼすのは、文化資本である。経済的な豊かさよりもむしろ文化的な豊かさが、子どもの学業達成にとって重要な意味をもつというのである。文化資本は以下のように三つに分類される。

- ㋐ 客体化された（objectified）もの：物象化された特定の文化財を指す。家庭で所持する書籍、絵画、楽器、骨董品など。
- ㋑ 制度化された（institutionalized）もの：公的制度のもと認められた各種の資格を指す。親の学歴や教育資格など。
- ㋒ 身体化された（embodied）もの：ハビトゥス（habitus;「慣習行動を生み出す諸性向」）とよばれるもので、心身において永続性のある特徴をとるものを指す。振る舞い方、言語行為の行い方など。

　文化資本とは、いいかえれば、子どもが学校で学習をはじめあらゆる活動に取り組むのに際して活用し得る家庭の文化である。それには、家族の生活習慣や関心事、共有される価値観はもとより、余暇（週末や夏休みといった長期休暇）の過ごし方、学歴や各種資格に対する考え方、芸術やスポーツ、芸能についての知識や態度、そして何よりも学業への取り組み姿勢、とさまざまな内容が含まれる。これらの文化資本の豊かなある階層以上の子どもたちは、これを活用し、高学力、高学歴へと至るというのである。

(2) 日本の現状──PISA、全国学力・学習状況調査の結果から──

　現代の日本において、家庭の階層的要素は子どもの学業達成に対してどのような影響を及ぼしているだろうか。ここでは、最新の**PISA**（Programme for International Student Assessment；生徒の学習到達度調査）の結果報告（国立教育政策研究所、2016）ならびに**全国学力・学習状況調査**の結果（お茶の水女子大学、2018）をもとに見ていくことにしよう。

> コラム9－1

学力調査の調査方法

　全国的な教育課程の基準や各学校の教育課程の特徴を捉え、それらを充実させていくために、全国学力・学習状況調査、学習指導要領実施状況調査（教育課程実施状況調査）、PISA、TIMSSをはじめとするさまざまな学力調査が実施されている。そして、その調査結果が公表され、報道されるたびに、教育関係者が一喜一憂するという姿が見られる。

　近年では、家庭の経済資本、社会関係資本、文化資本と子どもの学力の相関を分析するためにも、これらの学力調査が活用されている。

　ところで、我々は各種学力調査の結果は認識しているが、その結果を導出する学力調査の方法自体にあまり関心を向けないのではないだろうか。しかし、調査方法を知らなければ、その結果が何を意味しているのかが不分明となってしまう。ここでは、代表的な学力調査として知られるPISAと全国学力・学習状況調査が、どのような方法で実施されているのかを見てみることとしたい。

　2007年度から実施されている全国学力・学習状況調査は、調査方法が何度か変更されているが、2018年度現在では小学校6年生・義務教育学校6年生・特別支援学校小学部6年生と、中学校3年生・義務教育学校9年生・中等教育学校3年生・特別支援学校中学部3年生を対象として、毎年4月に国語、算数・数学、理科について実施されている（理科は3年ごとに実施）。

　それぞれの教科に関して、主として「知識」に関する調査（A問題）と主として「活用」に関する調査（B問題）が悉皆調査として実施され、すべての児童・生徒が同一の問題冊子に取り組むこととなっている。

　一方、2000年から3年ごとにOECD（経済協力開発機構）が実施しているPISAは、読解リテラシー、数学的リテラシー、科学的リテラシーについて15歳児を対象として実施する到達度調査であり、抽出調査（日本では約6,500人が参加）として実施されている。PISA2015について言えば、それぞれの生徒は、複数の問題群の組み合わせによって構成される66種類の異なる問題フォームのなかから割り当てられた一つに解答する。この方法によって、統計的に信頼でき、かつ生徒1人が解答した場合には13時間30分に相当するデータを得ることが可能となっているという。

　このように、悉皆調査か抽出調査か、同一問題冊子か複数問題冊子かという組み合わせによって、学力調査の方法は異なったものとなる。

なお、現在の全国学力・学習状況調査が採用している悉皆調査・同一問題冊子による学力調査は、実態を反映した正確なデータを得ることができると考えられるかもしれないが、悉皆調査であり、同一問題冊子で行われる調査であることによって、言い換えれば、入学試験と同じ方法で行われることによって、地域や学校を序列化する機能を有するため、事前準備を過熱させることともなり得るのであり、その結果、得られたデータは子どもの学力の実態なのか、事前準備の結果なのかが判然としなくなることに注意を要する。

（岩田一正）

　PISAでは毎回、科学的リテラシー、数学的リテラシー、読解リテラシーのうち一つを重点的に分析するとともに、**生徒の社会経済文化的背景**と成績の関連性について分析している。生徒の社会経済文化的背景とは、①保護者の職業、②保護者の教育歴（最終教育段階）、③家庭の所有物（勉強机や自分の部屋、勉強に使えるコンピューター、インターネット回線、文学作品、参考書や辞書といった家財の有無、テレビ、自動車、タブレット機器、楽器などの数量、雑誌や新聞、教科書を除いた蔵書数）を指している。PISA2015では、生徒の社会経済文化的背景と科学的リテラシーの成績の関連性を以下のような図をもって報告している（図9-1〔次頁〕）。

　図9-1において縦軸は、各国の子どもたちの科学的リテラシーの得点の平均値、横軸は、生徒の社会経済文化的背景が得点に及ぼす影響の強さを示している。このうち横軸は、右にいけばいくほど生徒の社会経済文化的背景が得点に及ぼす影響は小さいことを示している。横軸は、いうなれば、教育の平等性を示すのである。参加国との比較でいえば、日本は、フィンランド、カナダ、韓国、イギリス、デンマークと並び、科学的リテラシーの得点がOECD平均を上回り、教育の平等性がOECD平均を上回る国々の一つということができる。

　この一方で、全国学力・学習状況調査からはどのようなことがいえるだろうか。全国学力・学習状況調査では、保護者を対象として、家庭の状況（きょうだい構成や一緒に住んでいる人など）、子どもへの保護者の接し方、子どもの教育に対する保護者の考え方、土曜日や放課後の子どもの過ごし方、

図9-1 「生徒の社会経済文化的背景」指標と科学的リテラシーの得点との関連の強さ

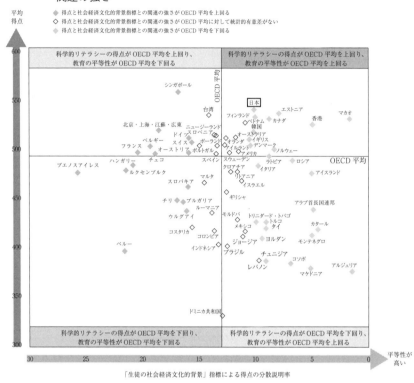

注1 科学的リテラシーの得点と社会経済文化的背景の影響の強さとの相関は0.19。
注2 「生徒の社会経済文化的背景」指標のデータが利用可能な国のみを表示。
(国立教育政策研究所、2016、p.240)

子どもの通う学校や地域との保護者の関わりのあり方、家庭の蔵書数、保護者の社会経済的背景などについて尋ね、家庭のこうした経済的もしくは文化的豊かさと学力テストの得点の関係を分析している。調査からは以下の点が指摘されている。

① 家庭の社会経済的背景（世帯の収入、保護者の最終学歴）と得点の関係
小学6年生、中学3年生のいずれも、またどの教科、問題においても、概

ね世帯の収入が多いほど、また保護者の最終学歴が高いほど、子どもの得点は高い傾向が見受けられる。しかしこの一方で、世帯収入、保護者の最終学歴といった家庭の環境という点で不利な子どもたちのうちにも、高得点の子どもは一定数存在している（浜野、2018、pp.13-14）。

② 家庭の文化的豊かさと得点の関係

小学6年生、中学3年生のいずれについても、高得点の子どもの家庭には一定の特徴が傾向として見出された。この特徴は、家庭における習慣、家庭内での会話の内容、保護者の価値観や行動様式に関わるものであり、家庭の文化的な豊かさとして捉えることができる。家庭の文化的な豊かさと子どもの得点には一定の相関が見出されるのである。高得点の子どもの家庭の特徴には、以下が含まれる。

・保護者から子どもに対して、学習を含む生活習慣についての働きかけ（テレビやDVD鑑賞などの時間のルールを決めている、勉強する目的、努力することや物事を最後までやり抜くことの大切さについて伝達している、等）があること。
・家庭では、学校での出来事や友達のこと、子どもの将来や進路、地域や社会の出来事やニュースについて、保護者からも子どもからも話題にしていること。
・保護者が、一定の教育意識（子どもには将来留学をしてほしい、地域や社会に貢献するなど人の役に立ってほしい、等）をもっていること。また、PTAや保護者会などの諸活動に参加していること。
・家庭の蔵書数（電子書籍は含むが、漫画や雑誌、教科書、参考書、子ども向けの本は除く）が多いこと。（浜野、2018、pp.17-18）

また、とくに小学6年生において家庭の文化的豊かさと得点の関係という点では、上記に加え、以下の特徴が指摘される。これらの特徴もまた、家庭における文化的な豊かさとして捉えることができる。

・得点の高い子ども、とくに知識の活用力の得点の高い子どもほど、学習習慣のみならず、読書の習慣がある。
・保護者が美術館、劇場、博物館、科学館、図書館といった文化施設に子どもと一緒に行く頻度は、いずれの得点レベルの子どもの家庭においても思いのほか多くはない。しかし、最下位の得点層の子どもの家庭では、美術館や劇場に「行ったことがない」割合が2割を超え、図書館に「ほとんど行かない」割合は約35％であった。
・高得点の子どもの家庭では、保護者自身が本や新聞といった活字メディアを頻繁に利用する割合が高い。(金子、2018、p.33)

　PISAの結果報告ならびに全国学力・学習状況調査の結果からは、以下のことがいえるだろう。諸外国との比較において日本では、家庭における文化的な豊かさが子ども(高校1年生)の得点(科学リテラシー)に及ぼす影響はさほど大きくなく、教育には平等性が認められる[1]。しかしその一方で、国内に目を向ければ、実は、家庭における経済的な豊かさ、文化的な豊かさのいずれもが子ども(小学6年生、中学3年生)の得点(国語、算数・数学の知識、活用)には影響を及ぼしているということである。

(3) 文化的再生産という学校の機能

　ブルデューらの主張は、各家庭によって経済資本や文化資本、社会関係資本の豊かさは異なり、このうちとりわけある文化資本を有する一定の社会階層の家庭の子どもたちは、学校では高学力ならびに高学歴へと至るというも

---

(1) 同様の指摘は、PISA2009、PISA2012においても見られる。PISA2009では、日本は、フィンランド、カナダ、ノルウェー、アイスランド、香港と並び、「読解力の得点がOECD平均を上回り、社会経済文化的背景の影響がOECD平均を下回る(すなわち、子どもたちが読解力を獲得する教育機会において平等性が高い)」国々の一つとされている(国立教育政策研究所、2010)。PISA2012でも同様、日本は、韓国、香港、カナダ、フィンランドなどと並び、「問題解決能力の得点がOECD平均を上回り、社会経済文化的背景の影響がOECD平均を下回る(すなわち、子どもたちが問題解決能力を獲得する教育機会において平等性が高い)」国々の一つとして位置づけられている(国立教育政策研究所、2014)。

のであった。ブルデューらにとって学校とは、子どもの家庭の文化資本の違いによって子どもたちの間に学力差や学歴差を生み出すだけでなく、子どもの親の代の社会階層を子どもの世代へと継承する（再生産する）機能を果たす場所に他ならない。

ブルデューらによれば、ある文化資本を有する家庭の子どもたちが学校で高学力を得られるのは、学校における教育の営みが、こうした家庭の子どもたちにとってなじみやすいものであるからである。授業をはじめ学校内外でのさまざまな活動や行事を通じて行われる教育の内容や方法（とりわけ発話行為）、評価のあり方は、ある社会階層の家庭の子どもたちにとって親和的なのである。学校で子どもたちに提供される意図されたカリキュラム（制度化されたカリキュラム、計画されたカリキュラム、実践されたカリキュラム⇨序章1(3)参照）は、ある特定の階層の子どもたちにとって親和性が高く、それゆえに子どもたちは高学力・高学歴を得ることができ、親の代の社会階層は子どもの代へと引き継がれるというのである。

ブルデューらによる文化的再生産の主張は、決定論的、宿命論的であるとして批判を受けている。しかしながら統計に基づくアプローチによる調査をもとに展開されたブルデューらの研究からは、子どもの家庭の階層的な要素が子どもの学業達成に及ぼす影響の一般的傾向を見てとることができるといってよいだろう。

子どもたちの多様性は、子どもの育つ家庭の社会階層以外にも存在し、教室での子どもたちの学びの経験に対して影響を及ぼしている。次に、子どもたちの文化的背景について見てみよう。

3　文化的背景と学校での子どもの学びの経験

(1) 子どもの多様な文化的背景——外国につながりのある子どもたち——

昨今、日本の学校では多様な文化的背景の子どもたちが学ぶ姿を頻繁に見かけるようになった。多様な文化的背景の子どもとは、外国につながりのある子どもたちであり、おもに**ニューカマー**（**新来外国人**）と呼ばれる子ども

たちを指している。

　ニューカマーとは、1980年代以降、アジアや南米地域を中心とする諸外国より就労、留学などさまざまな事由や経緯で来日した外国人とその家族を指し、在日コリアンといった旧植民地出身者とその子孫である**定住外国人**（オールドカマーもしくはオールドタイマーとも呼ばれる）と対比してこのように呼ばれる。ニューカマーの数は、1990年に出入国管理及び難民認定法（入管法）が改正され定住者の在留資格が創設されたことで日系南米人を中心に急増し、2008年秋のリーマンショック後にはいったん減少したものの、それ以降も着実に増加している。ニューカマーのうちには家族そろって来日したり、来日後家族を祖国より呼びよせる者も少なくなく、帯同した家族のうち就学年齢の子どもたちのなかには公立学校に通う者がいるのである。

　近年は、外国の学校から転校してくるニューカマーの子どもたちのほか、ニューカマーの両親のもと日本で生まれ育った子ども、両親のいずれかがニューカマーである国際結婚カップルの子ども（**国際児、ハーフ、ダブル**と呼ばれる）も増え、子どもたちの文化的背景の様相は一層多様化している。

① 日本の学校で学ぶ外国につながりのある子どもたちの数

　外国につながりのある子どもたちの数を知る手がかりとして、「「日本語指導が必要な児童生徒の受入状況等に関する調査」の結果について」（文部科学省、2017）を見てみよう。「日本語指導が必要な児童生徒の受入状況等に関する調査」では、**日本語指導が必要な児童生徒**を「日本語で日常会話が十分にできない児童生徒」および「日常会話ができても、学年相当の学習言語が不足し、学習活動への参加に支障が生じており、日本語指導が必要な児童生徒」と定義づけ、その実態を調査している。調査開始当初は、日本語指導が必要な外国籍の子どもについての調査を行っていたものの、近年、日本語指導が必要な日本国籍の子どもについての調査も行うようになった。その背景には、国際児（両親のうちいずれかが日本人であると、その子どもは日本国籍または日本国籍を含む重国籍を有することになる）や**海外帰国生**（親の海外赴任などで1年以上外国に在留した日本国籍の子ども）が増加したことがある。

　本調査によれば、2016年現在、日本の学校では、34,335人（小学校22,156

人、中学校8,792人、高等学校2,915人、特別支援学校261人、中等教育学校52人、義務教育学校159人）の日本語指導が必要な外国籍の子どもが学んでいる。公立学校で学ぶ外国籍の子どもたちのうち、約4割が日本語指導を必要としていることになる。都道府県別では、愛知県、神奈川県、静岡県、東京都、三重県、大阪府の順に多い。子どもたちの在籍する学校の数は、7,020校（小学校4,384校、中学校2,114校、高等学校419校、特別支援学校91校、中等教育学校1校、義務教育学校11校）に上り、公立小中学校全体の約2割を占める。母語別では、ポルトガル語25.6％、中国語23.9％、フィリピノ語18.3％、スペイン語10.5％となっており、この4言語を母語とする子どもが全体の8割を占める。調査開始時の1991年、日本語指導を必要とする外国籍の子どもたちの数は、小学校3,978人（1,437校）、中学校1,485人（536校）であった（太田、2000、p.15）のに対し、30年近くが経過した現在、小学校では約5.6倍（小学校数は約3.1倍）、中学校では約5.9倍（中学校数は約3.9倍）となっている。

　一方、日本語指導の必要な日本国籍の児童生徒は、9,612人（小学校7,250人、中学校1,803人、高等学校457人、特別支援学校60人、中等教育学校19人、義務教育学校23人）である。2010年時点では3,868人であったのに対し、この10年弱のうちに約2.5倍となった。都道府県別では、愛知県、神奈川県、東京都、大阪府、埼玉県の順に多い。子どもたちの母語の内訳は、多い順にフィリピノ語（31.6％）、中国語（21.5％）、日本語（12.7％）、英語（10.9％）となっており、この4言語で全体の76.6％を占めている。

② 外国籍の子どもの就学をめぐる法的位置づけ

　外国につながりのある子どものうち、外国籍の子どもの就学をめぐる法的位置づけについて確認することにしよう。日本では、日本国憲法第26条および教育基本法第4条に依拠し、「教育を受ける権利を有する」者、「その保護する子女に普通教育を受けさせる義務を負ふ」者を国民に限定している。教育を受ける権利も、保護する子どもに負う就学の義務も、国民固有の権利・義務として解釈されているのである。これによれば、外国籍をもつニューカマーには教育を受ける権利も就学の義務もないということになる。しかしながら、日本が1994年に批准した「児童の権利に関する条約」（1989年国連総会

で採択、翌1990年発効）第28条では、「初等教育を義務的なものとし、すべての者に対して無償のものとする」、また中等教育についても「すべての児童に対し、これらの中等教育が利用可能であり、かつ、これらを利用する機会が与えられるものとし、例えば、無償教育の導入、必要な場合における財政的援助の提供のような適当な措置をとる」としている。文部科学省は、外国人については就学の義務が課せられていないとしながらも、「外国人がその保護する子を公立の義務教育諸学校に就学させることを希望する場合には、これらの者を受け入れることとしており、受け入れた後の取扱いについては、授業料不徴収、無償で受け入れ」、「教科書の無償給与や就学援助を含め、日本人と同一の教育を受ける機会を保障」（文部科学省、2016、p.12）するとしている。

③ 日本語指導の必要な子どもに対する対応

ニューカマーの子どもに対する対応は、各自治体、各学校、各教師で異なっている。しかしながら、日本語を母語としない子どもたちにとってまずもって必要となるのは、日本語指導である。自治体の多くでは、各学校で日本語指導を必要とする子どもの数が一定数に達すると加配教員を配置し、日本語学級（国際教室などの名称の場合もある）を設置している。子どもたちは自身の在籍学級で通常の授業を受けながら、国語などの教科の授業時間帯に適宜個別に日本語学級に通い、そこで日本語指導、通常学級での授業の補習などを受ける（取り出し指導と呼ばれる）。時には、加配教員などが在籍学級での授業に入り込み、個別に子どもを指導することもある。

2014年4月からは、**特別の教育課程**の編成と実施が可能となった。公立の小中学校で学ぶ日本語指導が必要な子どもを対象とし、年間10〜280単位時間、個々の子どもに応じた指導計画を作成し指導することで、子どもが日本語で学校生活を営み学習に取り組めるようになることをめざす。ただし現状では、特別の教育課程による日本語指導を受けている子どもの数は、日本語指導を受けている子どもたちの約2割（文部科学省、2016、p.20）にとどまっている。さらにいえば、そもそも日本語指導が必要な子どもたちのうち、日本語指導を受けることができているのは約8割であり（文部科学省、2016、

p.9）、必ずしもすべての子どもが日本語指導を受ける機会をもつには至っていない。外国籍を有する子どもに対する教育をめぐっては、受け入れ後、「日本人と同一の教育を受ける機会を保障」（文部科学省、2016, p.12）すると謳っている以上、日本語を母語としない子どもに対する日本語指導は最優先事項であり、今後一層指導の充実が図られる必要がある。

(2) 外国につながりのある子どもの学校での学びの経験
　　——ニューカマーを中心に——

　ここでは、ニューカマーを中心に、外国につながりのある子どもの学びの経験について見ていくことにしよう。ニューカマーの子どもは、日本の学校でさまざまな**文化の差異**を経験している。一般に、文化の差異というと、衣食に関わる習慣、行動様式、宗教上の慣行の違いを想像するかもしれない。実際にこれらは子どもたちの文化の大切な一部分である。しかしながら、子どもたちが学校で経験する文化の差異は、より多岐にわたっている。しかも子どもたちの経験する文化の差異は、必ずしも**可視性の高い**（overt/explicit; 明確に述べることが比較的容易である）ものとは限らず、**可視性の低い**（covert/implicit; 個人が無意識のうちに教えられ獲得したため、あたりまえのものとして当然視されている）ものもある。子どもたちの経験する文化の差異には、次頁の表9-1で挙げたものが含まれよう。この表で、縦軸は、文化の可視性の度合い、横軸は文化の差異の内容を示している。

　とりわけ教室での子どもの学びの経験に及ぼす差異として、ここでは子どもの日本語の運用能力、教室におけるコミュニケーションへの参加のあり方をめぐる認識、子どもが日本で置かれた歴史的・地域的文脈についてとり上げよう。

① 日本語の運用能力
　表9-1（次頁）が示すように、言語の運用能力にはさまざまな側面がある。本表で挙げた言語能力の四つの側面は、可視性の度合いを示すと同時に、子どもが習得するにあたっての難易の度合いを表している。可視性が高く、子どもにとって習得しやすい言語行為とは、その言語行為を遂行するの

表9-1　学校で子どもたちが経験する文化の差異

	日本語の運用能力	衣食の習慣	宗教	これまでの学校教育（就学前教育）で習得した内容	教室でのコミュニケーションへの参加のあり方をめぐる認識	子どもが日本において置かれた歴史的・地域的文脈
文化の可視性：高　↑↓　文化の可視性：低	・挨拶、パターン化されたセリフ（日直、係り活動等）を運用する力 ・具体的な物事に関して対面式の会話を遂行する力 ・（授業や日常会話の場面で）自らの意思や意見を表明する力、感情を表現する力 ・自由形式の作文を作成する力	・○○人もしくは○○民族のステレオタイプ ・衣食に関わる価値体系および行動規範	・宗教式慣習や儀式（○○教のステレオタイプ） ・宗教の教条に基づく価値体系および行動規範	・顕在的カリキュラム（知識、技術、価値規範等） ・潜在的カリキュラム（知識、技術、価値規範等）	・言語行為、非言語行為（あいづち、顔の表情等）、時間や空間に関わる感覚等	・子どもと家族が祖国より来日し現在に至る歴史的経過 ・日本で経験している祖国とは異なった生活環境等

（金井〔2012、p.57〕を一部修正）

に役立つ手がかりがあり、なおかつ情報処理などの認知的負荷の小さい言語行為である。これには、日常の会話や授業場面でパターン化された発話行為（あいさつ、日直や係りの活動での決められたセリフ、質疑応答の際のきまり文句など）を行ったり、実験や実演、疑似体験など、具体的な事物を用いながら意思疎通する力が含まれる。逆に可視性が低く、子どもにとって習得に時間

を要するのは、情報を処理する認知的負荷が大きく、その言語行為を遂行するのに役立つ手がかりが限られた場面での言語行為である。これには、授業場面で自身の見解や感想を口頭もしくは自由形式の作文で表現したり、ペーパーテストで問題文を正しく読み取り、自身の知識や理解内容を文章で表現する力が含まれる。

このように言語の運用能力にはいくつかの側面があるため、一見日常会話では日本語を流暢に話すように見受けられる子どもでも、教室での授業では課題に取り組むにあたってさまざまな困難を抱えていたり、定期試験ではペーパーテストでの解答に難儀し得点できずにいる可能性がある。

② 教室におけるコミュニケーションへの参加のあり方をめぐる認識

学校で日々繰り返し授業を受けるなかで、子どもたちは知らず知らずのうちに授業におけるコミュニケーションへの適切な参加のあり方について学んでいる。教師に対して質問したい時には、どのタイミングで、どのような言葉を用いて切り出したらよいか。あるいはそもそも、どのような質問内容であれば、授業中他の子どもたちの前で質問することがゆるされるのか。近くの席の仲間と自由に感想や意見を述べ合うことができるのは、どのようなタイミングか。仲間の発言に対して自身の見解を述べるには、どのタイミングでいかなる手続きをとる必要があるか。教室での授業における個々の発話行為には、適切さをめぐる基準があるのである。

ニューカマーの子どもたちのうちには、日本の学校の教室でのコミュニケーションへの適切な参加のあり方がわからないことから、授業中発言を控えがちとなり、周囲からは「消極的」「授業中は静か」といった評価を受ける子どももいる。あるいは、教室で適切とされるコミュニケーションへの参加のあり方とは異なる発話行為を行うことで、「自分勝手」といった評価を受ける子どももいる。

③ 子どもが日本において置かれた歴史的・地域的文脈

ニューカマーの子どもは、親の就労や留学など何らかの事由や経緯によって祖国より来日し、日本では祖国とは異なった生活環境を経験している。子

どもとその家族が祖国より来日し現在に至る歴史的経過、日本で経験している祖国とは異なった生活環境は、教室での子どものふるまい、学習態度、教師や他の子どもたちとの関わりのあり方に影響を及ぼす。子どもが日本で置かれた歴史的・地域的文脈には、例えば、親の日本語の運用能力、家庭での使用言語、日本の学校教育に対する親の期待や関心および精通の度合い、日本における親の就労環境、家庭における家族の役割分担の変化、親が組織する人的ネットワーク（親戚、知人、職場関係者など）、今後の滞在についての親の見通しが含まれる。

　子どもが日本において置かれた歴史的・地域的文脈のうちでも、とりわけ親が自分たち家族の日本での滞在をどのように意味づけ、それに何を期待するかは、日本の学校に対する親の関わりや、子どもの学びの経験に対する関与のありように大きく作用する。かりに日本での滞在において両親が就労に重きを置き、就労時間が１日のうち長時間に及び、しかも（就労中日本語を使用する機会がなく日本語習得の機会もないことにより）日本語の運用能力を向上することもなければ、子どもは、学校生活を送るにあたって本来保護者が行う必要のある事柄をすべて自身で、または兄姉などの補助のもとで行わなければならなくなる。その一方で、親のうちには、日本の学校教育に対して大きな期待をもち、自らも学校での活動に積極的に参加し、子どもにも日本において学業に取り組むよう熱心に働きかける者もいる。親が子どもの日本での学校生活に対して関心をもち、一定程度精通し関与することができれば、子どもは日本の学校生活に適応しやすくなる。しかし、親が子どもの学校生活に十分関与することができず、子どもも誰からも補助を受けることができなければ、子どもは学校生活を送る上でさまざまな困難を経験する可能性がある。

　これまで見てきたように、子どもたちは学校生活のさまざまな場面で文化の差異を経験している。授業では、日本語の運用能力が十分でないために授業内容を十分理解することができずにいたり、個人または小集団での課題に取り組むにあたって、あるいはペーパーテストで問題文を理解したり解答するにあたって困難を経験しているかもしれない。また授業中、コミュニケー

ションへの参加のあり方をめぐって困惑しているかもしれない。授業や学校行事で必要な物品を準備するのに苦労したり、保護者の協力の必要な宿題に取り組めずにいるかもしれない。

　学びは、三つの次元からなる対話的実践として認識することが可能である（佐藤、2010、p. 98）。この三次元を踏まえると、文化の差異がニューカマーの子どもの学びの経験に対して及ぼす作用は、㋐認知的側面（教材や課題に取り組んだり教育内容を理解することに関わる側面）、㋑社会的側面（教師や教室の仲間といった他者と関わり、学習内容についての理解を深めたり他者との関係を築くことに関わる側面）、㋒実存的側面（自身の自己概念〔自分らしさ〕を形成し表明することに関わる側面）の三つの側面で認識することが可能である。文化の差異によって子どもは、授業内容を理解すること（㋐）に困難を経験しているだけでなく、授業のコミュニケーションに参加すること（㋑）に苦労しているかもしれない。そして、学校生活において「できない」「遅い」といった経験が度重なれば、子どもは肯定的な自己概念をもつこと（㋒）は容易でなくなる可能性がある。

　本節では子どもの文化的背景として、外国につながる子どもの文化の差異が子どもの学びの経験に対してどのように作用するかを検討した。ここで扱った多様性は、子どもの文化的背景であり生育歴に関わるものである。次に、子どもの身体に関わる多様性として、セクシュアリティについて見ていくことにしよう。

4　セクシュアリティと学校での子どもの学びの経験

　2015年4月、文部科学省は「性同一性障害に係る児童生徒に対するきめ細やかな対応の実施等について」という通知を全国の教育委員会および小中高校等に配布した。性的マイノリティの子どもへの配慮を求める初めての通知である。**性的マイノリティ**とは、**セクシュアリティ（性のあり方）**が社会において典型とされるものとは異なる人々を指している。本通知は、性的マイノリティのうちでもとりわけ性同一性障害（後述）の子どもが学校で経験する生きづらさを解消できるよう、学校教育関係者らに対し配慮を求めたもの

である。本節では、子どもたちの多様性としてセクシュアリティをとり上げ、性同一性障害をはじめとする性的マイノリティの子どもの学びの経験について見ていくことにしよう。

(1) 性的マイノリティの子どもたち

① セクシュアリティの四つの側面

セクシュアリティは、以下のように四つの側面から認識することが可能である（APA〔米国心理学会〕による分類）。

㋐ 身体の性

いわゆる**生物学的性**（biological sex）であり、内外性器の形状、性染色体、第二次性徴での外形上の特徴などから決定される。一般的には出生時、医師によって男もしくは女のいずれかとして決定される。ただし後述するように、性染色体や外性器の形状などが一般的な傾向からは一部異なる状態の人もいる（インターセックス⇨本章 4 (1)②）。

㋑ 心の性

自身の性別についての認識を指す。**性自認**（gender identity）とも呼ばれる。

㋒ 好きになる性

恋愛や性愛の対象となる性別を意味し、**性的指向**（sexual orientation）とも呼ばれる。自身の心の性と異なる性を恋愛ないし性愛対象とする場合は**異性愛**（ヘテロセクシュアル）、自身の心の性と同じ性を恋愛ないし性愛対象とする場合は**同性愛**（ホモセクシュアル）である。自身の心の性と異なる性、同じ性のいずれをも対象とする場合は、**両性愛**（バイセクシュアル）である。

かつて同性愛や両性愛は、疾病として見なされ、治療の対象として考えられていた。しかしながらWHO（世界保健機構）が同性愛や両性愛を疾病ではない旨1990年に明言（さらに1993年に宣言）したことで、日本においても同性愛や両性愛を治療の必要のない個性の一つとして考えるようになっている。

エ 表現する性

　服装や言動（一人称表現を含む）等には、個人の生活する時代、社会、属する文化集団等によって、〜（性別）らしさが埋め込まれている。表現する性とは、こうした服装や言動等をもって表される〜（性別）らしさを指し、**性別表現**（gender expression）とも呼ばれる。

　図9-2　セクシュアリティの四つの側面：グラデーションとして

　　ア　身体の性　　　女————　　————男
　　イ　心の性　　　　女————————————男
　　ウ　好きになる性　女————————————男
　　エ　表現する性　　女————————————男

　個人のセクシュアリティは、これらの性の組み合わせからなっている。そしてこれら四つの性のあり方は、いずれも**グラデーション**として認識することが可能である（図9-2参照）。一般に、アヒ身体の性、イ心の性は、男もしくは女という二項のいずれかで認識しがちである。しかしながら、身体の性が女であってもいわゆる男らしい体格をもつ人もいれば、身体の性が男であっても女らしい体格の人もいる。心の性においても同様で、自身の性を全くもって男と認識する人もいれば、やや女よりの男と認識する人もいる。（あるいは）、やや男よりの女と認識する人もいる。ウ好きになる性についても同様、自身の恋愛・性愛対象を明確に異性と認識する人もいれば、自身を異性愛者として認識しつつも同性に惹かれることもあるという人、同性愛者として認識しつつも異性にも惹かれるという人もいる。さらにエ表現する性においても、男らしい服装や言動を好む女（身体と心の性）の人、女らしい服装を好む男（身体と心の性）の人もいる。

　図9-2を参照しながら、自分自身は、これら四つの側面のセクシュアリティにおいてどこに位置づくか、考えてみてほしい。必ずしも記入する必要はないし、また他者に知らせる必要はない。ぜひ自分のセクシュアリティに

ついて考えてみてほしい。

② 性的マイノリティとは

性的マイノリティとされる人々には、以下のような人々が含まれる。それぞれの頭文字をとって、**LGBTQ** もしくは **LGBTI** とする場合がある。

・**レズビアン**（lesbian; 同性愛）

心の性が女の人で、恋愛もしくは性愛の対象を心の性が女である人とする人。図9-2の⑨好きになる性に関わる。

・**ゲイ**（gay; 同性愛）

心の性が男の人で、恋愛もしくは性愛の対象を心の性が男である人とする人。図9-2の⑨好きになる性に関わる。

・**バイセクシュアル**（bisexual; 両性愛）

自身の心の性と同じ心の性、もしくは異なる性の人の両方を恋愛ないし性愛の対象とする人。図9-2の⑨好きになる性に関わる。

・**トランスジェンダー**（transgender）

図9-2の⑦身体の性と④心の性が一致しない状態の人。一定の基準を満たしたトランスジェンダーに対する医学的診断名は、**性同一性障害**（gender identity disorder; GID）である。ただし現在、脱疾患化の流れのなかで国際的には、**性別違和**（gender-dysphoria）という表現が使用されている。

・**クエスチョニング**（questioning）

セクシュアリティをあえて決めない、決められない、またはわからない人。

・**インターセックス**（intersex）

図9-2の⑦身体の性に関わる。性染色体や内外性器などから、身体の性を男女のいずれかに明確に区別できない状態。医学的な診断名は、**性分化疾患**（disorder of sex development; DSD）である。

上記に挙げた以外にも、性的マイノリティを含むどのようなセクシュアリティの人も恋愛や性愛の対象とする人（**パンセクシュアル**〔**全性愛者**〕）、いか

なる人をも恋愛や性愛の対象として見ることができない人（**アセクシュアル〔無性愛者〕**）もいる。

　なお、先述した通り、セクシュアリティの四つの側面は、それぞれグラデーションをなしており、一個人は、グラデーションの様相をもつ各セクシュアリティの組み合わせからなっている。このことは、性的マイノリティに限らず個々人のセクシュアリティは実に多様であり、とりわけ性的マイノリティとされる人々もLGBTQ（/I）といった名称では説明しつくせないほど多様であることを意味している。

③ 性的マイノリティの子どもの数

　文科省（2014）は2013年4月〜12月に国公私立の小中高等学校、中等教育学校等を対象に性同一性障害と考えられる子どもに対する対応の現状に関する全国調査を行っている（「学校における性同一性障害に係る対応に関する状況調査について」）。本調査によれば、性同一性障害と考えられる子どもの数は計606人（うち戸籍上の性別が男237人〔39.1%〕、女366人〔60.4%〕、無回答3人〔0.5%〕）であり、学校段階の内訳は、小学校低学年26人（4.3%）、小学校中学年27人（4.5%）、小学校高学年40人（6.6%）、中学校110人（18.2%）、高等学校403人（66.5%）となっている。本調査は、「児童生徒が望まない場合は回答を求めないとしつつ、学校が把握している事例を任意で回答するもの」であることから、いずれの件数も「必ずしも、学校における性同一性障害を有する者及びその疑いのある者の実数を反映しているものとは言えないと考えている」としている。あくまでも、教師が性同一性障害と考えられると認知した子どもの数ということになる。

　この数値を見る限りでは、中学生以降、性同一性障害と考えられる子どもの数は増えている。これには、子どもが中学生となり、男女別の制服着用をはじめ、授業や各種学校行事などで男女による集団分けや、男女で異なる役割やらしさの表現（服装、言葉遣い、立ち居振る舞いなど）を求められる機会が増えることに加え、第二次性徴期を迎え、声変わりや精通、胸部の発達、初潮など身体の変化を経験することで、自身の身体の性に違和感をもつ機会が増えることが関わっていると考えられる。

性同一性障害の子どもへの対応に関する上記の調査を除いては、これまでのところ、就学年齢の性的マイノリティの数についての調査は行われていない。そこで、2016年に20〜59歳の人々10万人を対象としたインターネット調査（有効回答数約89,000人）の結果を参照することにしよう。本調査によると、LGBTもしくはアセクシュアルなど、性的マイノリティに該当する人は約8.0％に上るという（博報堂DYグループLGBT総合研究所、2016）。1学級を40人として換算すれば、1学級につき3ないし4人程度、性的マイノリティの子どもがいることになる。

なお、同調査によると調査対象の回答したセクシュアリティの内訳は、以下の通りである。本調査では、性的マイノリティに該当しない層を**ストレート**と表現している。

ストレート	92.02%
レズビアン	1.70%
ゲイ	1.94%
バイセクシュアル	1.74%
トランスジェンダー	0.47%
アセクシュアル	0.73%
その他	1.4%

（レズビアン〜その他で約8.0％）

（2）性的マイノリティの子どもたちの学校での学びの経験

日本の学校は、**男女二元論**と**異性愛主義**に支配された空間である。男女の二元化は、男女別の制服や学校規則（校則）はもとより、トイレや更衣室といった学校施設、保健体育などの授業での男女別指導、男女別の運動系クラブ活動、さらには教師らによる「男らしく〜しなさい」「女性として〜について考えよ」といった指導から伺えよう。一方、異性愛主義は、教科書や教材で描写されたり教育内容として扱われたりする家族が異性愛の親と子ども（たち）からなること、日常的な会話で言及される家族や恋愛話（いわゆるコイバナ）が異性愛（者）であることから明らかであろう。

もっとも、男女の二元化は、ある教育的配慮のもとで行なわれているのかもしれない。また、男女別のトイレや更衣室はそれ自体、必ずしも否定されるべきものではない。しかしながら、男女二元論には、身体の性は男か女のいずれかであるという前提に加え、身体の性と心の性は必ず一致しているという前提、さらに、身体の性と表現する性も必ず一致している（もしくは一致すべき）という前提が伴っている。こうした複数の前提によって、子どもたちは苦痛を経験するのである。学校での日々の生活において男女二元論、異性愛主義の色彩が濃ければ濃いほど、性的マイノリティの子どもたちにとって、学校は生きづらい場所となってしまう。

　性的マイノリティの子どもたちは、学校生活を送る上で、男女別のトイレや更衣室などの使用をめぐって不便や居心地の悪さを経験するだけでなく、好きになる性や表現する性（服装、言動など）それ自体を理由に教師によって注意や叱責を受け、傷ついているかもしれない。あるいは、他の子どもたちからからかいやいじめ、暴力の対象にされたり、差別を受けている可能性もある。こうした生活上の不便や居心地の悪さ、他者による注意やからかい、いじめなどとは別に、性的マイノリティの子どもたちが経験している生きづらさには、以下のようなものが含まれる。

① いないものとされること

　性的マイノリティが教科書や教材で描かれること、授業で教育内容として扱われることはほとんどない[2]。例えば、国語の教科書では、家族や中高生の恋愛をテーマとする作品があるものの、そこで描かれる家族は伝統的な家族であり、恋愛は異性愛である。加えて、男女カテゴリーによる日常的な集団分けや生活指導、男女別のトイレや更衣室、異性愛を前提とした会話などは、性的マイノリティの子どもにとって、典型とは異なるセクシュアリティをもつ自身がいないものとして扱われていることを確認する機会になっている。いわば、性的マイノリティの子どもは、学校生活を通じてつねに自

---

(2)　ただし、2017年度から使用されている高等学校「家庭基礎」「家庭総合」「地理歴史」「公民」の教科書、2019年度から使用される中学校「道徳」の教科書では、LGBTや性分化疾患など、セクシュアリティの多様性に関する用語が扱われるようになっており、一定の変化の兆しは認められる。

身の存在が語られず、無化されているという経験をしている。肯定的な自己概念をもてないばかりか、孤立感を抱くに至っている。

なお、先に見たように、男女二元論には、身体の性が男女のいずれかであるという前提、身体の性と心の性は一致するという前提に加え、身体の性と表現する性は一致している（もしくは、一致すべき）という前提がある。このことは、男女二元論に基づく指導は、性的マイノリティの子どもたちのみならず、性的マイノリティに該当しない子どもたちにとっても苦痛を生み出し得るものであることを意味している。というのは、それが、あらゆる子どもたちにとって自らの表現したい性を否定することにつながり得るからである。

② 自らのセクシュアリティを隠し、偽りの姿で過ごすこと

学校という場所で自らのセクシュアリティが前提とされていないことから、子どもたちのうちには自らのセクシュアリティを隠して学校生活を送る者もいる。しかしながら自身を隠して生活するということは、葛藤やストレスを生み出すばかりか、自らを偽っているという事実によってさらに自身を傷つけることにもなる。周囲で交わされる、同性愛者に対する嫌悪やからかい、差別的発言に同調を示したり、異性愛を前提とした会話に話を合わせることで自己を否定し、更なる苦痛を味わうのである。

③ ロールモデルの不在

性的マイノリティの存在、とりわけその生き方は、学校で扱われる教科書や教材などフォーマルな教育内容としても、日常的な会話のなかでも（からかいや差別表現は別として）なかなか語られることはない。そのため、性的マイノリティの子どもたちにとって、自身が将来どのような大人になってどう生活していくかを思い浮かべることは容易でなく、将来に希望を抱くことが出来ず、大きな不安に苛まれることになる。

こうして見ると、性的マイノリティの子どもたちの生きづらさとは、学びを経験する以前の問題であることが明らかである。子どもたちにとって、学

校で安心して心穏やかに学業を継続すること自体がままならない事態といえよう。事実、学校での生きづらさから、性的マイノリティの子どもたちのうちには登校拒否となる子ども、自傷行為が常態化したり、希死念慮を抱くに至る子どもも少なくない。

5 カリキュラムの公共性のために
——教師は子どもたちの多様性にどう対応していくか——

　これまで、子どもたちの多様性として、家庭の階層的要素（経済資本、文化資本）、文化的背景（文化の差異）、セクシュアリティについて見てきた。子どもたちの多様性は、学校での子どもの学びの経験に影響を及ぼし、不平等やさまざまな不便、不利益、困難、生きづらさを生み出している。

　先のブルデューらによる文化的再生産の議論によれば、学校における教育の営みは、もとよりある特定の集団にとって親和性の高いものである（⇨本章 2 (3)）。この議論に照らし合わせて考えてみると、（文化資本が豊かでない）特定の社会階層の家庭の子どもたち、外国につながりのある子どもたち、性的マイノリティの子どもたちにとって、学校での教育の営みはもとより親和的なものではなく、それゆえにこうした子どもたちは、不平等や困難、生きづらさを経験するに至っているということになる。しかしながら、学校教育の公共性（⇨序章 3 ）という観点を持ち出すまでもなく、こうした事態を静観すべきでないことはいうまでもない。学校は、すべての子どもたちにとって開かれた空間である必要があり、すべての子どもは、学校で学ぶ権利と幸福になる権利を等しくもっている。こうした事態に対して学校は、また子どもたちと関わる教師は、どのように対応していく必要があるだろうか。

　いずれの多様性に対する対応においても重要となるのは、子どもたちの多様性に対する正確な理解と、目の前にいる子どもたちの実態についての認識である。正しい知識をもった上で、子どもたちの生活する家庭環境（経済的、文化的な豊かさ）の実態、子どもたちの経験している（可視性の低いものを含む）文化の差異、子どもたちのセクシュアリティの実態についてつぶさに観察する必要がある。子どもの実態についての認識が十分でなければ、子

どもが学校生活を送る上で経験している不便や不利益、困難、生きづらさは見えにくくなる可能性がある。子どもの学業不振（ペーパーテストでの低得点など）、学習意欲の低さ、消極的な学習態度、自己肯定感の低さは、本人の能力や努力不足、怠惰によるものとして捉えられかねず、そうなれば、子どもに適切に対処することはできない。

　子どもたちの多様性に対する対応は、個々の教師が個別に、もしくは学校が組織として行うことが可能である。教師は、子どもが学校生活を送ったり授業に参加したりするにあたって必要とするものを補ったり、子どもが経験している不便や困難を軽減するよう個別に対応することができよう。一方、学校は、物理的人的環境を整えることで、子どもが学校生活を送ったり授業に参加したりするにあたって必要とするものを補ったり、子どもが経験している不便や困難を軽減するよう対応することができよう。むろん、子どもたちの多様性への対応は、教師が個別に行うにせよ、学校が組織として行うにせよ、学校の置かれた地域性、学校に在籍する子どもたちや教師集団の構成、保護者のありようなどによって、何をどこまでできるかは異なってくる。それを踏まえた上で、本章で挙げた多様性に対して個々の教師や学校がとり得る対応の糸口を、以下に挙げることにしたい。

(1) 経済資本や文化資本が豊かでない家庭の子どもたちへの対応

　経済資本や文化資本が豊かでない家庭の子どもたちへの対応の手がかりを得るにあたっては、志水（2014）による調査結果をとり上げることにしたい。志水は、2008年度、五つの政令指定都市の小学6年生の保護者を対象に質問紙調査を実施し、子どもの家庭環境と全国学力・学習状況調査での得点の関係を分析している。家庭環境には、ブルデューにならい、①経済資本（世帯収入）、②文化資本（保護者の学歴と文化的活動）、③子どもの社会関係資本、④保護者の社会関係資本（志水は、社会関係資本をつながりと呼んでいる）の計4項目を設け、これら4項目と子どもの得点の関係を分析している。

　この調査の結果見出されたのは、家庭の経済資本および文化資本は子どもの得点に対して大きな影響を及ぼしていたものの、それとほぼ同等に、子ども本人の社会関係資本も得点に大きな影響を及ぼしていたということであ

る。しかも、子どもの社会関係資本は、親の社会関係資本の影響を大きく受けているものの、家庭の経済資本や文化資本との関連性は見出せなかったという。志水はこの結果をもとに、「たとえ家庭が経済的に豊かでなくても、保護者の学歴が高くなくても、子どもを取り巻く家庭・学校・地域での人間関係が豊かなものになっていれば、その子の学力はかなりの程度高いものとなる可能性が強い」（p.131）と結論づけている。経済資本や文化資本が豊かでない家庭の子どもたちに対する対応の手がかりは、子ども本人や親に対して、地域、家庭、学校でのつながりを、その質に留意しつつ豊かにするよう取り組むことに求められそうである。

　志水の調査において、親、子どものいずれの社会関係資本の質問項目も、家庭、学校、地域でのつながりの豊かさを尋ねる内容であった。このうち、子どもの社会関係資本の質問項目は、「家の人と学校での出来事について話をする」、「家の人とふだん（月曜日から金曜日）、夕食をいっしょに食べる」、「学校で友達と会うのは楽しい」、「友達との約束を守っている」、「住んでいる地域の行事に参加している」、「今住んでいる地域の歴史や自然について関心がある」のいかんについて問うものである（p.128）。子どもの社会関係資本を豊かにするためには、これらの項目内容を意識しつつ、仲間や教師との関係、家族や親族との関係、地域の人々との関係の量と質が豊かになるよう取り組むことができそうである。

(2) 外国につながりのある子どもたちへの対応

　3 (2)で見たように、ニューカマーの子どもは、教室での学習に参加していく上で文化の差異によって三つの側面（認知的側面、社会的側面、実存的側面）において困難を経験する可能性がある。教師は、子どもの文化の差異のうちでもとりわけ可視性の低い文化の側面として、日本語の運用能力、コミュニケーションへの参加のあり方をめぐる認識、歴史的・地域的文脈に留意しつつ、子どもが教室での学びに参加できるよう、学びの三つの側面から対応していく必要がある。

　子どもは、学校生活を通じてとかく文化の差異によって「できない」「遅い」といった経験を重ね、自己肯定感を低下させがちである。しかも学校で

は、子どもがその文化的背景ゆえにもつ能力(例えば、母語の運用能力)や知識(祖国の文化や地理歴史、宗教など)、経験(例えば、祖国から日本への移動という経験、異文化での生活という経験など)の豊かさが評価される機会はほとんどない。しかしながら単に評価される機会がないというだけで、実は子どもは、日本で生まれ育った子どもたちとは異なる豊かさをもっている。その子どもならではの豊かさが評価の対象となるよう、学校として何らかの行事や活動を設けたり、個々の教師が授業を組織することは可能である。その際、子どもには、自身の能力や知識、経験を開示することに対する意思を確認し、それを尊重することが重要である。

(3) 性的マイノリティの子どもたちへの対応

4 (2)で見たように、性的マイノリティの子どもたちは、学校で生活していく上で、生活上の不便の他、そのセクシュアリティ(好きになる性、表現する性など)ゆえにからかいやいじめを受けるといった経験をしている。さらに、いないものとされるという経験、偽りの姿で過ごすという経験、またロールモデルの不在という事実によって、さまざまな生きづらさを抱えている。子どもたちはこうした生きづらさを解消するために周囲に相談したいと願いつつも、現実にはそれによってさらにからかいやいじめ、差別を受けることを恐れ、ためらっている。その意味で、子どもにとって、身近な存在である教師が信頼して相談できる相手であることは重要である。では、信頼して相談できる教師とはどのような教師だろうか。特定非営利活動法人 ReBit (2014) は、性的マイノリティの子どもにとって「相談しやすい先生の6ヶ条」を提示している。

```
相談しやすい先生の6ヶ条
1  話を聴いてくれる先生
2  LGBTを笑いの対象にしない先生
3 「男性/女性だけじゃない」を知っている先生
4 「異性愛者だけじゃない」を知っている先生
5 「LGBTを知っている」を伝えてくれる先生
6  多様性への理解の深い先生
```

(特定非営利活動法人 ReBit、2014、p.9)

3、4の「知っている」、5の「伝えてくれる」は、文字通り「知っている」と明言したり「伝える」だけでなく、行為をもって知っている旨を伝えたり、別の表現でもって伝えることも指している。例えば、「男性／女性だけじゃない」を知っていることは、男女という性別カテゴリーの使用を控えること、男女ともに「さん」付けで呼ぶことでも伝えることが可能である。あるいは、「異性愛者だけじゃない」を知っていることは、例えば、保健体育の授業で教科書の「男女」の言葉を「愛し合っている人」と置き換えることでも伝えることは出来る。「LGBTを知っている」ことは、学級文庫や職員室、学校図書室などにLGBTに関連する図書を置くことでも伝えることは出来る。

個々の教師は、これら1〜6を子どもたちに対して日頃の言動を通じてメッセージとして伝えることが可能である。また学校としては、授業や学校行事、活動を通じて、また施設の整備（みんなのトイレや更衣室の設置など）を通じてメッセージとして伝えることが可能である。教師も学校も、性的マイノリティの子どもの存在が認められて初めて対応するというのではなく、存在するものと想定して日常的に対応していくというスタンスが必要である。

総じて、子どもたちの多様性に対する対応は、共に生きる我々自身の課題として取り組むということが何よりも大切である。

（金井香里）

──引用参考文献──
＊太田晴雄（2000）『ニューカマーの子どもと日本の学校』国際書院
　外務省「児童の権利に関する条約」（https://www.mofa.go.jp/mofaj/gaiko/jido/zenbun.html 〔2018年7月30日取得〕）
＊金井香里（2012）『ニューカマーの子どものいる教室　教師の認知と思考』勁草書房
　金子真理子（2018）「小学生の学力と家庭の文化的環境」国立大学法人お茶の水女子大学『保護者に対する調査の結果と学力等との関係の専門的な分析に関する研究』28-33頁
＊教職員のためのセクシュアルマイノリティサポートブック制作実行委員会（2018）『教職員のためのセクシュアルマイノリティサポートブック ver. 4』（http://jtu-nara.com/pdf/book_ver4.pdf 〔2018年7月30日取得〕）
　国立教育政策研究所（編）（2010）『生きるための知識と技能　OECD生徒の学習到達度

調査（PISA）2009年調査国際結果報告書』明石書店
国際教育政策研究所（編）（2014）『OECD 生徒の学習到達度調査　PISA2012年問題解決能力調査―国際結果の概要―』(http://www.nier.go.jp/kokusai/pisa/pdf/pisa2012_result_ps.pdf〔2018年8月12日取得〕)
国立教育政策研究所（編）（2016）『生きるための知識と技能　OECD 生徒の学習到達度調査（PISA）2015年調査国際結果報告書』明石書店
国立大学法人お茶の水女子大学（2018）『保護者に対する調査の結果と学力等との関係の専門的な分析に関する研究』(http://www.mext.go.jp/component/a_menu/education/micro_detail/__icsFiles/afieldfile/2018/07/10/1406896_1.pdf〔2018年7月30日取得〕)
佐藤学（2010）『教育の方法』左右社
＊志水宏吉（2014）『「つながり格差」が学力格差を生む』亜紀書房
特定非営利活動法人 ReBit（2014）『性別男・女だけじゃない！先生が LGBT の子どもと向き合うためのハンドブック』
博報堂 DY グループ LGBT 総合研究所（2016）「博報堂 DY グループの株式会社 LGBT 総合研究所、6月1日からのサービス開始にあたり LGBT をはじめとするセクシャルマイノリティの意識調査を実施」(http://www.hakuhodody-holdings.co.jp/news/corporate/pdf/HDYnews20160601.pdf〔2018年7月30日取得〕)
浜野隆（2018）「家庭環境と子供の学力」国立大学法人お茶の水女子大学『保護者に対する調査の結果と学力等との関係の専門的な分析に関する研究』13-22頁
ブルデュー, P.（1986）『象徴権力とプラチック：ブルデューの世界 Actes, no. 1』福井憲彦他訳、日本エディタースクール出版部
＊ブルデュー, P., パスロン, J.C.（1991）『再生産』宮島喬訳、藤原書店
文部科学省（2014）「学校における性同一性障害に係る対応に関する状況調査について」(http://www.mext.go.jp/component/a_menu/education/micro_detail/__icsFiles/afieldfile/2016/06/02/1322368_01.pdf〔2018年7月30日取得〕)
文部科学省（2015）『性同一性障害に係る児童生徒に対するきめ細やかな対応の実施等について』(http://www.mext.go.jp/b_menu/houdou/27/04/1357468.htm〔2018年7月30日取得〕)
文部科学省（2016）『日本語能力が十分でない子供たちへの教育について』(http://www.kantei.go.jp/jp/singi/kyouikusaisei/dai35/sankou1.pdf〔2018年7月30日取得〕)
文部科学省（2017）「「日本語指導が必要な児童生徒の受入状況等に関する調査」の結果について」(http://www.mext.go.jp/b_menu/houdou/29/06/icsFiles/afieldfile/2017/06/21/1386753.pdf〔2018年7月30日取得〕)

第10章

隠れたカリキュラム

───── 本章のねらい ─────

本章では、学校生活に存在する**隠れたカリキュラム**について、この概念を最初に提示したジャクソンならびに学校に存在する隠れたカリキュラムを踏まえて学校批判を展開したイリッチをもとに概説する。その上で、日本の学校における隠れたカリキュラムとして、集団生活における個人のあり方、ジェンダー、評価をめぐる隠れたカリキュラムを検討するとともに、教師は隠れたカリキュラムに対してどのように向き合い教育の実践を組織していったらよいかについて考えていく。

1 学校教育に潜在する人間形成の営み──隠れたカリキュラム──

　学校生活を通じて子どもたちが学んでいるのは、学校や教師が意図的もしくは明示的に組織する教育内容（知識、技術、価値観など）だけにとどまらない。子どもたちは、学校という制度的空間で教師や他の子どもたちと関わりながら授業や学校行事などさまざまな活動を経験している。こうした日々の活動のなかで、例えば、授業中、教師が話をしている最中にふと思いついた自分の考えはどのタイミングでどういう手続きを踏んで発言するのが適切か、試験の最中に隣の席の子どもが話しかけてきたらどう対応するのが適当か、また各自で取り組むよう出された課題をいち早く終えた場合、どのようにしてふるまっているのが適切か、学んでいる。何よりも子どもたちは、チャイムの音で区切られた授業の間、教師の指示に従って振る舞わなければならないことを学んでいる。子どもは、日々繰り返される学校生活を通じて、学校生活を送る上で必要な集団の一員としての適切な態度を学びとって

いるのである。

　学校教育の過程に潜在しているこうした人間形成の営みは、学校や教師によって意図的もしくは明示的に組織されるカリキュラム（**顕在的カリキュラム**）とは区別して、**隠れたカリキュラム**（hidden curriculum；または**潜在的カリキュラム**）と呼ばれる。本章では、隠れたカリキュラムの概念を最初に提示したフィリップ・ジャクソン（Jackson, P., 1929-2015）の主張を検討したうえで、隠れたカリキュラムとの関連でイヴァン・イリッチ（Illich, I., 1926-2002）によって展開された学校批判について概観する。その上で、日本の学校における隠れたカリキュラムの具体的な内容として、集団生活における個人のあり方、ジェンダー、評価をめぐる隠れたカリキュラムを検討する。本章を通じて、隠れたカリキュラムのさまざまな機能について理解するとともに、教師は隠れたカリキュラムに対してどのように向き合い日々の実践を組織していったらよいかについて考えていくことにしよう。

2　隠れたカリキュラムの研究——フィリップ・ジャクソン——

　隠れたカリキュラムという概念を最初に提示したのは、米国シカゴ大学の教育学者フィリップ・ジャクソンである。ジャクソンは教室で行った長期的な参与観察をもとに1968年に『教室の生活』（*Life in Classrooms*）を著し、子どもたちが一日の大半の時間を過ごす学校という場所に潜在する教育機能を描き出している。ジャクソンによると、学校には教会や刑務所、精神病院と類似した特徴がある。子どもたちは、好むと好まざるとにかかわらず、高度に様式化されたこの特異な環境のなかで一日の大半の時間を過ごすことを余儀なくされ、そこで繰り返し冗長で儀式的な経験をしているというのである。

(1) 隠れたカリキュラムを構成する三つのR——規則、規制、慣例——

　ジャクソンによると、教室には、子どもが教室という生活世界を生き抜くのに必要な規則（rules）、規制（regulations）、慣例（routines）という三つのR（3 R's; スリーアールズ）が存在し、これらが隠れたカリキュラムを構成し

ている。三つのRは、それぞれ以下の通りである。

① 規則
何らかの行動をとるにあたっての基準やきまりを指す。一般的に規則は、校則、学級のきまりというように明文化されているものの、こうして明文化された規則にも隠れたカリキュラムが存在する。

② 規制
状況に応じて教師によって出される「～せよ」「～すべし」といった指示やとりきめを指す。

③ 慣例
慣習となっているやり方、しきたりともいうべきものである。一般的に明文化はされていない。

(2) 隠れたカリキュラム――三つのテーマ――

　教室では日々どのような生活が繰り返され、そこで子どもたちは、どのような隠れたカリキュラムを経験しているだろうか。ジャクソンは、教室での子どもの経験を群れ（crowds）、賞賛（praise）、権力（power）という三つのテーマで、描き出している。子どもたちの経験する隠れたカリキュラムを、それぞれのテーマごとに順に見ていくことにしよう。

① 群れ――集団の一員としての適切な態度の獲得――
　教室には大勢の子どもたちが集い、その子どもたちに対して教師は一人で対応している。教師は子どもたちの集団に対し、限られた時間のなかで限られた資源（教育活動のために使用できる教室空間、鉛筆削りや水飲み器といった用具など）と限られた仕事（必需品の配布、安全パトロール、黒板消し叩きなど）を慎重に割り当て、教室内に混乱を起こすことなく日々の目的を達成しようとしている。教師はいわば、交通巡査、審判員、物資の供給軍曹、タイム・キーパーといったいくつもの任務をこなし、子どもたちは何をするに

も、自分の順番を待つことを要求される。かくして子どもは、自らの欲求を満たすためにどのように待つか、また自身の欲求をどう諦めるかを学ぶ。さらに、他の子どもからの妨害をどうやって無視するかについても学ぶ。子どもは、現実とは裏腹に、教室ではあたかもひとりでいるかのように振る舞うことを学ぶのである。

群れというテーマから見出される隠れたカリキュラムは、ある集団を構成する一員としての適切な態度の習得ということができる。このカリキュラムの骨格にあるのは、忍耐（patience）である。子どもは、群れのなかで生活するなかで絶えず生起する遅速という事態（例えば、自分や他の子どもの学習の進み具合の異なり、課題への取り組みが遅い、速いということ）に耐え、自らの欲求を否定することにも耐え、自身の願望や欲求を妨害するものに対して黙って耐えることを学んでいく。

② 賞賛——自らに対する評価をめぐる対処方略の構築——

一方、賞賛は、教室での生活において絶えず行われる評価と関わりが深い。教師は、子どもの学習の到達状況のみならず、行動（学校制度への適応状況）、パーソナリティなどをも評価し、評価内容を子ども本人はもとより他の子どもたちに伝える。子どもたちは、教師の言及する自他についての評価内容から、物事の善悪、是非、美醜を学んでいく。

教室でおもに評価を下す役割を担うのは教師である。しかし教師だけでなく、教室の子どもたちも互いに評価している。さらに、子ども本人も自己を評価している。評価の方法は多岐にわたり、学校特有の評価方法としては、テストがある。そして、評価の内容は、教室で他の子どもたちの居合わせるところで公然と、もしくは個別に口頭で伝達されたり、うわさ話や告げ口の形で伝えられることもある。

賞賛というテーマから見出される隠れたカリキュラムは、教師や教室の他の子どもたちによって付与される自身についての評価をめぐる対処方略（strategies）の構築ということができる。子どもは自らに対する好ましい評価を増やす一方で好ましくない評価を減らすための方略を学び、好ましい評価を宣伝する一方で好ましくない評価を隠すための方略を学ぶ。さらには、

教師と教室の仲間という、評価基準の異なる複数の評価者たちから同時に好ましい評価を獲得するための方略をも学ぶのである。

③ 権力——権力への適応、権力に対処するための方略の獲得——

ジャクソンは、三つめのテーマとして権力を挙げている。教室は、大人（教師）の権力が作動している場所である。もっとも、子どもは家庭でも大人（親）による権力の行使を受ける。しかしジャクソンによれば、双方による権力の行使の仕方は異なっている。子どもは、家庭では親から「だめ」「〜してはいけない」といった禁止の権力を行使され行動を抑制されているのに対し、学校では、教師から「〜しなさい」という命令の権力を行使され、行動を指図されているというのである。子どもは、教師によって日々繰り返し行動を指図されることを通して、やがて自身の欲求よりも教師の欲求に奉仕することに力を注ぐことを学ぶ。子どもにとって教師は、学習（仕事）の内容や方法はもとより、その開始や終了を権力で統制する最初のボス（上司）ともいうべき存在である。

学校は、しばしば刑務所や精神病院になぞらえられる。子どもは好むと好まざるとにかかわらず学校に行かなければならないし、学校では教師（労働者）は辞める権利をもっているのに対し、子どもは辞める自由を与えられていないからである。子どもたちは、辞める自由をもたないという点でも、権力をもって統制されている。

子どもは、教師との間に存在する権力の不均衡について知るようになるなかで、教師のもつ権力に適応することを学び、また権力に対処するための方略を編み出していく。子どもたちのうちには、好ましい学習習慣を身につけ、優等生もしくは模範生となり、教師の権力に適応する者がいる。その一方で、優等生になれない子どもたちのうちには、教師に好かれるための方略（例えば、教師の役に立つよう振る舞うこと、好印象づくり、ごますり）を編み出したり、逆に、教師に好まれない行為は回避するという方略を編み出す者もいる。

ジャクソンは、こうした群れ、賞賛、権力という三つのテーマで描き出される教室での子どもの潜在的な学びの経験を、隠れたカリキュラムと呼んで

いる。

(3) 隠れたカリキュラムと子どもたちの学業達成、社会化

　隠れたカリキュラムは、どの学校段階・学校種にも、いかなる形態の授業にも存在している。就学前教育（幼稚園）の段階から存在し、どんなに進歩的な学校にも、どんなに革新的な授業を行っている教室にも存在する。

　子どもの学業達成には、隠れたカリキュラムにおける習熟の度合いが大きく関わっている。子どもが顕在的カリキュラム（学校ならびに教師が意図的に伝達しようとする教育内容、教材など）を習熟するには、隠れたカリキュラムにおける習熟が必要なのである。例えば、隠れたカリキュラムに習熟し、教師の指示に対して従順に応えようとする子どもは、教師の指示通りに授業を受け、放課後家庭では遊びたい気持ちを押さえて学習課題をこなし、指示されたように授業の予習や復習に取り組むだろう。その結果、学習態度は良好と評価され、試験でも高得点を取るかもしれない。逆に、授業中、教師の指示に耳を貸さず、教師や仲間の目を気にすることもなく、自分のやりたいことを気ままに行っている子どもは、通常では（塾や予備校で別途学習をしている場合などを除けば）、試験で高得点を取ることは難しいだろう。ジャクソンによれば、現に学校の評価システムでは、学業達成の状況（顕在的カリキュラムの習熟の度合い）は、隠れたカリキュラムの習熟の度合いと関連づけて考慮されているという。そのため、例えば、学習に遅れのある子どもの問題が検討される場合には、授業への取り組みが十分であったかどうか（すなわち、隠れたカリキュラムの習熟の度合いはどうか）が問われることになる。

　さらに、隠れたカリキュラムの習熟はそれ自体、子どもたちにとって社会化の過程となっている。子どもは教室での日々の生活を通じて、集団の一員としての適切な態度を学び（群れ）、他者（教師や教室の仲間）が自身に対して付与する評価に対処するための方略を編み出し（賞賛）、教師の権力に適応することを学び、教師の権力に対処するための方略を構築していく（権力）。こうした学びの経験は、実は、子どもたちにとって将来社会生活を営んでいく上で必要不可欠なものである。このことからジャクソンは、教室を「企業社会の雛形」（company）としている。ジャクソンにとって隠れたカリ

キュラムは、子どもたちを「企業社会」(The Company) における「忠実な従業員」(Company Man) へと社会化していく機能に他ならない。

　子どもたちは、学校生活を送るうえで隠れたカリキュラムを避けることができない。そのためジャクソンは、教師や教育行政関係者など学校教育に携わる人々に対して、日々あたりまえのように繰り返される教室での実践のなかに隠れたカリキュラムが存在することについての自覚を促そうとしている。

　ジャクソンが学校教育に内在する隠れたカリキュラムの存在を指摘した後、オーストリア出身の社会学者イヴァン・イリッチは、学校という制度に潜在する隠れたカリキュラムの機能を踏まえつつ、学校という制度と様式に対する批判を展開している。そこで次に、イリッチによる学校批判の内容について概観することにしよう。

3　学校批判——イヴァン・イリッチ——

(1) 制度依存と無能化を生み出す学校制度

　イヴァン・イリッチは、1971年、『脱学校の社会』(*Deschooling Society*) を著し、学校に対する批判を展開している。イリッチは、近代において学校が制度化され普及してきたのに伴い、本来自発的で自律的な活動であるはずの学習という行為は、教わるという行為と同一視されるようになったと指摘している。学校で提供される教育内容を単に習得することが学びである、といった思い込みが生み出されたというのである。

　イリッチが問題視するのは、学校制度だけでなく、医療制度、交通輸送制度にも及ぶ。これらの制度が確立され普及したことで、人々は、自分が何かをするためには、そのための制度とそれを管理する専門家が必要だという思い込みを抱くに至ったという。イリッチは、人々が、**制度信仰**もしくは**制度依存**に陥っていると強調する。

　イリッチによれば、すべての「偽りの公益事業」のなかでも、学校が最も陰険である。というのも学校では、技能訓練、人間形成（教養教育）という

教育に関わる二つの要素を無理やり結合させて遂行しているからである。かりに学校で技能訓練のみが行われていれば、人と人（教師と子ども、子ども同士）の間には技能における上下関係しか存在しないはずである。ところが実際には人間形成が行われているため、学校での人と人の関係は人間的な依存関係へと際限なく拡張され、これが学習者の制度依存の基盤をつくっている。

　学校制度の普及によって、人は制度依存へと陥り、その結果、自ら学ぶ力や抵抗する力を喪失し**無能化**される。学校で子どもたちが無能化される過程を、イリッチは、学校教育に潜在する隠れたカリキュラムの機能によって説明している。学校は隠れたカリキュラムを通して子どもたちを労働社会ないし消費社会（モノの生産労働と消費活動に価値を置く社会）へと導入するばかりか、権力者に抵抗する力を失わせるよう機能しているというのである。イリッチにとって隠れたカリキュラムは、子どもたちを労働社会や消費社会へと入会させる通過儀礼として機能している。

(2) 解決の方途——学校とインフォーマルな学習ネットワーク——

　イリッチは、学校の制度と様式に対する批判を展開した上で、その解決策を提示している。それは、学校で遂行されている技能訓練ならびに人間形成（教養教育）という二つの機能を分離するというものである。従来の学校を、基本的技能と反復練習を中心とする**自動車学校型の学校**として再組織し、これとは別に、あらたにインフォーマルな学習ネットワークを組織できる基盤を整えることを主張する。

　インフォーマルな学習ネットワークは、学習者が自らの管理のもとで自律的に組織する学習のためのネットワークである。例えば、自動車学校型の学校で英語を学び（技能の習得）、英国の劇作家シェイクスピアの作品を読みたいと考えるようになった人は、その参加者を募り、会合の機会を得てそこで読む（学習ネットワークの組織とそこでの学習）。人々がインフォーマルな学習ネットワークを組織し得る基盤として、イリッチは、①人々が自由に自らの関心を表明し交流できる掲示板のような仕組み、②人々が自由に教え合い学び合えるような文化、③こうした交流の機会を可能にするような労働条件、

の三つが必要であると主張する。イリッチによる学校批判の主張には、同時にこうしたユートピア的な社会構想が伴っていた。

4 隠れたカリキュラム——日本の学校では——

ジャクソンによって最初に提起された隠れたカリキュラムの概念は、その後、カリキュラム研究における主要な概念の一つとなっている。概念そのものにはさまざまな解釈が加えられているものの、学校教育の過程で潜在的に機能している政治的社会化の働きを意味するものとして広く使用されている。

ここでは次に、日本の学校に焦点をあて、子どもたちが日々の学校生活を通じて経験している隠れたカリキュラムについて見ていくことにしたい。

(1) 集団生活における個人のあり方をめぐる隠れたカリキュラム

日本の学校、とりわけ小中学校では、一定程度固定化された構成員（子どもたちと担任教師）からなる学級という集団が、子どもたちの生活と学習の場となっている。子どもはそこで仲間との関わりを通じて、集団生活における個人のあり方（他者との関わりにおける自己のあり方）を学んでいく。子どもたちは、学級で教師や仲間との関わりを通じて、集団生活における自己のあり方をめぐってどのような隠れたカリキュラムを経験しているだろうか。

恒吉（1992）は、日本ならびに米国の複数の公立小学校で行ったフィールド調査をもとに日本の小学校における学級の特徴を以下のように指摘している。

① 同調にのっとった共同体的性格
② 児童のさまざまな面に対する教師の指導
③ 緊密な人間関係が醸し出す温かさ

このうち①は、恒吉が後に、**一斉共同体主義**と呼んでいるものであり、以下のように説明される。

それは、同質的で自己完結的な共同体を前提とした協調的共有体験、共感・

相互依存・自発的な協調などの価値観の共有に依拠する共同体的な特徴と、皆が、同時に、同じことをするという一斉体制とが一緒になることによって成り立っている。(恒吉、1996、p.231)

近年、学校によっては習熟度別指導が導入され、授業科目の一部（算数・数学、英語など）では子どもの在籍する通常学級とは別の学級編成を行うことがあるものの、日本の学校では、基本的には学級の構成員は一定期間固定化されている。子どもは、固定化された仲間とともに授業に参加するだけでなく、休み時間には遊んだり、給食や弁当の時間には食事をし、教室の清掃も行う。学級は文字通り、自己完結的な共同体的性格を帯びている。この共同体としての学級で、子どもたちは「協調的共有体験」と「皆が、同時に、同じことをするという一斉体制」の体験を重ね、さまざまな経験や感情、価値観を共有していく。

子どもたちの「協調的共有体験」と「皆が、同時に、同じことをするという一斉体制」の体験が可能となるのは、子どもたちの持ち物、学級での活動や発言内容、あいさつなどの**規格化**があることによる。授業で使用するノートや色鉛筆といった文房具をはじめ、体操着や水着、絵の具箱、裁縫道具といった持ち物は、同じものを準備するよう求められる。授業中発言する際の挙手の仕方や発言の展開の仕方、授業の開始と終了時の日直による号令のかけ方、給食の配膳の仕方、掃除の仕方など、授業内外のさまざまな活動や発言内容が規格化され、子どもたちは一律にそれに従うことが期待されている。近年、各地方自治体教育委員会や各学校によってスタンダード化による授業改革の試みが進められている。それには授業の進め方や授業中の学習指導のスタンダード化も含まれる。近年進められているこうしたスタンダード化もまた、規格化の一例である。

②は、日本では教師が子どもの学習のみならず、生活態度、交友関係、（中学校高等学校では進路も）と広範囲にわたって関心をもち指導を行うことを指している。教師は、欧米諸国では一般に各家庭ないし地域（教会）において行われるべきとされる領域、すなわち子どもの生活上の習慣に関わる課題や問題にも深く関与する。授業はもとより朝や帰りの会（ホームルーム）、

休み時間や給食といったさまざまな活動のなかで、子どもの家庭での生活習慣（宿題への取り組み、授業に必要な持ち物の準備、食事、睡眠など）、放課後や週末の過ごし方（習い事、交友関係など）、家庭の状況（家族構成、親の就労状況、経済状況など）を考慮しながら子どもに関わっている。

同調にのっとった共同体的性格（①）を有する学級で、時には子どもの家庭や地域にも踏み込む子どものさまざまな面に対する教師の指導（②）があることで、学級における教師と子どもの関係は緊密な人間関係が醸し出す温かさ（③）を帯びたものとなっている。

総じて、日本の学校における学級での集団活動を通じて、子どもたちは、自身を集団とは分離した一個人としてよりもむしろ集団の一構成員として位置づける傾向をもつに至っている。その上で、みんな＝同質という前提のもとで、他者に同調できることはよいとする価値観をもつようになっていると考えられる。子どもは、学級という集団における温かい人間関係のなかでこうした価値観を繰り返し教師によって広範囲にわたって暗に伝えられ、知らず知らずのうちに身につけていく。

(2) ジェンダーをめぐる隠れたカリキュラム

一方、子どもたちは日々の学校生活を通じてジェンダーをめぐってどのような隠れたカリキュラムを経験しているだろうか。ここで**ジェンダー**（gender）とは、男女という二分化された性別に対して社会的文化的に形成された役割観や規範（男性らしさ、女性らしさ）を指している。従来は、生物学的な差異を指すセックス（sex）と区別し、ジェンダーを男女の違いの非生物学的側面のすべてとする解釈も存在した。しかしながら、個々人の身体の性のあり方（セクシュアリティ⇨第9章④）が多様であるという現実に鑑みれば、身体的な性の多様性を無視し男女という二項目において捉えようとする生物学的な性もまた社会的文化的な構築物であり、ジェンダーであるということになる[1]。

---

[1] 男女という表現には、セクシュアリティの多様性が無視されているという問題が伴っている。しかしながらここでの目的が、セクシュアリティの多様性を無視した男、女に対して社会で形成された役割観と規範を検討することであるため、ここでは、あえて男女という表現を使用する。

さて、日本の学校制度には男女共学・共修の原則がある。しかしながら戦前、男女別学の複線型教育制度のもとでは女子には高等教育を受ける機会が極めて限定され、男女間には教育機会の不平等が存在していた。戦後、教育改革によって6・3・3・4制が導入され、教育を受けることが（性別にかかわらず）国民の権利であることが日本史上初めて国によって確認された（日本国憲法第26条第1項「すべて国民は、法律の定めるところにより、その能力に応じて、ひとしく教育を受ける権利を有する」）。しかし実はこの後も制度上、家庭科や技術、保健体育といった教科は男女別に設けられていた。いずれも、日本の「女子に対するあらゆる形態の差別の撤廃に関する条約」批准（1985年）を機に、1989年の学習指導要領で改正され、男女共修となった[2]（⇨第3章 4 (2)）。

こうして見ると、現代の日本の学校は一見、**男女平等の原則**の浸透した空間のようである。しかし、法律ではひとしく教育を受ける権利が謳われているものの、現実の学校では、教師も子どもも知らず知らずのうちに、男女で異なる役割観や規範が伝達され、男女間には不均衡な力関係が形成されている。こうした**性別分化のプロセス**は中学校で生じ、これが高校進学時には異なる学校種や学科の選択、高校卒業後には高等教育機関への進学の有無、進学先の選択へと影響を及ぼしていく（木村、1999）。

その基盤は、早くも就学前の幼稚園、保育園の段階での**性別カテゴリー**の多用によって形づくられ始めている。性別カテゴリーはその後の学校段階でも多用される。保育士や教師たちは、集団を統制していく上での便宜性ゆえ、必ずしも性別に分ける必然性のない場面においても「中立的」カテゴリーという認識のもと性別カテゴリーを多用する。日常的に繰り返される性別カテゴリーの伴う指示行為（例えば、「男の子はこっち、女の子はあっち」「男子も女子も、話をきいて下さい」）、男女にステレオタイプ化された色やシンボルをあてはめる行為（例えば、子どもの名前代わりのアイコンシールとして、男子には昆虫や乗り物、女子には果物や花を指定すること）は、教師の意図

---

(2) 保健体育は学習指導要領上では男女共修となっているものの、実際には男女別修としているところも少なくない。

とは別に、この後、子どもたちの内面に「性別を基本的かつ自明の分類カテゴリーとする認識枠組みを構成し、固定的な性役割や男性優位の考え方、すなわち**セクシズム**（筆者注、sexism：**性差別主義**）・**イデオロギー**の浸透を容易にする」（木村、1999、pp.28-31）。

　中等教育段階以降、子どもたちのうちにはどのようにジェンダーが形成されていくだろうか。子どもたちのジェンダー形成には、男女別に設けられた制服や学校規則（校則）をはじめ、授業内外での教師による性別カテゴリーを用いた指示行為や男女によって異なる指導、教科書における男女の描かれ方や現れ方（⇨ コラム10-1 「検定教科書をめぐる隠れたカリキュラム」参照）、各学校段階における教師や担当教科ごとの教師の男女構成が大きく関わっている。ここでは、とくに教師の男女構成に着目し、①中等教育段階における担当教科ごとの教師の男女構成、②各学校段階における教師の男女構成を見てみよう。

① 中等教育段階における担当教科ごとの教師の男女構成

　中学校および高等学校では、取り扱う教育内容の専門性の高まりを前提として教科担当制がとられ、小学校のように学級担任の教師がほとんどすべての教科を担当するのではなく、当該教科の教員免許を取得した教師がその教科の授業を担当する。次頁の図10-1、図10-2は、それぞれ中学校、高等学校における担当教科ごとの教師の男女構成を示したものである。これらの図からは、明らかに担当教師の男女の構成という点で偏りのある教科が存在していることが認められる。中学校では、例えば、国語や英語、音楽に女性教師が多く、数学、理科、社会、保健体育には男性教師が多い。一方、高校ではわずか三つの教科（国語、芸術系、外国語系）を除けば、いずれの教科もその多くを男性教師が占めている。逆に、高校において女性の担当者が圧倒的多数となっているのは家庭科であり、これには1989年学習指導要領以前の家庭科および技術の男女別修の名残りともいうべきものが見てとれる。

　むろん、これが必ずしもすべての学校にあてはまるわけではない。しかし概ね、子どもたちはこうした男女構成からなる各教科の専門家ともいうべき教科担当者と出会うのである。教師のこの性別分業の実態は、子どもたちに

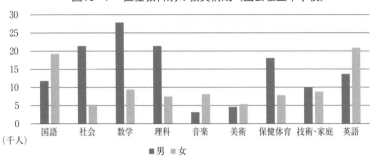

図10-1　担任教科別の教員構成（国公私立中学校）

(「学校教員統計調査　平成28年度」〔文部科学省、2017〕「平成28年度学校基本調査」〔文部科学省、2016〕をもとに筆者作成)

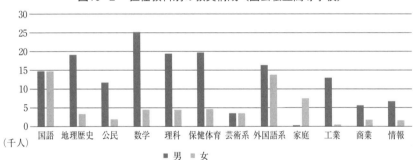

図10-2　担任教科別の教員構成（国公私立高等学校）

注　芸術系とは、音楽、美術、工芸、書道の合計、外国語系とは、英語、独語、仏語、その他言語の合計をそれぞれ示す。
(「学校教員統計調査　平成28年度」〔文部科学省、2017〕「平成28年度学校基本調査」〔文部科学省、2016〕をもとに筆者作成)

おいて、**知識領域の性別適性**という考え方（知識領域、科目によって、男性向き、女性向きがあるとする考え方）、**進路の性別分化**（学科や職種など、進路形成に関わる事象には性別による向き不向きがあるとする考え方）へとつながっていく（木村、1999）。子どもたちには、例えば、理数系は男が得意といった能力観が知らず知らずのうちに伝えられるかもしれない。しかし、こうした考え方があくまでも社会的につくられたものにすぎないことは、例えば、IEA

(国際教育到達度評価学会) による TIMSS (Trends in International Mathematics and Science Study; 国際数学・理科教育動向調査。小学4年および中学2年の子どもを対象に4年ごとに実施) の結果をみれば明らかである。小学校では50の国や地域、中学校では40の国や地域が参加した TIMSS2015では、国ごとに算数・数学、理科の男女の平均得点差を分析している。これによれば、小学4年、中学2年の算数・数学、理科のいずれにおいても有意差はない。TIMSS で測る限りにおいて、算数・数学、理科という知識領域の性別適性は実在していないのである。

② 各学校段階における教師の男女構成

中学校では、教科ごとの性別分業という実態のみならず、教師全体の性別構成の不均衡という特徴が見出される。図10-3は、各学校段階における教師の男女構成を示したものである。幼稚園から、小学校、中学校、高等学校、大学と上級学校に進むにつれ、男女の構成は明らかに変容する。とりわけ中学校では、教師集団の多数派がそれまでの女性から男性へと激変を遂げる。中学校において女性教師の割合は、2017年5月時点では、43.1％となっている。

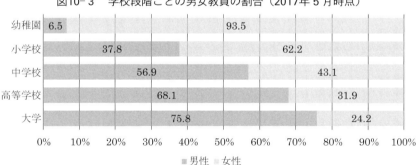

図10-3 学校段階ごとの男女教員の割合 (2017年5月時点)

(「平成29年度学校基本調査」〔文部科学省、2017〕をもとに筆者作成)

日本における中学校の女性教師の割合は、諸外国との比較においても少ない。OECD (経済協力開発機構) が2013年に実施した34ヶ国を対象とする国

際教員指導環境調査（TALIS；Teaching and Learning International Survey）によれば、中学校教師のうち女性教師の占める割合の参加国平均は68％であり、女性教師の割合が全体の3分の2を超える国が22ヶ国ある一方、日本は参加国のうち唯一割合が2分の1を下回る国（39％、調査当時）であった（国立教育政策研究所、2014）。

　学校段階に応じた教師の男女構成の変化は、性役割規範のロールモデルとして子どもたちの社会化に影響を及ぼすことが考えられる。また、教師集団の多数派が男性となれば、学校文化が男性中心の特徴を帯びてくる可能性も否めない。かりにそうなれば、いずれの子どもにとっても、セクシュアリティの多様性（⇨第9章④）という点で、学校が生きづらい場所となる可能性がある。

　付け加えるならば、子どもたちが各学校段階で関わる女性管理職の占める割合も、学校段階が上がるにつれ、減少する。幼稚園68.7％、小学校22.0％、中学校9.0％、高等学校8.5％、大学11.6％、他種学校も含めた全体の割合は26.9％である（2017年5月時点：文部科学省、2017）。女性管理職の占める割合が学校段階を上がるにつれて減少することは、子どもたちにとってどのようなジェンダーをめぐる隠れたカリキュラムとなっているだろうか。この点についても、ぜひ考えてみてほしい。

　ただし、中等教育段階での女性教師の割合は、わずかずつではあるものの増加している。中学校における女性教師の割合は、およそ10年前（2006年）の41.2％から43.1％（2017年）へ、高等学校での女性教師の割合は、およそ10年前（2006年）の27.9％から31.9％（2017年）へと増加している（文部科学省、2016、2017b）。しかしながら、全体としては半数に満たない。

　総じて、ジェンダーをめぐる隠れたカリキュラムを通じて、子どもたちには、「女は家庭、男は仕事」といった性別分業のイデオロギーをはじめ、「女は文科系、男は理数系が得意」「男のほうが女より全般的に優れている」といった能力観、「女はやさしく、静かで、情緒的」「男はたくましく、勇気があって、論理的」といったらしさ概念が形成される。さらにこうした相補性に基づきながら、優位-劣位関係、支配-被支配関係が形成されていく（木村、1999）。

> **コラム10−1**

検定教科書をめぐる隠れたカリキュラム

　教科の授業で原則使用される検定教科書には、どのような隠れたカリキュラムがあるだろうか。教師による教科書の扱い方次第で、子どもたちはその教科の学習や教科書というものに対してさまざまな解釈をもつことが考えられる。教師が授業では必ず教科書を使用し、その評価（試験）において教科書に記載された内容の習熟の度合いを測ることを中心に行っていれば、子どもたちにとって、当該教科を学ぶということは、教科書に記載された内容を習熟することに他ならず、教科書に記載された知識内容を正解として習得することが最大の関心事となるだろう。一方、教科書の使用は授業中必要最低限にとどめ、授業中子どもたちによる主体的な活動をとり入れ、その活動の過程や成果を当該教科の評価にとり入れていれば、子どもたちにとって当該教科を学ぶことの意味、教科書のもつ意味は、また異なったものとなるだろう。

　一方、教師による教科書の扱い方とは別に、教科書はそれ自体、子どもたちに対して隠れたカリキュラムとしてある価値規範を伝達するよう機能している。例えば、教科書ではどの教科においても一貫して共通語が使用されている。これによって、例え、授業中の会話では地域の方言が用いられていたとしても、書き言葉は共通語を用いるのが適切であるとする価値観が伝達されている。

　あるいは、教科書の文章や写真、イラストに登場する人物、教材としてとり上げられた作品の作者や歴史上の人物は、子どもたちにとってジェンダー形成の隠れたカリキュラムとなっている。教科書の文章やイラストには、男女の描かれ方（職業、パーソナリティなど）が伝統的な役割観や規範を反映したものが多く、教科書でとり上げられる作品の作者や歴史上の人物、教科書執筆者は圧倒的に男性が多い。ここでもまた、性をめぐる伝統的な役割観や規範と、男性を中心とする世界観が伝達されている。

（金井香里）

(3) 評価（相互作用における教師の評価、学力評価）をめぐる隠れたカリキュラム

　最後に、教師による評価をめぐる隠れたカリキュラムについて見ていくことにしよう。子どもたちは評価をめぐってどのような隠れたカリキュラムを経験しているだろうか。

　教室での授業の会話は、日常の会話と異なり、教師の発話行為の多くに何かしらの評価（evaluation）が伴っている。教室で教師と子どもたちの間でとり行われるやりとりは、家庭や地域で子どもが親しい人たちと交わすやりとりとは異なっている。教室の会話を分析したミーハン（Mehan, H., 1979）は、授業では、教師の主導ないし発問（initiation）に対して子どもが応答し（reply）、子どもの応答に対し教師が評価する（evaluation）という「主導（発問）－応答－評価」の３項で一まとまりのやりとり（頭文字をとってIREパターンとよばれる）が繰り返されていることを指摘した。

　一般の会話では、知りたい人が知っているであろう人に対して質問するのに対し、教室の会話では、正解を知っている人（教師）が子どもに対して発問する。正解を知る教師が発問するからこそ、子どもの応答には教師の評価が伴っている。また、教室では、会話の主導権（会話の開始と停止、会話の話題や方法などを選定したり変更する権利）は、ほぼ一貫して教師によって握られている。教室の会話では、教師がもっぱら会話の主導権を握り、自らの主導する発問に対する子どもの応答に対して評価を下す。こうした営みを通じて教師は権力を作動させている。IREパターンは、伝統的な知識伝達型の授業ではとりわけ顕著であるといえよう。

　日常的な授業場面での教師の評価という行為には、どのような隠れたカリキュラムがあるだろうか。次に掲げるやりとりでの教師の評価のあり方は、しばしば教室で見受けられるものである。教師からの評価の経験は、子どもたちにとってどのような隠れたカリキュラムとなっているかを見てみよう。

　＊小学５年生の道徳授業（主題：友達について）
　　読み物を読み、子どもたちはある場面での登場人物Ｘの気持ちについて考えている。教師は、子どもたちに対して自分の考えを発表するよう促す。

〔教師は、黒板にチョークで「Xは、心の中でどんなことを思っただろう」と書く〕
教師「それじゃあ、考えを発表してもらいたいんですけど……はい、書けてる人？」
〔子どもたちは挙手する〕
教師「Aさん」
A　「はい。Xさんは「緊張していて、うまくできなかったらどうしよう」って思ってる」
教師「「緊張していてうまくできなかったらどうしよう」。はい、緊張しちゃうよね①、Bさんは？」
B　「「自分のせいでみんなに迷惑をかけるんじゃないか。失敗したらどうしよう」」
教師「みんなに迷惑かけたらって、失敗したらっていう気持ち。②　Cさんは？」
C　「最後だから心配で、見守っている感じ」
教師「心配で、見守っている感じね。③　はい、Dさんは？」
D　「「自分で最後なので、Yを信じるしかない。自分は全力を出す」」
教師「はい、「自分は、Yを信じる！」って感じ？④－1」
〔教師は、「Yを信じる」と板書する④－2〕

　このやりとりにおいて、教師の評価にあたる発話行為は、①～④である。教師は、A、B、C、Dが発言するとそれぞれに対して発言内容をそのまま繰り返し、発言を承認（評価）している。しかしながら、このなかでDの発言に対しては、言葉による評価（④－1）に加え、発言内容の一部を板書するという行為（④－2）によっても評価している。この状況において教室の子どもたちは、教師の発問に対する子どもたちの応答内容のなかには、教師によって板書されるものと板書されないものがあるという事態を経験している。とりわけ子どもたちは、教師の発問には、教師が子どもたちに対して求めるものが存在し、教師の求めるものを見事に発言することができれば、その発言内容が板書されるという報賞を与えられるということを学んでいる。逆に、教師の求めるものを発言できなければ、板書はしてもらえず、後味の悪さを経験しかねないことも学ぶ。

もっとも、この場面の後の授業展開で、教師はＣの発言に再度触れ、「さっき、Ｃさんは「見守っている感じ」って言ってたけど、「大丈夫？」って感じ？」とＣの発言を活用している。そうなれば、Ｃの発言もまた、別の場面では教師の求める発言となっていることになる。
　教師の側からすれば、子どもたちとのこうしたやりとりは、あくまでも友達との関わりにおいて他者を信じること、信頼することが重要であることに気づいてもらうための過程であり、ここで同時に子どもたちが発言をめぐって別のことを学んでいるとは思いもよらないかもしれない。しかし教師にとって思いもよらないこの学びこそが、隠れたカリキュラムなのである。子どもたちは、評価をめぐる教師の言動を通じて、教師には発問に対して子どもたちから期待する何らかの発言内容があること、応答すれば発言の内容いかんでは賞賛を受けることもあれば、逆に何らかのリスクを負う可能性もあることを学んでいく。
　さて、教室での日常的な授業場面での評価とは別に、子どもの学業達成に対して行われる評価がある。いわゆる学力評価と呼ばれるものである（⇨さまざまな評価方法については、第７章図７－３を参照）。子どもたちの学力評価にはどのような隠れたカリキュラムがあるだろうか。
　従来、日本の学校では評価の公正性を担保するものとして、**客観テスト**（筆記による選択回答式問題）が広く利用されてきた。客観テストには、子どもが正誤や自身の知識との一致を判断するもの（正誤問題、多肢選択問題、組み合わせ問題など）、子どもが自身の習得した知識を再生し表現するもの（単語などの穴埋め問題、順序問題など）の二通りがある。いずれも、子どもの基礎的な知識習得の度合いを測るという点では一定の意義をもつ。しかしながら客観テストを中心とした学力評価には、同時に、学習観、知識観、学力観をめぐる隠れたカリキュラムが存在している。
　客観テストを中心とした学力評価を繰り返し経験することにより、子どもたちは、学習とは、後に控える客観テストで知識を再生できるよう教科書や教材で扱われている知識内容を漏れなく習得し再生できるようにしておくことといった認識をもつようになっていないだろうか。あるいは、知識とは、教科書に掲載され、教師によって伝達されるものと認識するようになってい

ないだろうか。さらに学力を、テストでの得点、集団のなかでの順位もしくは偏差値として認識するようになっていないだろうか。客観テストによる学力評価の結果がその後の選抜と学歴に大きく影響を及ぼすのであれば、なおさらに学力＝点数といった認識は強いものとなることが考えられる。

5 隠れたカリキュラムと教師

(1) 隠れたカリキュラムの機能

　これまで、学校という制度的空間で教師たちによって行われるさまざまな教育の営みが、教師の意図とは別に、子どもたちにとってどのような学びの経験となっているかについて見てきた。ジャクソンによれば、隠れたカリキュラムを通じて子どもたちは、集団のなかの一員として我慢することを学び、自らに対する評価をめぐる対処方略や、権力（教師）に適応し対処するための方略を習得している。こうした学びは、子どもたちにとって学校での学業達成においてプラスに働き、将来、企業社会で「忠実な従業員」として生きていく上で役に立つ。
　しかしながら、こうした機能の一方で、隠れたカリキュラムのもつ別の機能についても目を向ける必要がある。それは一つには、イリッチのいうように、子どもは自ら創造する力や権力に抵抗する力を失っているということである。隠れたカリキュラムを通じて子どもが我慢すること、権力に適応することを学ぶということは、自らの欲求をおさえ、教師の指示に従うことができるようになることを意味する。子どもは、美術の時間、授業時間の終わりを気にせず心ゆくまで作品の制作に没頭したいという欲求や、公民の時間、自身が関心をもった南北問題について仲間ともっと議論を続けたいという欲求をおさえること、また学校の定めた理不尽な校則を無理やり納得することを学んでいる。教師は、イリッチの指摘するようなマイナスの機能について自覚し、学校の活動や行事、授業を組織し実際に展開するにあたっては、適宜子どもたちの個性的かつ創造的な表現活動、探究活動、子どもたちによる自治活動をとり入れるなどして、意図的に改変していく必要があるだろう。

(2) 隠れたカリキュラムに対する自覚と教育実践の省察

　これまで見てきた通り、学校という制度的空間には、隠れたカリキュラムが多様に存在している。ジャクソンが指摘したように、隠れたカリキュラムは、学校という制度に潜在し、どのような形態の学校や授業にも存在する。

　子どもたちが隠れたカリキュラムに習熟するということは、教師にとって、教室で子どもたちを集団として統制し秩序を維持し、授業を計画通り円滑に進行していく上で、必要不可欠ともいうべきものである。教師にとって、実践上何らかの不都合が生じない限り、通常、隠れたカリキュラムの存在は意識されることはないだろう。しかしながら、それだからこそ教師は、授業を組織し実践するにあたって、あるいは学校の諸活動や行事を組織し実施するにあたって、扱う知識内容や教材（教科書、資料集、自作の配布物など）、活動内容、またその具体的な方法（評価方法を含む）、実際の実践過程における教師の言動の一つひとつが、教師の意図とは別に子どもたちにとって何かしらの隠れたカリキュラムとして機能していることをつねに意識する必要がある。その上で、そこでの教育の営みが、個々の子どもにとってどのような学びの経験となっているかを、子どもの立場に立ち、つねに省察するのである。

　教育の営みを省察していく上で重要なのは、子どもたちの生活する将来の社会をどのように展望するかという視点である。男女平等、かつ性的マイノリティを含むすべての人々にとって生きやすい社会を展望するのであれば、女性と男性という対のジェンダーを形成し男女不平等を生み出す現状の隠れたカリキュラムは、いうまでもなく多くの問題を含んでいることになる。またセクシュアリティに加え、人種、民族、宗教などにおいて多様な人々が共に生きる社会を展望するのであれば、同質性を前提とし、他と同じであること、他と同調できることをよいとする価値観を広く伝達する隠れたカリキュラムもまたさまざまな弊害を含むのであり、社会的公正という観点から見直されるべきである。さらに、人々が予測困難な問題や課題に取り組むべく学校を卒業した後も生涯学び続ける社会を展望するのであれば、子どもたちは後に控えるテストのための学習ではなく、教科を通じて何かを学ぶことの楽

しさや奥深さを体感したり、学び方について学んだりする経験が必要となってくる。とすれば、現行の学力評価のあり方もまた、改善が求められるのである。

＊本章は、臼井嘉一・金井香里（2012）『学生と教師のための現代教育課程論とカリキュラム研究』第7章「「隠れたカリキュラム」の研究」（金井担当）を大幅に加筆修正したものである。

（金井香里）

―――引用参考文献―――――――――――――――――

IEA, *Trends in International Mathematics and Science Study, TIMSS2015*（https://timss2015.org/download-center〔2018年9月23日取得〕）
＊Illich, Ivan（1971）*Deschooling Society*, New York: Harper & Row.（＝1977・東洋・小澤周三訳『脱学校の社会』東京創元社）
＊木村涼子（1999）『学校文化とジェンダー』勁草書房
　木村涼子・古久保さくら編著（2008）『ジェンダーで考える教育の現在　フェミニズム教育をめざして』解放出版社
　国立教育政策研究所（2014）『教員環境の国際比較（OECD国際教員指導環境調査〔TALIS〕2013年調査結果報告』明石書店
　佐藤学（2010）『教育の方法』左右社
＊Jackson, Philip, W.（1968/1990）*Life in Classrooms Reissued with a new introduction*, New York: Teachers College Press.
＊恒吉僚子（1992）『人間形成の日米比較　かくれたカリキュラム』中公新書
　恒吉僚子（1996）「多文化共存時代の日本の学校文化」堀尾輝久・久冨善之他編『講座学校6　学校という磁場』柏書房、215－240頁
＊Mehan, Hugh（1979）*Learning Lessons: Social Organization in the Classroom*, Cambridge: Harvard University Press.
　文部科学省（2016）「平成28年度学校基本調査」
　文部科学省（2017a）「学校教員統計調査　平成28年度」
　文部科学省（2017b）「平成29年度学校基本調査」

終　章

本書の探究と今後の課題

―― 本章のねらい ――

本書では全3部を通じて、広義のカリキュラムをさまざまな観点から検討してきた。以下では、これまでの各部での議論を振り返るとともに、ここまでの記述で十分に触れることのできなかった問題にも言及することとしたい。

1　各部各章における探究の概観

　序章で記したように、本書ではカリキュラムを学びの経験の総体と広く捉えている。それは、教育内容の公的枠組みや各学校の教育計画といった教育課程にとどまることなく、教師によって編成、実践される側面や学習者である子どもによって経験される側面も射程に収め、多様な観点からカリキュラムに迫ることで、学校教育を通じた教師や子どもの経験に関する認識を深めるとともに、結果的に教育課程を新たな観点から検討できるようになることを期待してのことであった。また、カリキュラムを広く捉えることによって、教育課程と公共性との繋がりを再考できるのではないかと考えてのことであった。
　これらの期待や意図に対して、本書がどのように応えようとしたのかを、各部各章で扱った論点、話題を振り返ることで確認することとしたい。

(1) 第1部：授業・学びの経験に先立って策定されるカリキュラム

　第1部は、制度化され計画されたカリキュラム、その背景にある教育思

想、政治・社会状況などを論じた部であり、第1〜4章で構成されていた。

第1章では、理想の社会の構築を目指した古代ギリシアから現代までの教育思想家、具体的に言えば、プラトン、コメニウス、ペスタロッチ、ヘルバルト、デューイ、ブルーナー、フレイレ、アップル、ノディングズ、クランディニンといった教育思想家が提起した教育思想、そしてその思想を実現するために提示したカリキュラムを、時代・政治・社会状況と関連づけながら論じた。重要なことは、いずれの教育思想家も、理想の社会の構築を実現する要諦として教育を位置づけていたということであり、そしてその教育を具体化するためのカリキュラムを構想したということであろう。つまり、カリキュラムは、どのような社会を構築するのかという理想と不可分の関係にあるということが、第1章から示唆された。

第2章では、学校の教育計画としての教育課程がどのような原理や要素から構成されているのかを検討した。具体的には、学校の教育目標、教育内容の定義と構成要素、教育課程に影響を与える利害集団を概観した上で、教科カリキュラムに即しながら、教科とは何か、教科の必修・選択に関わる問題、教科の構成要素の順次性という3点を考察するとともに、課程主義か年数主義かという履修原理の違いを記述し、最後に教材、特に教科書の多元的性格を分析した。第2章が指摘する教科書の第三の性格、すなわち熟練教師の実践記録としての性格は、教科書に対する我々の認識を深めるものとなったことだろう。

第3章では、最初に明治初期から戦前・戦時期までの教育課程の特徴を、小学校に照準して確認し、次に第二次世界大戦敗戦後に関して、各学校が教育課程を編成する際の基準となる学習指導要領の特徴を、各改訂の背景に存在する時代・政治・社会状況に言及しながら概観した。学習指導要領の変遷についていえば、敗戦直後は経験カリキュラムを重視するものであったが、1950年代後半には教科カリキュラムを重視するものへと転換し、1970年代後半以降には、学習指導要領において教育内容や学習内容の量ではなく質が重視されるようになり、2000年代後半には、教育内容や学習内容ではなく、教育や学習の結果として子どもたちが何をすることができるようになるのかということが重視されるようになったことを指摘した。

第4章では、制度化されたカリキュラムの現代的動向を、第一にカリキュラムの自由化の流れという観点から、第二に重点項目の変化という観点から検討した。第一の点に関しては、1970年代後半以降、（学習指導要領や教科書などが規定する）公的カリキュラムが子どもたちの学習経験を制約する度合いは弱くなったが、学力低下論争を契機として自由化が修正されつつあることを指摘するとともに、自由化に関連する課題（例えば教育格差の拡大）を論じた。第二の点については、今日の公的カリキュラムで重点項目となっている国際化、情報化、少子高齢化への対応がどのような内容であるのか、またそれらへの対応がなぜ要請されているのか、さらにこれらの重点項目がどのような新たな課題を公的カリキュラムにもたらしているのかを論じた。

(2) 第2部：教師によって経験されるカリキュラム

第5～7章で構成される第2部は、教師による授業や単元の省察とデザイン、教師が実践に際して試みる多様な評価、カリキュラムの構成に見られる教師の成長といった、教師によって編成され、実践されるカリキュラムに焦点を合わせた部であり、いいかえれば、第1部で言及された制度化され計画されたカリキュラムと、子どもの学びの履歴としてのカリキュラムを、教師がどのように接続しようとしているのかを論じた部であった。

第5章では、教師はどこかで作成されたカリキュラムを実践するのではなく、教師自身がカリキュラムを作成する存在であることを確認した上で、教師のカリキュラム作成活動の核となるのが省察とデザインであることを教育実践の展開に即して論じた。また、実践を遂行するまでに、教材研究や学習形態の構想をはじめとする単元計画（授業計画）、そして実践場面における教師の行為（語ること、聴くこと、問いを発すること、つなぐこと）について、教師がどのように省察し、実践をデザインしようとしているのかを、具体的な事例に即しながら記述した。

第6章では、第一にリー・ショーマンが提起した授業を想定した教科内容知識（pedagogical content knowledge；以下、PCK。なお、文献によっては「授業を想定した教材の知識」などと記されていることもある）が、教師の授業デザインやカリキュラム・マネジメントの鍵となるものであることを示し、第二

にPCKが、新任期、中堅期、熟練期を通じた教師の学びと省察によってどのように再構成され続けるのかを、それぞれの時期を過ごす教師の具体的な学びや省察に即して描出した。教師は学び続ける専門家（learning professional）であるが、カリキュラムに関していえば、その学びの内実はPCKの絶えざる再構成にあることを第6章は示唆するものであった。

第7章は、教師や学校が取り組んでいる教育評価を多様な観点から論じた章であった。第一に、教育や学習の改善のための評価について、なぜ評価が必要であるのか、またどのような評価方法が存在するのか、そしてそれぞれの評価にはどのような特徴があるのかを論じた。第二に、教育評価に関する問題、具体的には選抜のための評価と学習指導の一環として行われる評価が混同されている問題、また観点別学習状況の評価がもたらしている問題を検討した。第三に、特に指導要録に焦点を合わせながら、教育評価の思想と歴史を概観し、第四にルーブリックの作成を伴うパフォーマンス評価という新しい評価法を紹介した。第7章を通読することで、教育評価が幅広い概念であることを認識できたことであろう。

(3) 第3部：子どもたちによって経験されるカリキュラム

第8～10章で構成される第3部は、学習者である子どもの経験、具体的には子どもたちの興味や関心、疑問がどのようにカリキュラム化され、その結果として、どのように子どもたちは知を構成し、学びの履歴を形成していくのかということ、また子どもの属性や生育歴、教育歴などが教室や学校における学びにどのような影響を及ぼすのかということ、さらに学校や教師の意図とは別に、教室や学校で学ぶ過程で子どもたちは、結果的にある知識や価値観、態度、社会的規範を獲得、体得してしまうということ、これらのことを論じた。

第8章では、最初にカリキュラム編成の類型を確認し、次に経験カリキュラムの単元学習を、社会科と総合学習の映像資料に即しながら検討した。映像資料はいずれも、子どもたちの興味や関心、疑問が学習課題として設定されているゆえに、その学習課題は子どもたちにとってレリヴァンスの大きなものとなり、子どもたちの学びは必然的なものとなっていることを示唆する

ものであった。また、子どもたちの興味や関心、疑問が学習課題として設定されているということは、単元学習のカリキュラムの構成に子どもたちが関与しているということでもあるが、他方で子どもたちの興味や関心、疑問を学ぶべき学習課題に翻案する教師の活動を見逃してはならないことも、第8章は指摘していた。

　同じ教室で同じ制度化されたカリキュラムの下で学んでいるとしても、子どもたちが形成する学びの履歴は一人ひとり異なっている。第9章は、文化的再生産論の知見を踏まえ、一人ひとりの子どもの学びの履歴の形成に子どもが生まれ育つ家庭の社会階層が関係していることを、PISAや全国学力・学習状況調査の結果から明らかにした。また、現代の日本において増加しつつある多様な文化的背景の子どもたち、特にニューカマーの子どもたちが学校でどのような学びの履歴を形成しているのかを検討するとともに、性的マイノリティの子どもたちの学びの履歴に関しても考察を展開した。本章は、社会階層的に不利な子どもやニューカマーの子ども、そして性的マイノリティの子どもの学びの履歴に目を向けることを通じて、学校やカリキュラムの公共性を改めて吟味する必要があることを訴えるものであった。

　第10章では、第一にフィリップ・ジャクソンが子どもたちの教室生活をどのように検討して、「隠れたカリキュラム（ヒドゥン・カリキュラム）」の概念を導出したのかを確認し、第二に隠れたカリキュラムが子どもたちを学校教育制度に依存する存在としてしまうという、イヴァン・イリッチによる学校批判の内実を検討した上で、日本の学校においてどのような隠れたカリキュラムがどのように機能しているのかを叙述した。特にジェンダーをめぐる隠れたカリキュラムについては、学校教育制度の歴史、学校種や教科毎の教師の男女構成に関する統計などを参照しながら詳述した。また、教室の会話構造や客観テストに潜んでいる隠れたカリキュラムの存在も指摘した。隠れたカリキュラムが機能していることを認識することは、子どもの学びの履歴を教師が省察するための不可欠の作業だと言えよう。

　以上のように、本書ではカリキュラムを学びの経験の総体と広く捉え、計画として事前に作成される側面だけでなく、教育実践を通じて教師によって

編成される側面、あるいは子どもによって経験される側面にも焦点を合わせ、カリキュラムに関連するさまざまな事象に迫ることを通じて、教育内容の公的枠組みや各学校の教育計画にとどまらないカリキュラムの広がり、動態を記述しようとしてきた。

また、前述したように、カリキュラムを広く捉えたのは、子どもたちに経験されているカリキュラムに照準することによって、学校教育やカリキュラムがすべての子どもに開かれたものとなっているのかどうかということを、言い換えれば、すべての子どもの学ぶ権利を保障するものとなっているのかどうかということを、公共性の観点から省察する視点が教師に必要であることを喚起するためでもあった。すべての章で公共性の観点からのカリキュラムの省察に言及したわけではないが、例えば第1章、第4章、第9章、第10章などは、その省察の必要性を喚起しようとした章であった。

カリキュラムを学びの経験の総体と認識し、多様な観点からカリキュラムに迫った本書の探究が、序論に記した期待や意図にどれだけ応えることができたのか、読者の判断に委ねたい。

2 本書で扱うことができなかった問題

本書で十分に扱うことができなかったカリキュラムに関わる問題は数多く存在するが、ここではそのなかの二つに言及し、読者に対して本書の読後に取り組んでもらいたい課題の一端を提示することとしたい。

(1) 他国のカリキュラムの検討

本書は、主として日本のカリキュラムに照準しているため、他国のカリキュラムを扱わなかった。その結果、本書には、日本のカリキュラムの特徴を明確にできていない点があるだろうし、日本のカリキュラムを学校教育やカリキュラムに関する国際的な動向に位置づけることが、十分にはできていないといえるだろう。

このような難点を克服するために、日本の教育改革に影響を与えるアメリカやイギリス、PISAの調査結果が上位であることによって注目を集めた

フィンランド、逆にその結果が低迷していることで注目を集めたドイツ、近隣にある韓国や中国などといった他国のカリキュラムを概観することを通じて、日本のカリキュラムの特徴やカリキュラムの国際的な動向を理解することを、本書を読み終えた後の発展的な学習として読者に期待したい。

なお、アメリカやイギリス、ドイツなどは、日本とは異なり、国家全体で学校教育制度やカリキュラムが統一されているわけではなく、アメリカでは州や学区によって、イギリスでは国(イングランド、スコットランド、ウェールズ、北アイルランド)によって、ドイツでは州によって、それらが異なっている。つまり、すべての国家が、日本のように中央集権的な教育制度を採用し、統一され制度化されたカリキュラムの基準を有しているわけではないのである。

分権的な教育制度やカリキュラムを採用してきた国家のカリキュラムの現代的動向を検討すると、国家全体の教育水準をいかに担保していくのかということが、近年のカリキュラム改革の課題となってきていることを認識することができるだろう。そして国家全体の教育水準を担保するために、スタンダードを設定し(国家全体で設定している国家もあれば、州などが独自に設定している国家もある)、それを子どもたちがどの程度達成しているのかをテストによって診断し、保護者や市民に説明する、というアカウンタビリティ体制の構築をはじめとする諸改革が実行されていることを認識することができるだろう。

一方、中央集権的な教育制度やカリキュラムを採用してきた日本では、第3章や第4章で言及したように、近年では学習指導要領の大綱化・弾力化が図られ、制度化されたカリキュラムにおける自治体や学校の裁量が高まっているのであり、ある意味で制度化されたカリキュラムの地方分権化が進行していると捉えることもできる。

一見すると、分権的な教育制度を採用してきた国家と日本では、逆向きの事態が生じているように見える。しかし、日本を含むいずれの国家においても、教育と学びの質を高めることが課題となりつつある点は共通し、また教育内容や学習内容よりも、教育や学びを通じてどのような知識や技能が獲得され、結果的に子どもたちが何ができるようになるのかという点を重視する

傾向が強くなってきていることも共通している。

このような知見を踏まえて、日本の学習指導要領、またそれを基準とする制度化されたカリキュラムを検討すると、その特徴はどのようなものと見えてくるのであろうか。また、そのような特徴を有する日本の制度化されたカリキュラムを通じて形成される日本の子どもたちの学びの履歴としてのカリキュラムには、どのような特徴があると考えられるだろうか。これらのことを、発展的な学習の一つとして考えてもらいたい。

(2) 近未来の社会

本書で扱うことができなかった別の問題に、さまざまな立場から語られる近未来像とカリキュラムの関係というものもある。以下では、この問題に関して、どのような点を考慮する必要があるのかについて言及したい。

近年、Society5.0、第四次産業革命、シンギュラリティ、AI、ビッグデータ、IoT（Internet of Things；モノのインターネット）、エドテック（EdTech）などという言葉が、人口に膾炙しつつある。これらの言葉は、学校教育と無関係というわけではなく、例えば2018年6月5日には、文部科学省「Society5.0に向けた人材育成——社会が変わる、学びが変わる——」が公表され、Society5.0における学びのあり方や求められる人材像が提起されている。この文書において、Society5.0における学校は、次のように語られている。

> Society 5.0における変化は、我々が受動的に対応するものだけではない。AI等が本格的に普及していく中で、教育や学びの在り方に変革をもたらすだろう。
>
> 例えば、教育用AIが発達し普及していくことにより、AIが個人のスタディ・ログ（学習履歴、学習評価・学習到達度など）や健康状況等の情報を把握・分析し、一人一人に対応した学習計画や学習コンテンツを提示することや、スタディ・ログを蓄積していくことで、個人の特性や発達段階に応じた支援や、学習者と学習の場のマッチングをより高い精度で行うことなどが可能となるだろう。
>
> （中略）

このような技術の発達を背景として、Society 5.0における学校は、一斉一律の授業スタイルの限界から抜け出し、読解力等の基盤的学力を確実に習得させつつ、個人の進度や能力、関心に応じた学びの場となることが可能となる。また、同一学年での学習に加えて、学習履歴や学習到達度、学習課題に応じた異年齢・異学年集団での協働学習も広げていくことができるだろう（文部科学省、2018b、p.8）。

　AIなどが活用されることで学校は、従来以上に子どもたちの学習が個別化され得る場へと、また従来とは異なる協働学習が展開され得る場へと変貌することが展望されているが、現代は予測不能な時代であるといわれるように、今後このような学校が実現するのかどうかはわからない。しかし、前記した言葉が社会的に共有されつつあることが示唆しているのは、大規模な変化であり、かつ従来とは質の異なる変化が社会に到来しつつある、と人々が認識していることである。そして学校も、その変化に巻き込まれることとなると想定されている。

　また、同文書はSociety5.0における学校のカリキュラムについても述べている。小中学校に関しては「「教師だけ」が指導に携わる学校から、教師とは異なる知見を持つ各種団体や民間事業者をはじめとした様々な地域住民等とも連携・協働し、「開かれた教育課程」を実現する学校へ」（文部科学省、2018b、p.11）と、高等学校については「生徒一人一人の興味や関心に沿って、学校だけにとどまらず、地域社会、企業、NPO、高等教育機関といった多様な学びの場を活用し、異なる年齢や背景を持つ相手とコミュニケーションしながら「社会に開かれた教育課程」による学びを進めていく」（文部科学省、2018b、p.12）と語られていることに見られるように、Society5.0における学校のカリキュラムとして、（社会に）開かれた教育課程であることが重要視されている。

　なお、**社会に開かれた教育課程**とは、構築していく社会像を学校が社会と共有し、その構築に向けて取り組む資質や能力を子どもたちが獲得することを支援するために地域資源を活用する教育課程を意味するものであり、2017年の学習指導要領に組み込まれたカリキュラム・マネジメントの視点は、社会に開かれた教育課程の理想を実現するためのものと見ることができる。

誰もが先を見通すことができない急激な変化が生じている状況において、カリキュラムを社会に開くことを通じて、学校、教師だけでなく、多様なエージェントが連携しながら、急激な変化に対応できるように、子どもたちの学びと育ちを支援することは理に適っているように思われる。

　しかし、社会に開かれた教育課程を通じてどのような「社会」の実現を目指すのかによって、その教育課程は異なり得ることを見逃してはならない。第1章に言及した際に指摘したように、カリキュラムはどのような社会を構想するのかという理想と不可分の関係にあるのだから。

　技術を中心として、これまでとは大きく異なる社会へと社会が急速に転換していくことは確実であるとしても、結果としてどのような社会が実現するのかを十分に見通すことはできない。なぜなら、我々の一人ひとりがどのような社会を理想とするのかによって、実現する社会は変容し得るからである。それゆえ、未来の社会を構想する役割を担う一人である読者には、さまざまな言葉で表象されている近未来の社会を、自分はどのようなものとしたいのかを熟慮し、理想とする社会を担う子どもの学びと育ちを支援するカリキュラムを構想してもらいたい。

3　おわりに

　本書の各章末には参考文献が記載されている。タイトルに興味をもったというものでもいいし、問題関心が明確であれば、その問題関心に即したものでいいので、まずは10冊程度の文献を読んでもらいたい。

　それを読み終えれば、カリキュラムを論じたり、検討したりするための知識や視点をある程度獲得することができるだろうし、カリキュラムについて何が争点となっているのか、新しいカリキュラムの新しさとは何なのかといったことを認識できるようになるだろう。そしてそのような知識や視点を獲得したり、認識を形成できたりすれば、それに基づいて、自分がこれから読むべき文献が定まってくることだろう。本書が、読者とその文献の実りある対話の契機となることができれば、執筆者一同の望外の喜びである。

（岩田一正）

──**引用参考文献**────────────
＊文部科学省（2016）『諸外国の初等中等教育』明石書店
＊文部科学省（2018a）『諸外国の教育動向2017』明石書店
　文部科学省（2018b）「Society5.0に向けた人材育成——社会が変わる、学びが変わる——」
＊渡部信一（2018）『AIに負けない「教育」』大修館書店

さらに学びたい読者のためのウェブサイト集

(以下の情報は、いずれも2019年2月1日時点のもの)

【学校】
1　文部科学省「学校基本調査」(https://www.e-stat.go.jp/stat-search/files?page=1&toukei=00400001&tstat=000001011528)
　⇒　1948年からの毎年5月1日時点での全国の幼小中高校、特別支援学校、大学、各種学校等の数、在学者数、卒業者数などについて知ることができる。

【学校教員】
2　文部科学省「学校教員統計調査」(https://www.e-stat.go.jp/stat-search/files?page=1&toukei=00400003&tstat=000001016172)
　⇒　1953年からの国公私立の幼小中高校、特別支援学校、大学などの教員構成および教員の個人属性、職務態様、異動状況などを知ることができる(調査は3年に1度実施)。

【学習指導要領・解説・中教審答申】
3　文部科学省「学習指導要領「生きる力」」(http://www.mext.go.jp/a_menu/shotou/new-cs/1383986.htm)
　⇒　新学習指導要領(小中学校2017年、高校2018年)とその解説、および中教審答申(2016年)を閲覧できる。

4　文部科学省「現行学習指導要領(本文、解説、資料等)」(http://www.mext.go.jp/a_menu/shotou/new-cs/youryou/index.htm)
　⇒　現行の学習指導要領(小中学校2008年、高校2009年)とその解説、および中教審答申(2008年)を閲覧できる。

5　国立教育政策研究所「学習指導要領データベース」(https://www.nier.go.jp/guideline/)
　⇒　過去の学習指導要領を閲覧できる。

【教育課程に関する調査】
6　文部科学省「教育課程の編成・実施状況調査」(http://www.mext.go.jp/a_menu/shotou/new-cs/1263169.htm)
　⇒　2003年度から2015年度における公立小中学校、高等学校の年間授業時数などの教育課程の現状を知ることができる。

【教育評価】
7　国立教育政策研究所「評価規準の作成、評価方法等の工夫改善のための参考資料」(https://www.nier.go.jp/kaihatsu/shidousiryou.html)
　⇒　観点別学習状況の評価における評価規準の例などが示されている。

8　文部科学省「小学校、中学校、高等学校及び特別支援学校等における児童生徒の学習評価及び指導要録の改善等について（通知）」(http://www.mext.go.jp/b_menu/hakusho/nc/1292898.htm)
　⇒　2010年における指導要録の参考書式や記入上の留意点が示されている。

【学力問題】
9　国立教育政策研究所「全国学力・学習状況調査」(http://www.nier.go.jp/kaihatsu/zenkokugakuryoku.html)
　⇒　調査問題、正答例、報告書、調査結果資料などを閲覧できる。

10　文部科学省「全国的な学力調査（全国学力・学習状況調査等）　調査結果の活用・分析の取組」(http://www.mext.go.jp/a_menu/shotou/gakuryoku-chousa/1344286.htm)
　⇒　調査結果を活用するための参考資料や調査結果を利用した追加分析報告書を閲覧できる。

11　国立教育政策研究所「OECD生徒の学習到達度調査（PISA）」(http://www.nier.go.jp/kokusai/pisa/index.html)
　⇒　OECD（経済協力開発機構）によるPISAの結果をもとに、日本にとって示唆のあるデータを中心に整理分析したもの。詳細の掲載された書籍が刊行されているが、このサイトで概要を知ることができる。

12　OECD, "PISA"（http://www.oecd.org/pisa/）
　⇒　OECDによるPISAのサイト。

13　国立教育政策研究所「IEA 国際数学・理科教育動向調査（TIMSS）」（http://www.nier.go.jp/timss/index.html）
　⇒　IEA（国際教育到達度評価学会）によるTIMSSの結果をもとに、日本にとって示唆のあるデータを中心に整理分析したもの。詳細の掲載された書籍が刊行されているが、このサイトで概要を知ることができる。

14　国立大学法人お茶の水女子大学「保護者に対する調査の結果と学力等との関係の専門的な分析に関する研究」（http://www.mext.go.jp/component/a_menu/education/micro_detail/__icsFiles/afieldfile/2018/07/10/1406896_1.pdf）
　⇒　2017年度「全国学力・学習状況調査」で行われた保護者を対象とする家庭の状況に関する質問紙調査と子どもの学力の関係について分析した結果について知ることができる。

【教師の研修と成長】
15　「これからの学校教育を担う教員の資質能力の向上について―学び合い、高め合う教員育成コミュニティの構築に向けて―（答申）（中教審第184号）」（http://www.mext.go.jp/b_menu/shingi/chukyo/chukyo0/toushin/1365665.htm）
　⇒　2015年3月に出された本答申では、「学び合い、高め合う」専門家としての教師の共同体の必要性が明記された。

16　「教育公務員特例法等の一部を改正する法律」（条文）（http://www.mext.go.jp/b_menu/houan/kakutei/detail/__icsFiles/afieldfile/2016/12/09/1380290_02.pdf）
　⇒　2016年、教育公務員特例法が一部改正され、校長及び教員としての資質の向上に関する指標を定めることが明記された。

17　国立教育政策研究所「OECD 国際教員指導環境調査（TALIS）」（http://www.nier.go.jp/kenkyukikaku/talis/）
　⇒　OECDによるTALIS（Teaching and Learning International Survey）の結果をもとに、日本にとって示唆のあるデータを中心に整理分析したもの。TALISは、前期中等教育段階の学校長ならびに教員を対象とする国際調査で、学校の学習環境と教員の勤務環境に焦点を当てている。詳細の掲載された書籍が刊行されているが、このサイトで概要を知る

ことができる。

18　OECD, "TALIS"（http://www.oecd.org/education/talis/）
　⇒ OECD による TALIS のサイト。

【多様な子どもたちに対する学校と教師の対応】
19　文部科学省「「日本語指導が必要な児童生徒の受入状況等に関する調査」の結果について」（http://www.mext.go.jp/b_menu/houdou/29/06/__icsFiles/afieldfile/2017/06/21/1386753.pdf）
　⇒ 2016年5月時点に日本の国公立小中高等学校、特別支援学校などで学ぶ日本語指導を必要とする外国籍および日本国籍の児童生徒の数や母語、居住地域などについて知ることができる。

20　文部科学省「学校における性同一性障害に係る対応に関する状況調査について」（http://www.mext.go.jp/component/a_menu/education/micro_detail/__icsFiles/afieldfile/2016/06/02/1322368_01.pdf）
　⇒ 文科省が2014年4月から12月にかけて国公私立小中高等学校、特別支援学校などを対象に行った、性同一性障害と考えられる子どもの数や子どもへの対応の現状についての全国調査の結果を閲覧できる。

21　文部科学省「性同一性障害に係る児童生徒に対するきめ細やかな対応の実施等について」（http://www.mext.go.jp/b_menu/houdou/27/04/1357468.htm）
　⇒ 2015年4月、文科省が全国の教育委員会および小中高校などに初めて配布した性的マイノリティの子どもへの配慮を求める通知である。

【学校教育に関連する条約等】
22　「児童の権利に関する条約」（外務省による邦訳）（https://www.mofa.go.jp/mofaj/gaiko/jido/zenbun.html）
　⇒ 国連総会で1989年採択1990年発効され、日本では1994年批准した「児童の権利に関する条約」の全文を閲覧することができる。

23　United Nations, "The United Nations Convention on the Rights of the Child"（http://www.unicef.org.uk/wpcontent/uploads/2010/05/UNCRC_united_nations_

convention_on_the_rights_of_the_child.pdf）
　⇒ 22の英語原文。

24　「教員の地位に関する勧告」（文部科学省による抄訳）（http://www.mext.go.jp/b_menu/shingi/chukyo/chukyo8/gijiroku/020901hi.htm）
　⇒ ユネスコ特別政府間会議で1966年採択された「教員の地位に関する勧告」の全体像を閲覧できる。

25　「女子に対するあらゆる形態の差別の撤廃に関する条約（女性差別撤廃条約）」（外務省による邦訳）（https://www.mofa.go.jp/mofaj/gaiko/josi/3b_001.html）
　⇒ 国連総会で1979年採択1981年発効され、日本では1985年批准した「女子に対するあらゆる形態の差別の撤廃に関する条約」の全文を閲覧することができる。

26　United Nations, "Convention on the Elimination of all forms of Discrimination Against Women" (http://www.un.org/womenwatch/daw/cedaw/text/econvention.htm)
　⇒ 25の英語原文。

【他国のカリキュラム】※表記はいずれも英語。
27　（米国）　U.S. Department of Education, "Every Student Succeeds Act" (https://www.ed.gov/essa)
　⇒ 2017/18年度から全米で実施されているESSA法（すべての生徒が成功するための法）について理解できる。

28　（イギリス）　Government of U.K., "National Curriculum" (https://www.gov.uk/national-curriculum)
　⇒ 初等・前期中等教育（11年間）のカリキュラムを閲覧できる。

29　（ドイツ）　Federal Republic of Germany, "Kultusministerkonferenz (KMK)" (https://www.kmk.org/kmk/information-in-english.html)
　⇒ KMK（常設各州文部大臣会議）のサイト。KMKは、ドイツ全体の教育課程について連絡、調整、協議を行うが、具体的な教育政策は各州が決定している。

30 (フィンランド) Finnish National Agency for Education, "Basic Education" (https://www.oph.fi/english/curricula_and_qualifications/basic_education)
　⇒ フィンランドの基礎教育（義務教育、9年間）のカリキュラムを閲覧できる。

31 (韓国) Korea Institute for Curriculum and Evaluation, "National Curriculum Information center" (http://ncic.re.kr/english.index.do)
　⇒ 韓国のナショナル・カリキュラムに関する資料を閲覧できる。

事項索引

【あ行】

アカデメイア……………………16
新しい学力観（新学力観）………68
生きる力……………………69, 114
異性愛………………………220
　──主義……………………224
一斉共同体主義……………241
『一般教育学』〔ヘルバルト〕……24
一般諸規定…………………25
インターセックス…………222
インフォーマルな学習ネットワーク…240
『エミール』〔ルソー〕……………20
大くくり化…………………88
オキュペーション…………29

【か行】

海外帰国生…………………212
学習意欲……………………105
学習形態……………………124
学習指導案…………………112
　──づくり…………………128
学習指導要領………………39
　──解説……………………40
　1947年の──……………58
　1951年の──……………61
　1958年の──……………63
　1968年の──……………65
　1977年の──……………66
　1989年の──……………67, 100
　1998年の──……………69
　2008年の──……………73
　2017年の──……………75, 113
学制…………………………53
学籍簿………………………163
学年制………………………48
学力低下……………………71, 73, 92
学力別クラス入試…………85
学校教育の公共性…………10
学校設定教科………………87
『学校と社会』〔デューイ〕……28
学校の教育目標……………39
学校必修科目………………49
課題解決型学習……………32
家庭科………………………59
課程主義（修得主義）……48
カリキュラム………………1-4
　──の公共性………………227
　──の自由化………………79
　──の多層性（四層構造）……4
　──のデザイン……………96
　隠れた──（潜在的──）……7, 234
　教科──……………………44, 63, 184
　経験──……………………44, 59, 61, 184
　コア・──…………………184
　広領域──…………………184
　子どもを枠づける──……79
　人生の物語としての──…36
　相関（関連）──…………184
　融合──……………………184
カリキュラム・マネジメント……76, 93, 94
川口プラン…………………60, 185
完全学校週5日制……………69
完全習得学習………………163
観点別学習状況の評価……157, 160-162
規格化………………………242
技術的熟達者………………114
義務教育学校………………90
逆コース……………………63
客観テスト…………………252

キャリア教育 103
教育意図と学習経験の乖離 5
教育課程 3, 4, 61
　　──特例校 90
　　高校の── 45
　　中学校の── 45
教育過程（授業と学習の過程） 8, 9
教育測定運動 162
教育内容 40
　　──の構成要素 40
　　──の削減 81
　　──の順次性 47
『教育に関する考察』〔ロック〕 20
『教育の過程』〔ブルーナー〕 29
教育（内容）の現代化運動 65
教育の目的と目標（教育基本法における） 112
教育評価 152
教科 44
　　──構成 45
教科書 50
教具 118
教材 49, 118
　　──の解釈 118
　　──の作成 118
教材研究 118
教刷術 20
『教室の生活』〔ジャクソン〕 234
教師の男女構成 245-248
教職アイデンティティ 138
共通教養 95
協働（協同）学習 127
銀行預金型教育 31
クエスチョニング 222
クラス 18
ケアリング（ケア） 34, 35
ゲイ 222
経済資本 204

形成的評価 153
『ゲルトルート児童教育法』〔ペスタロッチ〕 23
公共 76
国語 55
国際児 212
互恵的な学び 127
個人内評価 158
コンピテンシー 75, 202

【さ行】

最低基準 72
試案 58
ジェンダー 243
自己教育力 67
指導要録 166
社会科 59
社会関係資本 205
社会に開かれた教育課程 265
自由研究 60
習熟度別クラス編成 82
修身 55
自由選択 46
集団準拠評価 154
修得 49
自由7科 17
授業計画 122
授業時数の縮減 80
主体的・対話的で深い学び 75
小1プロブレム 86
生涯学習論 91
生涯教育 105
小学教則 53
小学校教則綱領 53
小学校令施行規則 54
『ショッピング・モール・ハイスクール』〔パウエル〕 47
新教育運動 27

新自由主義（市場原理主義）……… 91
進路の性別分化 ……………… 246
生活科 ……………… 68, 85, 86
正規分布 ……………………… 155
省察 …………………………… 114
　　行為についての―― ……… 114
　　行為のなかの―― ………… 114
省察的（反省的）教師 ………… 115
省察的（反省的）実践家 … 114, 135
性自認 ………………………… 220
性的指向 ……………………… 220
性的マイノリティ …………… 219
性同一性障害 ………………… 222
制度信仰（制度依存）………… 239
生物学的性 …………………… 220
性別カテゴリー ……………… 244
性別表現 ……………………… 221
『世界図絵』〔コメニウス〕…… 19
セクシズム・イデオロギー … 245
セクシュアリティ（性のあり方）… 219
絶対評価 …………… 156, 160-162
　　戦前型の――（認定評価）… 156
全国学力・学習状況調査 … 205-207
戦後初期社会科 ………………… 60
選択 …………………………… 46
　　――教科 ………… 46, 81, 82
　　――必修 …………………… 46
選抜のための評価 …………… 159
専門家の学習共同体 ………… 145
総括的評価 …………………… 153
総合学科 ……………………… 102
総合的な学習の時間 … 71, 86, 87
相対評価 ……………………… 154
　　――のゆがみ …………… 165

【た行】

「第一次アメリカ教育使節団報告書」〔アメリカ教育使節団〕……………… 58
『大教授学』〔コメニウス〕……… 19
第三次小学校令 ………………… 54
タイラー原理 ………………… 163
「確かな学力向上のための2002アピール「学びのすすめ」」〔文部科学省〕… 72
『脱学校の社会』〔イリッチ〕… 239
脱学校論 ……………………… 91
単位制 …………………………… 48
　　――高校 ……………… 48, 101
単元 …………………………… 122
男女二元論 …………………… 224
知識領域の性別適性 ………… 245
中1ギャップ …………………… 90
中高一貫教育校 ……………… 102
中心統合法 ……………………… 26
中等教育学校 ………………… 102
調査書 ………………………… 166
著者性 ………………………… 130
通知表 ………………………… 166
机と椅子の配置 ………… 122, 123
定住外国人 …………………… 212
デザイン ……………………… 116
デューイ・スクール ……… 27, 28
同性愛 ………………………… 220
道徳観念 ……………………… 64
道徳の時間 …………………… 64
特別の教育課程 ……………… 214
特別の教科　道徳 …………… 76
トラッキング（能力別指導・進路別指導）……………………… 95
トランスジェンダー ………… 222

【な行】

日本語指導が必要な児童生徒 … 212
『日本の社会』（教科書）……… 60
ニューカマー（新来外国人）… 211
年間最低授業時数 ……………… 64
年数主義 ……………………… 48

事項索引　277

年齢主義……………………………… 48

【は行】

バイセクシュアル…………………… 222
はいまわる経験主義………………… 63
『はえのいない町』（映画）………… 185
発展的な学習…………………… 82, 153
はどめ規定…………………………… 88
パフォーマンス評価………………… 171
必修…………………………………… 46
　──教科………………………… 46
必履修教科（科目）…………… 46, 84
批判的教育学………………………… 31
評価規準……………………………… 158
評価基準……………………………… 158
標準時数……………………………… 65
評定…………………………………… 153
『被抑圧者の教育学』〔フレイレ〕… 31
ふたこぶラクダ型の分布……… 155, 156
文化史的段階………………………… 26
文化資本……………………………… 205
文化的再生産論………………… 91, 204
文化の構成…………………………… 119
文化の差異…………………………… 215
文化の伝達…………………………… 119
ヘルバルト派………………………… 25
偏差値………………………………… 154
補充的な学習…………………… 82, 153
ポートフォリオ評価………………… 173
翻案…………………………………… 134

【ま行】

学び方学習…………………………… 105
『もう一つの教育』（ドキュメンタリー番組）………………………………… 192

目標準拠型評価（到達度評価）…… 157
問答法（ソクラテス・メソッド）…… 17

【や行】

柳田社会科…………………………… 61
『山びこ学校』〔無着成恭〕………… 61
ゆとりカリキュラム………………… 67
ゆとり教育…………………………… 70
幼小連携……………………………… 86

【ら行】

ラセン形教育課程…………………… 29
リアリティ・ショック……………… 138
履修…………………………………… 49
履修原理……………………………… 47
リベラル・アーツ…………………… 17
両性愛………………………………… 220
臨時教育審議会（臨教審）…… 68, 91
ルーブリック………………………… 172
レズビアン…………………………… 222
レリヴァンス………………………… 197

【わ行】

ワーク・ライフ・バランス………… 105

【欧文】

IRE パターン………………………… 250
LGBTQ/LGBTI……………………… 222
PCK（授業を想定した教科内容知識）… 134
PISA（生徒の学習到達度調査）…… 72, 92, 95, 205-207
TALIS（国際教員指導環境調査）…… 247
TIMSS（国際数学・理科教育動向調査）………………………………… 247

人名索引

【あ行】

アップル（Apple, M.W.） …… 32
イリッチ（Illich, I.） …… 91, 239

【か行】

クランディニン（Clandinin, D.） …… 36
コメニウス（Comenius, J.A.） …… 18
コンドルセ（Condorcet, N.） …… 21

【さ行】

佐藤学 …… 2
サンデル（Sandel, M.） …… 17
志水宏吉 …… 228
ジャクソン（Jackson, P.） …… 234
ショーマン（Shulman, L.） …… 134
ショーン（Schön, D.） …… 114, 135
ソクラテス（Socrates） …… 17

【た行】

タイラー（Tyler, R.W.） …… 33, 162
田中統治 …… 4
ツィラー（Ziller, T.） …… 24, 26
恒吉僚子 …… 241
デューイ（Dewey, J.） …… 27, 64

【な行】

ノディングズ（Noddings, N.） …… 34

【は行】

ハーシュ（Hirsch, E.D.） …… 33
プラトン（Plato） …… 15
ブルデュー（Bourdieu, P.） …… 91, 204
ブルーナー（Bruner, J.S.） …… 29
ブルーム（Bloom, B.） …… 163
フレイレ（Freire, P.） …… 31
ペスタロッチ（Pestalozzi, J.H.） …… 22
ヘルバルト（Herbart, J.F.） …… 24

【ま行】

ミーハン（Mehan, H.） …… 250
無着成恭 …… 61

【や行】

柳田国男 …… 61

【ら行】

ライン（Rein, W.） …… 25, 26
ラングラン（Lengrand, P.） …… 91
ルソー（Rousseau, J.J.） …… 20
ロック（Locke, J.） …… 20

著者紹介

金井　香里　（かない　かおり）……………………………序章・第5章・第9章・第10章
武蔵大学人文学部教授
東京都出身。東京大学大学院教育学研究科博士課程修了。博士（教育学）。
主な著作として『ニューカマーの子どものいる教室――教師の認知と思考』（勁草書房、2012年）、「グローバル時代に求められる教師像」（日本学校教育学会『学校教育研究』33、2018年）。研究テーマは、外国人児童生徒教育、多文化共生のための教師教育。

佐藤　英二　（さとう　えいじ）………………………………………第2章・第4章・第7章
明治大学文学部教授
石川県出身。東京大学大学院教育学研究科博士課程修了。博士（教育学）。
主な著作として『近代日本の数学教育』（東京大学出版会、2006年）、「授業作りを教える方法としてのシナリオ作成の意義(2)――シナリオの作り方と直し方を中心に――」（『明治大学教職課程年報』第41号、2019年）。研究テーマは、数学教育史、教育方法学。

岩田　一正　（いわた　かずまさ）………………………………………第3章・第8章・終章
成城大学文芸学部教授
島根県出身。東京大学大学院教育学研究科博士課程修了。博士（教育学）。
主な著作として、『教育メディア空間の言説実践――明治後期から昭和初期までの教育問題の構成――』（世織書房、2018年）、『グローカル研究叢書6　グローカル時代に見られる地域社会、文化創造の様相』（共編、成城大学グローカル研究センター、2016年）。研究テーマは、諸メディアにおける教育言説の歴史的分析。

高井良　健一　（たかいら　けんいち）……………………………………………第1章・第6章
東京経済大学全学共通教育センター教授
福岡県出身。東京大学大学院教育学研究科博士課程修了。博士（教育学）。
主な著作として『教師のライフストーリー――高校教師の中年期の危機と再生』（勁草書房、2015年）、『「協働の学び」が変えた学校　新座高校　学校改革の10年』（金子奨・木村優との共著）（大月書店、2018年）。研究テーマは、教師のライフストーリー、ライフヒストリー。

子どもと教師のためのカリキュラム論
2019年3月30日　初　版第1刷発行
2023年12月1日　初　版第3刷発行

著　者	金　井　香　里
	佐　藤　英　二
	岩　田　一　正
	高　井　良　健　一

発行者　　阿　部　成　一

〒162-0041　東京都新宿区早稲田鶴巻町514番地
発行所　　株式会社　成　文　堂
電話 03(3203)9201　FAX 03(3203)9206
http://www.seibundoh.co.jp

印刷・製本　藤原印刷

© 2019 金井・佐藤・岩田・高井良　　Printed in Japan
☆落丁本・乱丁本はおとりかえいたします☆
ISBN978-4-7923-6116-7　C3037　　検印省略
定価（本体2400円＋税）